U0457969

奥地利普通民法典

修订截止至2016年1月1日

戴永盛◎译

ALLGEMEINES BÜRGERLICHES GESETZBUCH

中国政法大学出版社

2016·北京

图书在版编目（CIP）数据

奥地利普通民法典/戴永盛译.—北京：中国政法大学出版社，2016.7
ISBN 978-7-5620-6849-5

Ⅰ.①奥… Ⅱ.①戴… Ⅲ.①民法－法典－研究－奥地利 Ⅳ.①D952.13

中国版本图书馆CIP数据核字(2016)第164489号

出版者	中国政法大学出版社
地　址	北京市海淀区西土城路25号
邮寄地址	北京100088信箱8034分箱　邮编100088
网　址	http://www.cuplpress.com（网络实名：中国政法大学出版社）
电　话	010-58908437(编辑室)　58908334(邮购部)
承　印	北京华联印刷有限公司
开　本	720mm×960mm　1/16
印　张	21
字　数	350千字
版　次	2016年9月第1版
印　次	2016年9月第1次印刷
定　价	69.00元

目　录

第二编　物　法

第三编　关于人法和物法的共同规定

奥地利普通民法典

序　言

为充分保障国民的平和安宁，确保国民安全享有其私权，须制定民法典。制定民法典，不仅须依关于正义的一般原则，而且须立足于国民的现实情况；民法典，宜以易于为国民所理解的语言颁行；如此，民法的规范内容，伴随着国民不断成长的认识，将永驻于国民的观念中。为此目的，我们的政府自其成立以来，就致力于制定一部完整的、通俗易懂的民法典。事实上，制定这样一部民法典也是我们的先辈们早已形成的共识，而且他们也为此付出了不朽的努力。

法律事务宫廷委员会向政府提交的民法典草案，与此前提交于各省委员会审议的关于犯罪和严重违警行为的法典草案一样，在审议期间曾在加利西亚地区适用。

作为一项重要的立法文件，我们在征询专家意见并在通过适用而获得经验的基础上，对民法典草案进行了修正；现在我们决定公布这部《德意志世袭邦土之普通民法典》，并命令自1812年1月1日起生效。

为此，已适用至今的普通法、1786年11月1日公布的民法典的第一部分、适用于加利西亚地区的民法典，以及所有与本普通民法典内容有关的法律和习惯，均予废止。

但正如我们在法典中所规定的一般原则，本法不溯及既往；因此，本法对于在本法典生效前已实施的行为，以及依据此前法律已经取得的权利，不发生任何影响；本法典生效前实施的行为可以是：对双方均有约束力的法律行为、仍得由表意人任意变更的意思表示、本法典的规定同样予以调整的行为。

因此，在本法典生效前已开始进行的取得时效或诉讼时效，仍适用旧法。取得时效或诉讼时效的援用者，如其所援用的取得时效或诉讼时效，新法规定的时效期间短于旧法规定的时效期间，亦可援用新法规定的短期时效，但该短期时效应自本法生效之日起计算。

本法典的规定固然具有普遍的效力；但在本法典之外，存在着关于军事集团和军事人员私法方面的特别规定；为此，对于军事集团或军事人员所实施的法律行为，或者与军事集团或军事人员实施的法律行为，本法典虽无明示的指示适用，仍应适用其特别规定。关于商事行为和票据行为，在作为特别法的商事法和票据法中，有与本法不同之规定者，从其规定。

已颁布实施的关于政治或财政或金融方面的法令、限制或具体规定私权的法令，虽未在本法典中明示，亦仍继续有效。

特别是，与金钱支付相关的权利和义务，适用1811年2月20日颁布的关于用于流通和作为国家一般等价物之货币（维也纳货币）的特许状，或者适用即将颁布的特别法；仅在特别法无规定时，适用本法典的一般规定。

同时，本法典以德语文本为原始文本，各省依其地方语言翻译的文本，如有疑义，均应以德语文本为准据。

法例　民法的基本准则

民法的定义

第1条　规定本国居民相互间私权利和私义务的法律，其整体，构成民法。

第2条　法律经以适当方式公布后，任何人不得以不知该法律为理由，而主张免予适用。

法律的生效时间

第3条　法律的效力，以及基于该法律而发生的法律效果，自该法律公布时发生；但在所公布的法律中，明确规定推迟其生效时间者，不在此限。

第4条（已废止）

第5条　法律不溯及既往；因此，对于在其公布前发生的行为和取得的权利，不发生影响。

解释

第6条　适用法律，不得超出词句依其相互关系所具有的特定含义及立法者的显然意图，而做他种理解。

第7条　对于法律案件，既不能依法律的词句，亦不能依法律的自然意义作出裁判时，应比照法律中[1]关于类似案件的裁判规则，以及与该法律有关联的其他法律的立法旨趣。如仍有疑义，应细致收集有关情况，在审慎思考后，依自然的法律原则对案件作出裁判。

第 8 条 仅立法者有权力对法律作出具有普遍拘束力的解释。立法者的解释，应适用于待裁判的案件，但立法者在解释中明确表示，其解释，对于以在解释前已实施的行为和已主张的权利为客体的待裁判案件不适用者，不在此限。

法律的有效期间

第 9 条 法律，在其被立法者修正或明确宣布废止前，持续有效。

法律规范的其他形式：

1. 习惯

第 10 条 习惯，仅在法律有规定时，始得考虑之。

2. 各省颁布的法规

第 11 条 本法典公布后，各省和各行政区所制定的法规，非经国王明确批准，不具有法律效力。[2]

3. 法官的判决

第 12 条 就特定案件发出的命令，以及法官就特定法律争议作出的判决，不得作为法律发生效力，其命令和判决，不得扩大适用于其他案件和其他人。

4. 特权

第 13 条 个人或团体的特权和豁免权，应与其他权利，做相同的判断，

---

〔1〕 译文“法律中”，原文 in den Gesetzen，故在理解上，似应包括《奥地利普通民法典》和其他法律。

〔2〕 依修正后的《奥地利宪法》，第 11 条已无规范对象。——原注

但政治性法令[1]有特别规定者，不在此限。

民法的主要部分

第 14 条　本民法典的内容，包括人法、物法，以及对此二者均适用的共同规定。

〔1〕 译文"政治性法令"，原文 politische Verordnung（除本条外，亦见第 290、385、499、544、573、646、694、818、1174 条）。《奥地利普通民法典》中，类似的用语还有 politisches Gesetz（政治性法律，见第 26、27、325、382、、383、387、761、867、1179、1272 条）、politische Bestimmung（政治性规定，见第 501 条）和 politische Vorschrift（政治性规定，见第 539 条和第 694 条）。

第一编 人 法

第一章　与人的性质和各种社会关系有关的权利

人的权利

第 15 条　人的权利，部分基于人的性质和各种社会关系，部分基于家庭关系而发生。

一、基于人的性质而发生的权利

与生俱来的权利

第 16 条　人类中的每个人，均享有与生俱来的、已由人类理性所阐明的权利，并因此而应理所当然地被作为法律意义上的人。[1] 禁止奴隶制或农奴制，禁止与该制度相联系的权力行使。

关于权利的法律推定

第 17 条　与生俱来的自然权利，除经证明有法律上之限制者外，应视为存在。

---

〔1〕 译文“人类中的每个人”，原文 jeder Mensch；译文“法律意义上的人”，原文 eine Person。一般而言，Mensch 和 Person 均可译作“人”。但在法律语言中，特别是在同时出现 Mensch 和 Person 的情况下，似乎有区分的必要。Mensch 为人类之“人”，故将 jeder Mensch 译作“人类中的每个人”。将 eine Person 译作“法律意义上的人”，主要的考虑是，法律意义上的“人”通常使用 Person 一词，例如作为权利义务主体的“自然人”和“法人”，分别以 natürliche Person 和 juristische Person 称之。依译者所见，法律语体文中的 Person 无疑具有法律上权利义务的承载者的意涵，故原文虽为 eine Person，而译文表达为“法律意义上的人”。

可取得的权利

第 18 条 任何人均有依法律规定的条件取得权利的能力。

权利的保护

第 19 条 凡认为其权利受损害者，均得向法律所规定的机关提起诉讼。蔑视公力救济而采取法所不许的私力救济，或者防卫行为超过法律所准许之限度者，行为人应负责任。

第 20 条 法律行为，虽与国家元首有关联，但其内容涉及其私人所有权或涉及民法上之权利取得者，仍应由司法机关依法裁判之。

二、未成年人和其他非完全行为能力人的权利

第 21 条 （1）未成年人，以及因未成年以外之其他原因不能处理自己全部或部分事务的人，受法律的特别保护。

（2）未满十八周岁者，为未成年人；未满十四周岁者，为不成熟的未成年人。

第 22 条 尚未出生的胎儿，自其受孕时起，有受法律保护的请求权。在为胎儿的利益且不影响第三人权利的限度内，胎儿视为已出生；但胎儿在出生时已死亡者，对于以该胎儿活着出生而为其保留的权利，应视为从未孕有此胎儿。

第 23 条 就胎儿是否活着出生，有疑义者，推定其为活着出生。主张胎儿出生时已死亡者，应负举证责任。

三、基于失踪状态而产生的权利

第 24 条和第 25 条（已废止）

四、法人的权利

第 26 条 依法成立的人合团体，其成员相互间的权利，依其契约或宗旨

及关于此种人合团体的特别规定，决定之。通常情况下，依法成立的人合团体，在与其他人的关系中，享有与自然人相同的权利。不法成立的人合团体，其本身不享有任何权利，既不对其成员，亦不对其他人享有权利，且无取得权利的能力。不法成立的人合团体，指政治性法律特别禁止成立的、明显危害安全、违背公共秩序或善良风俗的人合团体。[1]

第27条 乡镇的权利受公共行政特别保护的程度或范围，由政治性法律规定之。

五、基于国籍而产生的权利

第28条 具有本国国籍者，充分享有民事权利。奥地利公民的子女因出生而当然具有本国国籍。

国籍的取得

第29条至第31条（已废止）

国籍的丧失

第32条（已废止）

外国人的权利

第33条 外国人一般与本国公民具有相同的权利和义务，但权利的享有，显然以具有本国国籍为必要者，不在此限。有疑义时，为享有与奥地利公民相同的权利，外国人应证明其国家就系争权利已给与奥地利公民相同的待遇。

第34条至第37条（已废止）

第38条 公使、代办及其随从，依国际法和国际条约，享有豁免权。

---

[1] 标题中“法人”，原文 moralische Person。条文中“依法成立的人合团体”，原文 erlaubte Gesellschaft；“不法成立的人合团体”，原文 unerlaubte Gesellschaft；“自然人”，原文 einzelne Person。

六、基于宗教关系而产生的权利

第39条 宗教的差异，对私权不发生影响，但法律就某些事项有特别规定者，从其规定。

七、因家庭关系产生的权利：家庭、血亲和姻亲

第40条 家庭，包括历代祖先及其所有后裔。其相互之间的关系，称为血亲；夫妻一方与他方的血亲之间的关系，称为姻亲。

第41条 血亲的亲等，依下列方式确定：在直系血亲，表现两人相互间出生关系的间隔数，即为其亲等数；在旁系血亲，表现两人各与其共同祖先相互间出生关系的间隔数的总和，即为其亲等数。夫妻一方与其血亲的亲系和亲等，即为他方与这些血亲之间所成立的姻亲的亲系和亲等。

第42条 所称父母，在通常情况下，不计亲等而泛指所有的直系血亲尊亲属；所称子女，在通常情况下，不计亲等而泛指所有的直系血亲卑亲属。

八、姓名的保护

第43条 任何人，均得因其姓名使用权与他人发生争议或因他人未经许可使用其姓名（包括别名[1]），而诉请停止侵害，他人有过错者，并得诉请损害赔偿。

---

〔1〕 译文“别名”，原文 Deckname，可指笔名、艺名。

第二章　婚姻法

婚姻的定义

第44条　家庭关系因婚姻契约而成立。在婚姻契约中，不同性别的两个人，依法表示，彼此在不分离的共同体内共同生活，生养和教育子女，并相互扶助的意愿。

婚约的定义

第45条　婚约或同意结婚的预先允诺，无论在何种情形下或以何种条件作出或接受，均不产生缔结婚姻的法律义务，双方当事人约定以给付作为解除婚约或撤回结婚承诺之条件者，亦不产生应为约定给付的法律义务。

解除婚约的法律效果

第46条　婚约之一方，仅在他方无合理原因解除婚约时，始得请求他方赔偿因解除婚约而发生的实际损害；赔偿请求人就其实际损害，应负举证责任。

第47条至第88条（已废止）

婚姻在人身关系方面的法律效力

第89条　除本章另有规定外，夫妻双方在人身关系方面，相互间享有平等的权利，承担平等的义务。

第90条　（1）夫妻双方互负婚姻共同体所固有的全部义务，特别是互负同居、忠实、尊重和帮助的义务。

(2) 夫妻一方，对于他方的职业活动，在他方依婚姻的共同生活关系可期待的范围内，有参与的义务，但双方另有约定者，不在此限。

(3) 夫妻任何一方，对于他方在照护子女方面，应以适当方式提供帮助。如依情事确有必要，夫妻一方，得就日常生活中的子女照护事务，代理他方。

第 91 条 (1) 夫妻双方，对其婚姻的共同生活关系，特别是在家事管理、职业活动、生活帮助和子女照顾等方面，应本于相互照顾和体谅并顾及和重视子女福祉的原则，以共同努力维护和增进共同生活关系的稳定和融洽为目的，达成一致意见。

(2) 夫妻一方，在与他方或子女的重大关切不相抵触的情形下，或者虽有此种重大关切，但因其个人原因，特别是在其从事职业活动的愿望应视为更重要时，得不遵守夫妻双方已达成的一致意见。于此情形，夫妻双方应努力就婚姻的共同生活关系，重新达成一致意见。

第 92 条 (1) 夫妻一方有正当理由请求搬迁共同住所者，他方应同意之，但他方不随同搬迁具有同等正当之理由者，不在此限。

(2) 夫妻一方，与他方的共同生活具有不可期待性，特别是因身体上的危险致其共同生活成为不可期待，或者因重大的个人原因，暂时分开居住具有正当性时，得不受第 1 款规定的限制，与他方暂时分开居住。

(3) 在第 1 款和第 2 款之情形，夫妻任何一方，均得在住所搬迁或分开居住之前或之后，诉请法院裁判。法院在审理中，除应查明有争议的事实外，尚应认定：夫妻一方搬迁共同住所的请求、拒绝随同搬迁或分开居住是否具有法律上的正当理由。法院为裁判时，应考虑家庭的全部情况，特别是子女的福祉。

姓名

第 93 条 (1) 夫妻双方得约定使用共同的姓氏。未约定使用共同姓氏者，均得各自保留其原来的姓氏。

(2) 婚约双方当事人或夫妻双方，得约定以一方的名字作为共同的姓氏。双方约定用作共同姓氏的名字，如由相互分开的数个单词组成，或者由连字符连接数个单词组成，得以该名字的全部或部分作为共同姓氏。婚约双方当事人或夫妻双方，亦得约定以双方的姓氏组成的双姓氏作为共同的姓氏。

（3）姓氏未被作为共同姓氏的夫妻一方，得在结婚前与他方约定，其本人使用由共同姓氏与自己的原姓氏组成的双姓氏，但以共同姓氏非由数个部分组成为限；且姓氏未被作为共同姓氏的夫妻一方，如其姓氏系由数个部分组成者，仅得以其中的一个部分与共同姓氏组成双姓氏。

（4）双姓氏的两个部分，应以连字符连接之。〔1〕

第93*a*条 （1）夫妻一方的姓氏发生变更时，得重新约定其姓氏。

（2）婚姻关系解销后，夫妻双方均得重新使用其原来的符合法律规定的姓氏。

（3）夫妻一方得与他方约定，将其姓氏与祖先相联系，但须符合其出生的血统或其姓名所用语言的习惯。夫妻一方得与他方约定，在名字的最后，附加表明其祖先的词语。〔2〕

第93b条 依第93条和第93a条而作出的关于姓氏的约定或重新使用，仅得为之一次。〔3〕

第93c条 姓名法上的声明，应以官方出具的文书或经官方认证的文书的方式，向民事身份官作出。其声明，在到达民事身份官时发生效力。〔4〕

婚姻的其他效力

第94条 （1）夫妻双方，应依各自的能力和双方为婚姻共同生活关系所达成的一致意见，共同负担与其生活条件相当的日常生活费用。

（2）料理共同家务的夫妻一方，得因此认为已负担第1款意义上的日常生活费用，并因此有权请求他方给付生活费，数额应相当于其本可获得的收入。在共同生活关系被废止之情形，为原生活费请求权人的利益，前项原则仍适用之，但以生活费请求权的行使不构成权利滥用为限，在认定是否构成权利滥用时，应将导致共同生活关系被废止的原因作为特别重要的考虑因素。

---

〔1〕 关于第93条的适用，见第1503条第1款第2项和第6项的规定。——原注

〔2〕 第93*a*条适用于2013年3月31日以后结婚的夫妻，见第1503条第1款第2项。——原注

〔3〕 第93*b*条适用于2013年3月31日以后结婚的夫妻，见第1503条第1款第2项。——原注

〔4〕 第93*c*条适用于2013年3月31日以后结婚的夫妻，见第1503条第1款第2项。——原注

没有能力履行第1款规定的负担日常生活费用之义务的夫妻一方，亦享有生活费请求权。

（3）享有生活费请求权的夫妻一方，得请求全部或部分的生活费，以金钱支付之；在正常的共同生活关系期间，亦同；但此种请求不合理者，不在此限；在认定是否合理时，应将满足日常所需的可能手段作为特别重要的考虑因素。生活费请求权，不得预先抛弃之。

第95条　夫妻双方，应依其个人的实际情况，特别是职业上的工作强度，协力料理共同家务。夫妻一方，如不从事职业活动，应负责料理共同家务，而他方应依第91条的规定提供帮助。

第96条　没有收入但负责料理共同家务的夫妻一方，得基于共同家务管理上的需要，并在符合夫妻双方生活条件的范围内，代理他方缔结与日常生活有关的法律行为。夫妻他方已向第三人表示不愿被其配偶代理时，不适用此项原则。第三人无法依有关情事得知实施行为的夫妻一方系作为代理人而与自己缔结法律行为者，夫妻双方应负连带责任。

第97条　夫妻一方对于用来满足他方居住需要的住房享有处分权时，他方得请求有处分权的一方，不为任何有可能导致自己丧失住房的作为或不作为。有处分权一方的作为或不作为，系因情事所迫者，不在此限。

第98条　夫妻一方，为他方的职业活动提供帮助者，得就其所提供的帮助，请求适当的补偿。补偿的数额，依其提供帮助的方式和持续期间，确定之；在确定补偿数额时，应适当考虑夫妻双方共同的生活条件，特别是职业活动所得已用于支付生活费用的具体情况。

第99条　夫妻一方因其为他方的职业活动提供帮助而享有的补偿请求权（第98条）具有可继承性，并得在请求权人生前或死后被让与或设定担保，但以该请求权已为契约或和解协议所承认或权利人已就该请求权向法院提起诉讼为限。

第100条　第98条的规定，不影响夫妻一方因其为他方的职业活动提供帮助或与他方共同的职业活动而对他方享有的契约上的请求权。此种契约上的请求权排除第 98 条规定的请求权；但在夫妻双方存在雇佣关系之情形，夫妻一方，在其依第 98 条规定而享有的补偿请求权超过基于雇佣关系而享有的请求权的范围内，仍得行使第 98 条规定的请求权。

第 101 条至第 136 条（已废止）

第三章 亲子法

第一节 一般规定

一般原则

第 137 条 （1）父母与子女应相互帮助，并应相互尊重。除另有规定外，父与母的权利和义务平等。

（2）父母应努力增进未成年子女的福祉，关心其成长，保障其安全，并为其提供良好的教育。不得对未成年子女使用任何暴力，或者施加身体上的和精神上的痛苦。父母应共同照护未成年子女，并应尽可能协调照护职责。

子女的福祉

第 138 条 凡与未成年子女有关的事务，特别是关于未成年子女的照护和个人来往方面的事务，均属于子女福祉的范畴，应予以重点考虑，并尽可能予以妥善处理。特别是，在判断子女福祉时，应将下列各项作为重要标准：

1. 对子女予以合理的照护，特别是在营养、医疗保健和住房方面予以充分的照顾，并对子女进行耐心细致的教育；
2. 培养和塑造子女高尚的道德情操，促进和保护子女身心健康；
3. 父母对子女的尊重和宽容；
4. 促进子女的体质、能力、兴趣爱好和发展机会；
5. 充分考虑子女的意见，顾及子女的理解力和形成意见的能力；
6. 避免违反子女意愿而采取措施或变更已采取的措施，以确保不对子女造成损害；

7. 不使子女遭受不法侵害或暴力，不使子女卷入其重要关系人[1]遭受的不法侵害或暴力；

8. 不使子女遭受不法诱骗、拘禁或其他损害；

9. 子女与父母双方、重要关系人间的可靠交往，以及子女与这些人的信赖关系；

10. 不使子女在心理上产生忠诚冲突和犯罪感；

11. 保护子女的权利、请求权和利益；

12. 子女、父母和周围其他人的生活条件。

第 139 条　（1）父母对子女的权利，第三人仅在父母准许、法律直接规定或公权力机关命令准许的范围内，始得干预之。

（2）非暂时性与父母及其未成年子女共同生活的成年子女，应依实际情况尽可能创造条件，以维护和促进未成年子女的福祉。在实际情况所需要的范围内，该成年子女对于父母的日常生活，亦应尽照料之责。

第二节　子女的出身

1. 一般情形

第 140 条　依本法典确认的出身、出身的变更和出身的否认，对任何人均生效力。

关于出身事项的行为能力

第 141 条　（1）有识别和判断能力但无完全行为能力的人，经其法定代理人同意，得有效办理其本人的出身事项及其子女的出身事项。由法定代理人办理这些出身事项时，法定代理人须取得有识别和判断能力之人的同意。有疑义时，推定已满十四周岁的未成年人具有识别和判断能力。

（2）法定代理人应以有利于被代理人的福祉为行为准则。法定代理人在办理出身事项时，其代理行为无须取得法院的批准。

---

〔1〕译文“重要关系人”，原文 wichtige Bezugsperson；Bezugsperson，指在心灵上、心理上对他人产生影响的人。

关于出身事项的权利承继

第142条 当事人死亡后，出身的确认、出身的变更或出身的否认，得由其继承人或对其继承人为之。

2. 母之身份

第143条 母，指诞生子女的女子。

3. 父之身份

父之身份和另一方父母之身份

第144条 （1）子女的父，指：

1. 子女出生时与生母有婚姻关系的男子，或者在子女出生前三百日内死亡的、对生母具有夫之身份的男子，或者
2. 承认自己为子女之父的男子，或者
3. 经法院裁判确认其为子女之父的男子。

（2）生母在子女出生前三百日至一百八十日期间实行医学辅助生殖者，有下列情形之一的妇女，为子女的另一方父母：

1. 子女出生时与生母具有登记的同性伴侣关系的妇女，或者与生母具有登记的同性伴侣关系但在子女出生前三百日内死亡的妇女，
2. 承认自己对于子女具有父母之身份的妇女，
3. 其父母之身份经法院确定的妇女。

（3）对前款妇女，参照适用本法和其他联邦法律关于生父和生父身份的规定。基于父母与其子女之关系和父母相互间之关系而具有的特别权利和义务，前款妇女同样具有。

（4）依第1款第1项规定而可能作为子女之父的男子有数人时，以最后与生母结婚的男子为子女之父。依第2款第1项规定而可能作为子女之另一方父母的妇女有数人时，以最后与生母成立登记的同性伴侣关系的妇女为子女的另一方父母。

生父和另一方父母的承认

第145条　(1) 生父或生父母的承认，应由生父在国内的官方文件或经官方认证的文件中，以亲自声明其为子女之生父的方式为之。生父母的承认，须附加关于生母实行医学辅助生殖的证明文件。其承认，自官方文件或经官方认证的文件的副本连同必要的证明文件到达民事身份官时生效。

(2) 在生父承认的文件中，应载明承认者、生母的真实姓名和其他信息，子女已出生者，尚应载明子女的姓名和其他信息。

(3) 对承认作出的同意，准用第1款和第2款的规定。

生父的承认

第146条　(1) 子女，或者具有识别和判断能力的尚生存的生母，得就父亲身份的承认，在知悉其发生法律效力后两年内，向法院提出异议。

(2) 有权提出异议的人不具有完全行为能力，或者在法定异议期间的最后一年中因不可预见或不可避免的事件而不能提出异议者，异议期间停止进行。

第147条　(1) 承认父亲身份时已有另一男子被推定为子女之父者，父亲身份的承认，仅在该另一男子非为子女之父的一般效力被确定时始具有法律效力。[1]

(2) 已有另一男子被推定为子女之父时所为之父亲身份的承认，由子女在官方的文件或经官方认证的文件中作出同意者，亦具有法律效力。子女不具有完全行为能力者，仅在具有识别和判断能力的生母本人以上述方式表示承认人系子女之父时始具有法律效力。父亲身份的承认，在承认人声明承认父亲身份、子女同意承认，以及必要时由生母表示承认人系子女之父的文件或经官方认证的文件副本送达民事身份官后，溯及自作出承认父亲身份的声明时起生效。

(3) 被推定为子女之父的男子，或者具有识别和判断能力的尚生存且未依第2款规定声明承认人系子女生父的生母，得就父亲身份的承认，向法院

[1] 译文“推定”，原文feststehen；译文“确定”，原文feststellen。

提出异议。准用第 146 条的规定。

（4）关于未成年人的同意，青少年福利机构为子女的法定代理人。

法院对父亲身份的确认

第 148 条　（1）法院应确认子女从其所出之男子为子女之父。确认声请，得由子女对男子，或者由男子对子女提出。

（2）经子女声请，在子女出生前三百日至一百八十日之期间内与生母同居的男子，或者在此期间内其精子被用于对生母进行医学辅助生殖的男子，得被确认为子女之父，但该男子能证明子女非从其所出者，不在此限。此项确认，在男子死亡两年后，不得再提起，但子女能证明，因男子方面的原因，其无法就第 1 款的规定提出证据者，不在此限。

（3）生母在第 2 款规定的期间内采用第三人的精子实行医学辅助生殖者，以公证书方式同意此项医学辅助生殖的男子，应被确认为子女之父，但该男子证明子女并非经由此项医学辅助而孕育出生者，不在此限。

（4）精子被用于医学辅助生殖的第三人，不得被确认为采用其精子孕育出生的子女的父亲。用于医学辅助生殖的精子，系由第三人自愿交付于有资格实行医学辅助生殖之医疗机构者，该第三人亦不得被确认为采用其精子孕育出生的子女的父亲。

第 149 条　（1）法定代理人应负责办理父亲身份确认的事宜，但父亲身份的确认不利于子女之福祉，或者生母行使不公开生父姓名之权利者，不在此限。

（2）青少年福利机构应提醒生母注意不确认父亲身份的后果。

已确定出身关系情形下的父亲身份的确认

第 150 条　虽有另一男子已被推定为父亲，子女仍得声请确认其出身。于此情形，法院关于确认出身的判决具有宣告该子女非由其他男子所出的效力。

子女非为生母之夫所出时的出身确认

第 151 条　（1）子女在生母婚姻存续期间或在生母之夫死后三百日前出

生，但非为生母之夫所出者，因当事人的声请，法院应确认子女的出身。

（2）确认出身的声请，得由子女对生母之夫提出，亦得由生母之夫对子女提出。

第152条 生母之夫，以公证书的形式同意其妻采用第三人的精子实行医学辅助生殖者，不得请求确认采用第三人精子所孕育出生的子女非为生母之夫的子女。

第153条 （1）请求确认子女非由生母之夫所出的声请，得在知悉子女出身的真实情况后两年内提出。此项期间最早自子女出生时起算，但在声请变更出身关系之情形，此项期间最早自变更发生效力时起算。子女系由另一男子所出已被确定者，不得提出确认出身的声请。

（2）有权提出声请的人不具有完全行为能力，或者在前款期间的最后一年因不可预见或不可避免的事件而不能提出声请者，前款期间停止进行。

（3）子女出生三十年后，或者其出身被变更三十年后，仅子女得要求否认其出身。

对父亲身份的承认作出无法律效力的宣告

第154条 （1）法院宣告父亲身份的承认不具有法律效力的情形如下：

1. 依职权宣告无效，如
   a. 父亲身份的承认，或者在第147条第2款之情形，子女对于承认的同意或生母关于承认人系子女之生父的表示，不符合法律关于形式要件之规定者，
   b. 承认人，或者在147条第2款之情形，子女或生母，欠缺识别和判断能力者，或者承认人的承认或子女对于承认的同意，系在欠缺法定代理权之情形下所作出者，但法定代理权的欠缺经嗣后补正，或者承认人在取得完全行为能力后追认其承认者，不在此限；
2. 因对于父亲身份的承认提出异议而宣告无效，但经证明，子女确系承认人所出者，或者在子女系采用第三人的精子以医学辅助生殖的方法孕育出生之情形，承认人对此以公证书表示同意者，不在此限；
3. 因承认人的声请而宣告无效，如承认人证明：

a. 其承认，系因受欺诈或受不法且现实的胁迫，或者因对于子女从其所出存在错误，或者因对于生母系采用其本人精子实行医学辅助生殖存在错误，或者因对于生母采用第三人的精子实行医学辅助生殖系经其同意存在错误所作出者，

b. 子女非从其所出，且嗣后始知子女非从其所出之具体情况者。

（2）第 1 款第 3 项规定的声请，得在欺诈、错误或子女非从其所出之具体情况被发现，或者在恐惧状态消除后二年内提出。此项期限，最早自子女出生时起算。

第三节　子女的姓氏

第 155 条　（1）子女取得父母的共同姓氏。但亦得约定，以父母一方的双姓氏（第 93 条第 3 款）作为子女的姓氏。

（2）父母未使用共同姓氏者，得约定，以父母一方的姓氏作为子女的姓氏。如其姓氏由相互分开的数个单词组成，或者由连字符连接数个单词组成，得以该姓氏的全部或部分作为子女的姓氏。亦得约定，以父母双方的姓氏组成双姓氏作为子女的姓氏；但于此情形，该子女的姓氏至多仅得由两个单词组成。应以连字符区隔双姓氏的各个组成部分。

（3）无上述约定者，子女取得母亲的姓氏，母亲使用双姓氏者，亦同。

第 156 条　（1）子女的姓氏，由受任抚养教育子女的人决定之。受任人有数人时，该数人应达成协议；但得由受任人中一人表示之，但该受任人须保证已就子女的姓氏与其他受任人达成协议，或者虽经合理努力仍不可能达成其协议。

（2）具有识别和判断能力的人，得自主决定其姓氏。年满十四周岁的未成年人，推定其具有识别和判断能力。

第 157 条　（1）第 155 条规定的姓氏决定，仅得为一次。

（2）如父母双方或一方的姓氏发生变更，或者父母双方结婚，子女的姓氏，得重新决定之。此项规定，在父母一方之人身关系发生变更，例如子女收养，或者在子女出身的确认或变更之情形，亦适用之。

（3）第 93a 条和第 93c 条，适用于子女姓氏的决定。

第四节 子女的照管

照管的内容

第158条 （1）对未成年子女有照管权的人，应照护和教育子女，管理子女的财产，并在财产及其他一切事务中代理子女；照管人对子女的照护和教育，以及对子女财产的管理，亦包括其在这些领域的法定代理。

（2）父母一方不具有完全行为能力者，既无管理子女财产的权利和义务，亦无代理子女的权利和义务。

须为子女的福祉而实施行为

第159条 为维护和增进子女的福祉，在依本章规定行使权利和履行义务时，不应损害未成年人与——依本章规定对未成年人享有权利和负担义务的——其他人之间的关系，亦不应妨害后者履行职责。

照护、教育与子女居住地的决定

第160条 （1）对未成年子女的照护，特别应包括身体的和健康的照料，以及直接的监督和看护；对未成年子女的教育，特别应包括培养其体能、心智、精神和道德，增进其人格素养、能力才智、兴趣爱好和发展机会，促进其学校教育和职业训练。

（2）子女应受照护和教育的范围和程度，取决于父母的生活条件。

（3）父母在照护和教育女子时，应考虑子女对具体事务的意愿，但以子女的意愿与其福祉或父母的生活条件不相抵触为限。就某项措施，子女越能理解其原因和意义，就会越有能力依其理解作出决定，父母亦因此越应考虑子女的意愿。

第161条 未成年子女应遵从父母的指示。父母在作出指示和执行指示时，应考虑子女的年龄、心智发展情况及其个性。

第162条 （1）有权照护和教育子女的父母一方，有权在照护和教育所必要的限度内，决定子女的居住地。子女居留于他处时，因有权照护和教育子女的父母一方的请求，负责公共安全事务的机关和机构应协助查明该子女的居留处所，必要时尚应协助带回该子女。

（2）经父母双方约定或经法院决定，子女应主要生活在有照管权的父母一方的家中并由其负责照管者，负责照管子女的父母一方，就子女的居住地享有排他的决定权。

（3）不能确定子女主要在父母中哪一方的家中生活和接受照管时，如将子女的居住地迁往国外，须经父母双方的同意或法院的批准。法院在决定是否批准时，既应考虑子女的福祉，亦应考虑父母固有的不受暴力迫害的权利、迁徙自由和职业自由。

第163条 旨在使未成年人永久丧失生育能力的医疗措施，未成年人和父母均不得同意之。

财产管理

第164条 （1）对于未成年子女的财产，父母应以作为父母在通常情况下具有的注意进行管理。除为子女的福祉而有移作他用之必要外，父母应使子女的财产维持现状，并尽可能使其增值；对于子女的金钱，父母应依关于被照管人金钱管理的规定[1]进行管理。

（2）子女财产的管理费用，包括为维持财产现状、通常经营所必要的费用和已到期的应付款项，从子女的财产中支付；此外，子女的抚养费，在依第231条和第232条规定应由子女本人财产负担或子女的经济需要无法以其他方式得到满足的范围内，亦从子女的财产中支付。

第166条 未成年子女被赠与财产，而父母之一方被禁止管理子女财产者，其财产由父母之另一方管理。父母双方，或者有排他性照管权的父母一方，被禁止管理子女财产时，法院应委任其他管理人。

对子女的法定代理

第167条 （1）父母双方对子女均有照管权者，任何一方都有独立代理

---

〔1〕关于被照管人金钱管理的规定，见第215条至第219条。

子女的权利和义务；父母一方的代理行为，虽未取得另一方的同意，亦生效力。

(2) 父母一方的代理行为或同意，如其所涉的事项，系关于子女名字和姓氏的变更、教会或宗教团体的加入或退出、将子女交由他人抚养、国籍的取得或放弃、学徒培训契约或雇佣契约的提前终止和对非婚生子女作出父亲身份之承认者，非经有照管权的父母的另一方同意，不生效力。此项原则，对于意思表示和送达物品的受领不适用。

(3) 父母一方对于财产事务的代理行为和同意，非经有照管权的父母的另一方同意和法院批准，不生效力，但该财产事务属于通常经营行为者，不在此限。性质上不属于通常经营行为的财产事务，特别是指：不动产的出让或设定负担，企业的设立、取得（包括通过继承法方式的取得）、组织形式的变更、出让或解散以及宗旨的变更，对公司或合作社的加入（包括通过继承法方式的加入）、公司或合作社组织形式的变更，继承权的抛弃，遗产的无条件接受或拒绝，附负担赠与的接受，赠与要约的拒绝，金钱的管理（但不包括第 216 条和第 217 条规定的管理方式），诉讼的提起以及所有与诉讼事项有关的诉讼法上的处分。此项原则，对于意思表示和送达物品的受领不适用。

第 168 条 法律行为，须取得法定代理人的同意、父母之他方的同意或监护法院的批准，但未取得同意或批准者，子女成年后，仅在其以书面方式承认基于该法律行为而产生的义务具有法律效力时，始负义务。债权人在子女成年后请求其为此项承认者，应为其指定合理期限。

第 169 条 (1) 在民事诉讼程序中，仅得由父母中有照管权的一方单独代理其子女；父母双方未就诉讼代理权达成协议，或者法院未依第 181 条指定父母一方或第三人作为代理人时，以第一次实施诉讼行为的父母一方作为代理人。

(2) 依第 167 条须取得父母之他方同意和法院批准的事项，在整个诉讼程序中，亦须取得同意或批准。

未成年子女的行为能力

第 170 条 (1) 未成年子女，未经法定代理人明示或默示的同意，不得实施处分行为和负担行为。

（2）未成年子女年满十四周岁后，对于交由其自由处分的财产，以及自己所取得的收入，得在不影响其生活需要的限度内，实施处分行为和负担行为。

（3）未成年子女实施的法律行为，虽不具备第 2 款规定的要件，但如与其年龄相适应，且属于日常生活中并非重要的小额交易，得因该未成年子女履行其义务而自始有效。

第 171 条 除另有规定外，年满十四周岁的未成年子女，得自主以契约，使自己负担给付劳务的义务，但不得以学徒契约或其他的培训契约，使自己负担给付劳务的义务。法定代理人，得基于重大原因，提前终止因契约而成立的法律关系。

第 172 条 具有识别和判断能力的子女，就教育问题，向父母表明其意见，但不为父母所接受时，得向法院提起诉讼。法院应在审慎衡量父母和子女各自不同的理由后，依有利于子女福祉的原则裁决之。

第 173 条 （1）对于具有识别和判断能力的子女实施的医疗行为，仅得由其本人表示是否同意；有疑义时，推定已满十四周岁的未成年人具有识别和判断能力。未成年子女欠缺必要的识别和判断能力者，须取得对该子女的照护和教育享有法定代理权的人的同意。

（2）所要实施的医疗行为，通常会严重且持久影响身体完整或个人性情者，除须经具有识别和判断能力的未成年子女表示同意外，尚须取得对该子女的照护和教育享有法定代理权的人的同意。

（3）对具有识别和判断能力的子女有紧急实施医疗行为之必要时，如等待该子女和对该子女享有照管权的人表示同意后再实施医疗行为，将会因延误而危及其生命或严重损害其健康者，其医疗行为无须取得其同意。

第 174 条 已结婚的未成年子女，在其婚姻存续期间，就其人身关系，具有与成年人相同的法律地位。

第 175 条 未成年子女，因发育显著迟缓、精神疾病或智力障碍，对若干事务或一定范围内的事务欠缺必要的识别和判断能力或行为能力时，法院应依职权或依享有全部或部分照管权的人的声请，作出相应的宣告。其宣告，除经法院撤销或有确定的生效期间外，在子女成年前始终有效。

未成年子女的侵权行为能力

第176条　未成年子女，在年满十四周岁前尚无过错责任能力者（第1310条），年满十四周岁后，依损害赔偿法的规定，具有过错责任能力。[1]

父母对子女的照管权

第177条　（1）子女的生父与生母在子女出生时已结为夫妻者，对子女均有照管权。子女的生父与生母，在子女出生后结为夫妻者，自其结婚时起，对子女均有照管权。

（2）生父与生母在子女出生时未结为夫妻者，仅生母享有照管权。但生父和生母得亲自并共同到身份管理部门，在身份登记官释明法律后果后，作出照管权由双方共同享有的终局决定，但照管权已由法院裁判归属者，不在此限。关于子女照管权的共同决定，自生父母双方亲自并共同向身份登记官作出表示时生效。在共同决定生效后八周内，生父母中的任何一方，均得向身份登记官单方声明撤回其决定，且无须说明理由。撤回前已实施的代理行为，不因撤回而受影响。

（3）此外，生父母得将其关于照管权由一方单独享有或双方共同享有的约定，以及就现有约定作出变更的约定，书面交由法院保存。

（4）生父母约定双方均享有照管权，但双方不共同生活在一个家庭者，须由双方共同确定子女应主要生活在哪方家庭。子女主要生活的家庭的生父母一方，因此得行使整体的照管权，但第158条第2款的规定不受影响。在本条第3款之情形，子女非主要生活的家庭的生父母一方，其照管权得被限于特定的事务。

---

〔1〕依本条规定，未成年人已满十四岁者，具有过错责任能力，未满十四岁者，是否应负责任，以及应负责任的程度，依第1308条至第1310条确定。

父母一方存在障碍时的照管权

第178条 （1）与他方共同享有子女照管权的父母一方，已死亡，或者已有六个月以上不知其居住在何处所，或者根本无法与其联系或联系相当困难，或者其对子女的照管权被全部或部分剥夺者，照管权在相应的范围内，由他方单独享有。单独享有照管权的父母一方发生上述情况时，法院应依有利于子女福祉的原则作出决定，是否应由父母另一方享有照管权，或者是否应由祖父母或外祖父母（祖父母或外祖父中的一人）享有照管权，或者是否应为其指定寄养父母（寄养父或寄养母）；父母双方均发生上述情况时，法院同样负有作出决定的义务。关于照管权的规定，亦适用于祖父母或外祖父母（祖父母或外祖父中的一人）。

（2）父母一方在第1款第1句情形下请求将照管权移转于己者，法院得确认其移转。

（3）照管权由父母一方移转于他方，或者因法院决定而移转于他方或第三人者，子女的财产以及所有与子女本人相关的文件和证书，在其与照管权的移转有关联的范围内，移交于照管权的承受人。

婚姻或夫妻共同生活关系解销时的照管权

第179条 （1）婚姻或父母的共同生活关系解销后，父母双方仍享有对子女的照管权。但父母双方得在法院参与下订立协议，约定由一方单独享有照管权，或者约定由一方享有整体的照管权，而他方仅就特定事务享有照管权。

（2）在婚姻或夫妻共同生活关系解销后仍由父母双方共同享有照管权之情形，父母双方应在法院参与下订立协议，约定子女主要应由哪方负责照管并主要在其家庭中生活。

照管权的变更

第180条 （1）有下列情形之一时，法院应依有利于子女福祉的原则作出暂时性的规定，以明确父母的责任（及暂时的父母责任期间）：

1. 父母未在其婚姻或共同生活关系解销后合理期间内依第179条规定达成协议者，

2. 父母一方请求将排他性的照管权移转于己或请求与他方共同享有照管权者。

暂时期间的父母责任，其内容是：由法院指定享有照管权的父母一方，在六个月的期间内，继续执行原有的照管规则，子女仍主要生活在其家庭并主要由其照管子女，同时授与他方充分的交往权，以使他方能够履行其照护和教育子女的职责。关于该期间的交往权、照护和教育，以及抚养费负担等更具体的事项，由夫妻双方达成协议，或者由法院作出决定。

（2）六个月期间届满后，法院应依据暂时的父母责任期间的实际情况，包括法定抚养费的给付情况，并按照有利于子女福祉的原则，对照管权作出终局的判决。法院为在作出判决前有更充分的准备，得延长暂时的父母责任期间。法院如判决由父母共同享有照管权，亦应确定子女主要生活在哪方家庭及主要由其照管子女。

（3）法院就照管权作出第 2 款意义上的终局判决后，如有重大的情事变更，父母任何一方均得请求法院就照管规则重新作出安排。对已判决的照管权的变更，准用第 1 款和第 2 款的规定。

照管权的剥夺和限制

第 181 条 （1）父母的行为有危害未成年子女福祉之虞者，受诉法院应本于保障子女福祉的原则作出必要的决定。特别是，法院得全部或部分剥夺其对子女的照管权，包括法律规定的同意权。有关未成年人的具体事项，法律规定以享有照管权的父母同意为必要，而父母无正当理由却拒绝同意时，法院亦得代为同意之。

（2）父母一方（例如父母双方就子女的某项重要事务不能达成协议时）、子女的其他直系血亲、寄养父母（或其一方）、青少年福利机构、已满十四周岁的未成年人（仅限于照护和教育方面的事项），得请求法院作出第 1 款的同意。其他人亦得建议作出此种同意。

（3）对子女照护和教育的权利或对子女财产的管理权被全部或部分剥夺时，其在各相应领域的法定代理权亦当然被剥夺；亦得仅剥夺这些领域的法定代理权，以使父母双方或被剥夺的父母一方仍履行其他义务。

（4）就某一领域的事项，法律规定以享有照护和教育之权利的人（教育权人）的同意为必要者，须取得且仅须取得在该领域有法定代理权的人的同意，但法律另有规定者，不在此限。

第 182 条 法院仅在保障子女福祉所必要的范围内，始得依第 181 条的规定，对照管权进行限制。

照管权的终止

第 183 条 （1）对子女的照管权，在子女成年时终止。

（2）法定代理人，应向已成年的子女，返还其财产以及所有与其个人有关的文件和证书。

寄养父母

第 184 条 寄养父母，系指负责寄养子女的全部或部分照护和教育，且其与寄养子女间的关系，近似于亲生父母子女的关系，或者应确立此种关系的人。寄养父母有权在涉及寄养子女人身关系事项的程序中提出声请。

第 185 条 （1）在非为短期寄养而成立寄养关系之情形，依寄养父母（或其一方）的声请，法院得裁判子女照管权全部或部分移转，但以照管权的移转符合子女福祉为限。于此情形，对寄养父母（或其一方），适用关于照管权的规定。

（2）父母、祖父母或外祖父母享有照管权时，如其不同意移转照管权，仅在照管权的移转不会危害子女福祉之情形，法院始得裁判移转照管权。

（3）照管权的移转，如不符合子女福祉者，应撤销之。法院在撤销的同时，应依有利于子女福祉的原则，裁判指定子女照管权的承受人。

（4）法院在作出裁判前，应听取父母、法定代理人、教育权人、青少年福利机构的意见，子女已满十周岁者，无论如何均须听取子女的意见。于此，参照适用第 196 条第 2 款的规定。

第五节 其他权利和义务

个人来往

第 186 条 未成年子女的父母任何一方，均应与子女保持人身关系，包括个人来往（第 187 条）。

第 187 条　（1）子女与父母任何一方，均有进行正常的和符合子女需要的个人来往。子女和父母得就其个人来往达成协议。如不能达成协议，因子女或父母一方的声请，法院得裁判当事人有义务以符合子女福祉的方式进行交往，并确定其交往的内容和具体义务。其判决，应确保父母与子女间特别密切关系的建立和维持，并应尽可能包括子女应受保障的空闲时间和工作日中子女应得到的照顾。子女的年龄、需要和愿望以及父母子女间原有关系的密切程度，应特别考虑之。

（2）必要时，法院得限制或禁止个人来往，特别是，因父母对子女或其重要关系人使用暴力而有必要限制或禁止个人来往，或者不与未成年子女共同生活的父母一方不履行第 159 条规定的义务时，法院应限制或禁止个人来往。

第 188 条　（1）关于孙子女、外孙子女与祖父母、外祖父母之间的关系，准用第 187 条的规定。但祖父母、外祖父母的个人来往有可能干扰父母双方（或父母一方）的家庭生活或父母双方（或父母一方）与子女之间的关系时，应在可能干扰的范围内限制或禁止其个人来往。

（2）未成年子女与第三人已有的个人来往有助于子女福祉者，因子女、父母一方或第三人的声请，法院得在父母一方或第三人与子女之间所存在的或曾经存在的特别个人关系或家庭关系的范围内，对其个人来往作出必要的裁判。如不作出必要的裁判会危害子女福祉时，法院得依青少年福利机构的声请或依职权作出裁判。

知情权、意见表达权与代理权

第 189 条　（1）无照管权的父母一方，

1. 得向有照管权的人及时了解关于子女的重要事项，特别是对子女所采取的第 167 条第 2 款和第 3 款规定的措施，并就此重要事项表明意见，
2. 得就日常生活中的事务代理有照管权的父母一方，并在依情事所必要的范围和子女与其相处期间照护和教育子女。

无照管权的父母一方依第 1 项规定就重要事项所提出的意见，如更符合子女的福祉，应当受到充分的重视。

(2) 无照管权的父母一方在行使和履行第1款规定的权利和义务时，侵害子女的福祉，或者滥用其权利，或者以不可期待他方或子女接受的方式行使其权利者，法院得依声请，限制或剥夺其权利，子女的福祉有受侵害之虞者，法院亦得依职权限制或剥夺其权利。无照管权的父母一方无正当理由拒绝他方与子女的个人来往权者，丧失第1款规定的权利。

(3) 无照管权的父母一方，虽有与子女保持正常个人来往的意愿，但事实上与子女并无个人来往者，关于子女的事项，虽非极为重要，亦有知情权和意见表达权（第1款第1项），但其属于纯粹的日常生活之事务者，不在此限。

(4) 有照管权的父母一方，侵害他方依第1款规定而享有的权利情节严重者，法院得依声请采取适当的措施，子女的利益有受侵害之虞者，法院亦得依职权采取适当的措施。

(5) 前款规定，对于有照管权的父母一方，参照适用之。

关于照管、个人来往和抚养费的协议

第190条 (1) 父母双方对子女的照管、个人来往和抚养进行协议时，应尽可能本旨于子女的福祉。

(2) 父母双方关于子女照管权的决定（第177条第2款）和在法院参与下订立的关于本条第1款内容的协议，其生效无须取得法院的批准。但父母双方关于照管权的共同决定和协议有侵害子女福祉之虞者，法院得宣告其无效并作出不同于父母决定和协议内容的命令。

(3) 父母双方在法院参与下就法定抚养费的数额所达成的协议，其生效无须取得法院的批准，且对全体有抚养义务的人均具有约束力。

第六节 子女收养

第191条 (1) 有完全行为能力的人，得收养子女。基于子女收养，成立养父母子女关系。

(2) 已婚者，原则上应由夫妻双方共同收养。但有下列情形之一者，得例外地准许单独收养：夫妻一方收养他方的亲生子女者；夫妻一方因在行为能力或年龄方面不具备收养子女的法定条件而不能收养子女者；夫妻一方的

居住地不明至少一年者；夫妻间停止共同生活关系至少三年者；有与此相类似和特别重大的理由足以正当化夫妻一方单独收养者。[1]

（3）受法院委任，对于拟将被收养的子女的财产负有管理义务的人，在其管理义务终止前，不得收养该子女。其在收养该子女前，须就该子女的财产状况提交报告，并须就其受委任而管理的财产的完好提供证明。

收养的形式、收养效力的发生

第192条　（1）子女收养在收养人与被收养人订立书面的收养契约，并经契约当事人一方声请，取得法院的批准后成立。子女收养，取得法院批准者，自当事人达成收养协议时生效。收养人在达成收养协议后死亡者，不妨碍法院批准收养。

（2）无完全行为能力的被收养人由其法定代理人代理订立收养契约者，其收养契约无须取得法院的批准。法定代理人不同意收养时，如其不同意收养并无正当理由，法院得依收养人或被收养人的声请，代为同意。

收养关系当事人的年龄

第193条　（1）养父母须年满二十五周岁。

（2）养父和养母须年长于养子女。[2]

收养的批准

第194条　（1）对无完全行为能力的子女的收养，有利于该子女的福祉，且收养人与被收养人间已形成与亲生的父母子女关系相当的关系或应确立此种关系者，法院应批准之。被收养人具有完全行为能力者，如声请人证明，收养人与被收养人间已形成密切的、与亲生的父母子女关系相当的关系，

---

〔1〕　第191条第2款原有3句。原条文第1句规定："一人以上收养同一名养子女者，无论其同时收养或先后收养，仅在收养人相互结为夫妻关系之情形，始得准许。"（Die Annahme eines Wahlkindes durch mehr als eine Person, sei es gleichzeitig, sei es, solange die Wahlkindschaft besteht, nacheinander, ist nur zulässig, wenn die Annehmenden miteinander verheiratet sind.）该句规定，因奥地利联邦宪法法院2014年12月11日判决其违宪而被废止，自2016年1月1日起失效。

〔2〕　第193条第2款原规定："养父和养母须年长于养子女至少十六周岁"。奥地利联邦宪法法院2014年12月11日判决其中"至少十六周岁"一语违宪，应予废止，自2016年1月1日起失效。

特别是，被收养人与收养人已在五年期间共同生活或在堪称密切共同关系的情境中相互提供帮助，法院应批准收养。

（2）收养，不具备第1款规定的条件，或者与收养人亲生子女的基本利益相抵触，特别是有损害收养人亲生子女的抚养权和教育权之虞者，法院不应批准之；此外，收养人亲生子女的经济利益，不考虑之，但收养人收养子女系以损害其亲生子女经济利益为唯一目的或主要目的者，不在此限。

第195条　（1）仅在下列人同意时，法院始得批准收养：

1. 未成年的被收养人的父母；
2. 收养人的配偶或已登记的同性伴侣；
3. 被收养人的配偶或已登记的同性伴侣；
4. 已满十四周岁的被收养人。

（2）有下列情形之一者，丧失第1款规定的同意权：有同意权的人作为被收养人的法定代理人订立收养契约者；有同意权的人不能理智表达意见且非仅为暂时性者；第1款第1项至第3项所称之人，其居住地不明至少六个月者。

（3）第1款第1项至第3项所称之人不同意收养时，如其不同意并无正当理由，法院得依收养契约当事人的声请，代为同意之。

第196条　（1）下列人有询问权[1]：

1. 年满五周岁的无行为能力的养子女，但其自年满五周岁时起已与收养人共同生活者，不在此限；
2. 已成年的养子女的父母；
3. 寄养父母或养子女所在养育院的负责人；
4. 青少年福利机构。

（2）第1款所列权利人，作为养子女的法定代理人与收养人订立收养契约时，无询问权；此外，其意见不能被听取或很难被听取的人，亦无询问权。

---

〔1〕询问权，原文 Recht auf Anhörung 或 Anhörungsrecht。

收养的效力

第197条 （1）自收养生效时起，收养人及其直系血亲卑亲属，与被收养人及其在收养生效时既有的未成年的直系血亲卑亲属之间，产生与自然血亲相同的权利。

（2）被收养人由夫妻双方共同收养时，除第198条的例外规定外，生父母及其血亲与养子女及其在收养生效时既有的未成年的直系血亲卑亲属之间的亲属法上的关系，自收养生效时消灭。

（3）养子女由养父（或养母）单独收养时，第2款规定的亲属法上的关系，仅对于生父（或生母）及其血亲消灭。亲属法上的关系不消灭的生父母一方，如同意消灭其亲属法上的关系，法院得宣告其消灭。此项消灭，自生父母一方作出同意消灭的表示时起发生效力，但最早得自收养生效时起发生效力。

第198条 （1）生父母及其血亲，对于被收养人及其在收养生效时既有的未成年的直系血亲卑亲属，依亲属法规定应负担的给付抚养费和结婚安家费的义务，继续存在。

（2）同样，被收养人对于生父母亦仍负赡养义务，但生父母对于收养前未满十四周岁的子女未尽抚养义务且有重大过失者，不在此限。

（3）第1款和第2款规定的在收养生效后继续存在的义务，在顺位上后于因收养而产生的相同义务。

第199条 （1）生父母及其血亲，与被收养人及其在收养生效时既有的未成年的直系血亲卑亲属之间，基于继承法而产生的权利，继续存在。

（2）在被收养人遗产的法定继承之情形，养父母及其直系血亲卑亲属，与生父母及其直系血亲卑亲属，同属第二顺位的继承人，但前者优先于后者。

（3）被收养人仅由一人收养，且收养人或其直系血亲卑亲属，以及亲属法上的关系不消灭的生父母一方或其直系血亲卑亲属，尚生存时，不论亲属法上的关系是否发生第197条第3款第2句规定的消灭，收养人或其直系血亲卑亲属，取得被收养人遗产的一半，另一半由亲属法上的关系不消灭的生父母一方或其直系血亲卑亲属取得。

撤销与废止

第200条 （1）有下列情形之一者，法院得撤销批准，且撤销具有溯及效力：

1. 收养人在订立收养契约时不具有完全行为能力者，法院得依职权或依契约当事人一方的声请撤销批准，但收养人在取得完全行为能力后表示愿意继续其收养关系者，不在此限；
2. 收养契约系由无完全行为能力的被收养人本人所订立者，法院得依职权或依契约当事人一方的声请撤销批准，但被收养人的法定代理人或被收养人在取得完全行为能力后表示同意，或者法院在法定代理人不同意时代为作出第192条第2款意义上之同意者，不在此限；
3. 被收养人为一人以上所收养者，法院得依职权或依契约当事人一方的声请撤销批准，但收养人在法院作出批准时已相互结为夫妻者，不在此限；
4. 订立收养契约，系以被收养人能够使用养父或养母的姓氏为唯一或主要目的，或者利用收养关系之表象以图掩盖不法之性关系者，法院得依职权或依契约当事人一方的声请撤销批准；
5. 收养契约未以书面形式订立，且法院批准收养的决定发生法律效力未超过五年者，法院得依契约当事人一方的声请撤销批准。

（2）契约当事人之一方，在订立收养契约时不知有撤销原因（第1款第1项至第3项和第5项），因而请求废止收养关系者，如法院撤销批准，其与他方当事人的关系视为被废止（第201条）。

（3）对于因信赖收养有效而在法院的批准被撤销前取得权利的第三人，不得以法院的批准被撤销为理由进行抗辩。第三人主张撤销的效力，不得有害于在订立收养契约时不知有撤销原因的契约当事人的利益。

第201条 （1）有下列情形之一者，法院得依声请或依职权废止收养关系：

1. 契约当事人一方或有同意权的人，因受欺诈或受不法且现实的胁迫而作出意思表示，且利害关系人在发现欺诈或恐惧状态消除后一年内请求废止收养关系者；

2. 继续维持收养关系，将会严重危害无完全行为能力的被收养人之福祉者，法院得依职权废止收养关系；
3. 养父母之间的婚姻关系解销或被宣告无效后，或者生父（或生母）与养母（或养父）之间的婚姻关系解销或被宣告无效后，或者生父（或生母）与养母（或养父）之间已登记的同性伴侣关系解销或被宣告无效后，或者养父（或养母）死亡后，如废止收养关系有利于被收养人的福祉，且不会与养父（或养母）的正当利益——包括已死亡的养父（或养母）的正当利益——相抵触，法院得依被收养人的声请，废止收养关系。
4. 养父（或养母）和具有完全行为能力的被收养人共同声请废止收养关系者。

（2）被收养人与养父和养母之间的收养关系，其第 1 款意义上的废止，须对养父和养母双方为之；对养父母一方的废止，仅在其婚姻关系解销或被宣告无效之情形，始得为之。

第 202 条　（1）基于收养而在养父（或养母）及其直系血亲卑亲属与被收养人及其直系血亲卑亲属之间产生的法律关系，自废止收养关系的判决发生既判力时起消灭。

（2）同时，生父母及其血亲与被收养人及其直系血亲卑亲属之间依第 197 条规定而消灭的亲属法上的关系，重新恢复。

（3）自废止收养关系的判决发生既判力时起，收养在姓名法上的效力，对于被收养人及其未成年的直系血亲卑亲属，视为未曾发生。

第 203 条　除第 200 条和第 201 条所列原因外，不得以其他原因撤回或废止收养关系；同样，既不得以协议的方式撤销收养契约，亦不得就收养契约的撤销提起诉讼。

第四章　其他人对子女实行的照管

第 204 条　子女无法依第三章的规定由父母、祖父母、外祖父母或寄养父母照管，且不存在第 207 条规定之情形时，法院应为子女的福祉，委任其他合适的人承担照管子女的义务。

第 205 条　（1）法院在选任其他人承担照管子女的义务时，应特别考虑子女的福祉。在第 166 条所规定赠与情形，子女和父母的意愿，应考虑之，但其意愿不符合子女之福祉者，不在此限。

（2）下列人，不得被选任为照管人：

1. 无完全行为能力的人；
2. 特别是，依其所受刑事判决而暴露的秉性和个人素质，显然不能期待其以有利于未成年子女福祉的方式行使照管权的人。

第 206 条　（1）受法院委任承担照管义务的人，应将其不适宜承担此项职责的一切情事告知法院。怠于告知者，对于未成年子女因此所受之一切损害，应负责任。

（2）特别适宜承担照管义务的人，仅在不可期待其承担此项职责时，始得拒绝承担此项职责。

青少年福利机构的职责

第 207 条　在国内发现的未成年子女，其父母不明者，依法由青少年福利机构负责照管。在国内出生的子女，如其父母双方均无权管理子女财产和代理子女，其财产管理和代理，亦由青少年福利机构承担。

第 208 条　（1）依具体情事，如有必要，对于在国内出生的子女的法定代理人，青少年福利机构应在该子女出生后的合理期间内，告知作为父母所得享有的权利和所应负担的义务，特别是应告知子女的抚养请求权，必要时尚须告知关于父亲身份确认方面的具体情况，此外，青少年福利机构，尚须为法定代理人行使其子女的权利提供必要的帮助。

（2）经法定代理人书面同意，青少年福利机构，得在抚养请求权的确定和行使、子女出身事务等方面，作为子女的代理人。

（3）对于子女的其他事务，青少年福利机构如已表示愿意代理，且法定代理人已书面同意其代理，青少年福利机构得作为子女的代理人。

（4）法定代理人的代理权不因青少年福利机构的代理权而受限制，但应参照适用第 169 条的规定。青少年福利机构和法定代理人应相互告知其代理行为。

（5）有下列情形之一者，青少年福利机构的代理权终止：法定代理人书面撤回同意者；青少年福利机构撤回愿意代理之表示（第 3 款）者；依实际情况，青少年福利机构对于子女权利的维护及请求权的行使不能提供更多的帮助，法院依声请而解除其代理人身份者。

第 209 条　在需要委任其他人承担照管子女义务之情形，如无法找到能够承担照管义务的亲属或其他密切关系人或特别适宜的人，法院得将照管权移转于青少年福利机构。在未成年人已被指定保佐人之情形，亦同。

第 210 条　（1）第 213 条、第 224 条、第 228 条、第 229 条和第 230 条的规定，不适用于青少年福利机构。青少年福利机构，在管理未成年人的财产前，仅在第 220 条规定之情形，始须取得法院的同意。

（2）青少年福利机构，为约定法定抚养费数额而订立协议者，无须取得法院的同意。关于未成年人抚养费的协议，无论其在青少年福利机构主持下订立，或者由青少年福利机构所订立并记录，均具有在法院内和解的效力。

（3）对子女有照护和教育之权利的人，或者子女的法定代理人，询问关于子女的代理事项时，青少年福利机构应在不损害子女福祉的限度内答复。

第 211 条　（1）为确保未成年人的福祉，青少年福利机构应就照管义务范围内的事项，声请法院作出必要的命令。如有迟延之虞，青少年福利机构得自行采取必要的照护和教育措施，其措施在法院作出裁定前具有暂时的效力；青少年福利机构应就其所采取的措施及时声请法院裁定，无论如何，应在采取措施后八日内声请法院裁定。在所采取措施的范围内，青少年福利机构负有暂时照管子女的义务。

（2）未成年人的法定代理人未及时声请法院作出《执行条例》第382b条和第382e条规定的假处分命令和执行该命令时，青少年福利机构得作为代理人向法院提出此项声请；就此，准用第208条第4款的规定。

第212条 除另有规定外，青少年福利机构的职责，由未成年子女惯常居住地所在的联邦州承担，无惯常居住地者，由在国内的实际居住地的联邦州承担。未成年子女在国内无居住地者，如其为奥地利国民，其在国内的最后居住地所在的联邦州，承担青少年福利机构的照管职责；如未成年人在国内无最后居住地，以其父母一方在国内的居住地或最后居住地为居住地。未成年人的居住地迁移到另一联邦州时，青少年福利机构的职责，在取得该联邦州的同意后，得被移交于该州。如已有该未成年子女的事务在法院处理中，应将有关事实告知法院。

其他照管人的特别义务和特别权利

1. 在照护和教育事务方面

第213条 （1）其他人被委任照管子女时，除另有规定外，对于涉及子女人身利益的重大事务，特别是第167条第2款规定的事务，受任人均须取得法院的批准。除有急迫情事外，不得在取得法院批准前采取措施或实施代理行为，否则无效。

（2）对于通常会严重且持久影响身体完整或个人性情的医疗行为，仅在独立于治疗医生之外的其他医生，以医生鉴定的方式确认，接受医疗的子女对于所要采用的医疗行为不具有必要的认识和判断能力，且为维护子女的福祉有必要实施该医疗行为的情形下，照管受任人始得同意。如无此项医生鉴定，或者子女拒绝接受该医疗行为，照管受任人的同意须取得法院的同意。照管受任人不同意医疗行为，而不实施该医疗行为有损害子女福祉之虞者，法院得代为同意，亦得将照管义务移转于他人。

2. 在财产管理事务方面

第214条 （1）受任管理未成年人财产且就财产管理事务被授与法定代

理权的人，在开始承担照管义务后，应全面核实未成年人的财产状况，并向法院呈交详细的报告，照管义务终止后，应向法院呈交账目。为避免损害未成年子女的福祉，法院应监督法定代理人的日常活动，法院得为此进行必要的监督委任。其施行细则，由程序法规定之。

（2）关于财产管理事务中的代理行为和同意，参照适用第 167 条第 3 款和第 168 条的规定。

关于未成年人金钱的管理

第 215 条 （1）未成年人的金钱，不属于依法须用于特定目的者，照管人应依下列各条的规定，及时以安全且尽可能有收益的方式，对其进行管理；具体的管理方式得为储蓄、购买有价证券（债权）、提供消费借贷、购买不动产或其他方式。

（2）如符合经济上之利益，未成年人的金钱，得同时以多种方式管理之。

第 216 条 将未成年人的金钱，以未成年人的名义，储蓄于有权接受储蓄的国内信贷机构，且符合以下情形者，即可认为已对未成年人的金钱进行适当的管理：在所办理的储蓄中明确记载“未成年人的金钱”的字样，同时，该信贷机构的债务由联邦或州承担一般担保责任，或者未成年人储蓄的利息和本金能够由在信贷机构内设立的、无任何负担的储蓄基金担保其随时按各次的储蓄金额及利息予以支取。此种储蓄基金仅得表现为以下形式：允许以未成年人的财产进行投资的有价证券（第 217 条）、由符合法律规定的担保方式所担保的抵押债权（第 218 条）、联邦或州负担保责任的债权、现金。

第 217 条 得购买下列有价证券和债权，作为对未成年人金钱的管理：

1. 由联邦或州承担还本付息责任的定额债券；
2. 在国债主簿中登记的债权；
3. 依据法律规定具有发行有价证券权限的国内信贷机构发行的抵押债券和地方政府债券；
4. 国内信贷机构发行的定额债券，但其须具备以下条件：信贷机构对于因该债券而产生的请求权承担优先偿付的义务；以信贷机构享有的并由联邦负担保责任的债权，或者以第 1 项至第 3 项和第 5 项的债权，或者以现金，为此项优先偿付设定担保；此项担保应明示记载于该债券。

5. 以特别法律规定的方式声明适合作为未成年人金钱管理方式的其他有价证券。

第218条 （1）在有设定于国内不动产上的抵押权作为担保，且该不动产及其附属物在消费借贷期间已受足额的火灾保险的情况下，得采用提供消费借贷的方式，作为对未成年人金钱的管理。不动产上的拆除活动致其价值持续且显著降低者，该不动产不宜作为抵押物。

（2）贷与的金额，不得超过不动产交易价值的半数。在不动产为葡萄园、林地或其他类似的有继续性经济作物存在其上因而具有收益的土地时，其担保限额的计算，仅考虑土地的价值，而不考虑经济作物的价值。同样，在不动产为工业用地和营业用地时，其担保限额的计算，亦完全以土地的价值为依据，但为移除土地上供工业或营业之用的建筑物而须支出的费用，应扣除之。

第219条 （1）不动产不会因在其上发生的拆除活动而持续且显著降低价值，或者不动产不是完全或主要用于工业或营业之目的者，得采用购买此种不动产的方式，作为对未成年人金钱的管理。

（2）价金原则上不得超过其交易价值。

第220条 （1）对未成年子女的财产采取的其他管理方式，依具体情况，如符合财产管理上的安全原则和收益原则，应准许之。财产管理中因投资风险而可能发生的重大损失，应以分散投资的方式避免之。

（2）在非为第216条至第218条所称之有价证券和债权时，应始终关注其安全性和盈利可能性，并应依市场发展情况及时将其出卖；管理人应就其管理行为，向未成年子女负责。在以定期给付为内容的财产管理之情形，应确保该定期给付能从未成年子女的财产中支付。

（3）所要购买的不动产，非为第219条所称之不动产者，须与未成年子女现在或将来所从事的职业具有联系，或者对未成年人明显具有利益；其价金不得超过其交易价值。

第 221 条 法定代理人对未成年人财产所实行的管理，属于通常的经营管理者，无须取得法院的批准。

第 222 条 对于满足未成年子女现在或将来需要并非必要的多余财产，或者不适宜于未成年子女现在或将来需要的多余动产，应尽可能予以变价。单项动产的交易价值预计不超过一千欧元，或者所要变价的数项动产的总交易价值预计不超过一万欧元者，其变价，无须取得法院的批准。

第 223 条 未成年人的不动产，仅在有急迫情事或明显会为未成年人带来利益时，始得在取得法院的同意后予以出卖。

第 224 条 对于金额超过一万欧元的给付，法定代理人仅在有法院特别授权或一般授权时，始得代未成年人受领并出具清偿证书。如无此项授权，债务人仅在其所为之给付仍存在于未成年人财产中，或者已被用于未成年人所需用途时，始因其向法定代理人为给付而免责。

照管权的变更

第 225 条 父母不能行使照管权的事由不复存在时，青少年福利机构的照管权（第 207 条）终止；如属第 207 条规定的第一种情形，照管权之移转于父母，须经法院作出决定。

第 226 条 基于未成年人福祉的需要，特别是，照管受任人不履行第 159 条规定的义务，或者第 205 条第 2 款规定的情事出现或被知悉，或者照管受任人死亡时，法院应将照管权移转于其他人。

责任

第 227 条 （1）基于第 204 条规定而承担照管义务的人，对于因其过错而发生的一切损害，应向未成年人负赔偿责任。

（2）在照管受任人为履行照管义务而依法使用第三人之情形，照管受任人，仅在其因过错而选任不称职或不安全的第三人，或者对于第三人的行为未予充分监督，或者因过错而怠于为未成年人向第三人主张损害赔偿请求权时，始负责任。

第 228 条 法官在对各相关情事，特别是照管受任人的过错程度、未成年人与照管受任人间的特别密切关系，作出衡量后，如认为，完全依照第 227 条的规定判决照管受任人承担责任并不公平且过于严苛，得适当减轻或完全免除其责任。

对照管受任人的补偿

第 229 条 （1）对于依第 204 条规定而承担照管义务的人，得考虑其照管行为的性质和范围、履行相同照管行为通常所需的时间和辛劳，每年给与适当的补偿，但此种补偿，不得损害未成年人的生活需要。

（2）除法院有特殊理由认为只能给与照管受任人较少的补偿外，照管受任人应得到的补偿确定为：扣除法定税捐后的未成年人全部收入的百分之五。依特别法律规定而需用于支付特定费用的收入，不能作为未成年人的收入。未成年人的财产价值超过一万欧元时，如照管受任人对于该财产的维持或该财产在满足未成年人的需要上有特殊的贡献，法院得决定，以未成年人财产中超过一万欧元的部分为计算基础，另外给与照管受任人每年不超过百分之二的补偿。照管受任人仅承担部分的照管义务或承担照管义务不足一年者，相应减少其补偿请求权。

（3）照管受任人的照管事务特别广泛，且其照管工作卓有成效者，法院亦得决定给与照管受任人高于第 2 款第 1 句所规定标准的补偿，但不得高于未成年人收入的百分之十。

支付报酬与偿还费用

第 230 条 （1）照管受任人运用其特殊的职业知识和能力，照管本来需要委任第三人管理之事务者，得就此请求合理的报酬。但关于诉讼代理，如未成年人具备法律援助的条件或依法律规定诉讼代理的费用应由相对人负担者，照管受任人不得就诉讼代理所应支付的费用主张报酬请求权。

（2）照管受任人，因适当履行照管义务而以现金支付的必要费用、实际支出的费用、为第 227 条规定的责任进行投保而产生的费用，均得请求未成年人偿还，但依法律规定，上述费用应直接由第三人负担者，不在此限。

（3）第 1 款和第 2 款规定的请求权，有损害未成年人生活需要之虞者，照管受任人不得主张之。

第五章　子女的抚养

第231条　（1）父母双方，应依子女的体质、能力、兴趣和发展机会，各尽所能，按比例承担抚养子女的义务，以确保子女的生活水平达到与父母生活条件相当的程度。

（2）照料家务的父母一方，如负责照管子女，应认为已因此履行其抚养义务。但他方没有能力完全满足子女的需求或不应再承担超出与其本人生活条件相当的义务时，负责照管子女的父母一方尚须承担抚养费。

（3）子女本人有收入或依其生活条件具有供养自己之能力者，得相应减少其抚养请求权。

（4）父母双方关于由一方单独或主要承担子女的抚养费，而他方不负任何抚养义务的约定，无效，但其约定，属于离婚时在法院的参与下作为离婚法律效果的内容之一者，不在此限。

第232条　父母双方依其能力无法履行抚养子女的义务时，祖父母、外祖父母应履行适当的抚养义务，以使未成年人能够维持合理的生活水平。此外，参照适用第231条的规定；孙子女、外孙子女本人如有可利用的财产，得相应减少其抚养请求权。祖父母一方或外祖父母一方负有其他照管义务时，仅在其本人生计不受影响的情况下，始负抚养孙子女或外孙子女的义务。

第233条　父母一方抚养子女的义务，在其遗产的价值范围内，移转于其继承人。子女依契约或遗嘱从被继承人取得的财产，包括法定继承份、特留份，以及依公法上给付或依私法上给付而取得的财产，应算入该子女的请求权中。遗产的价值不能保证子女能被抚养到可期待其独立生活为止时，应适当减少子女的请求权。

第 234 条　（1）父母、祖父母或外祖父母不能维持其生活时，子女、孙子女或外孙子女应在生活条件许可的范围内承担赡养义务，但父母、祖父母或外祖父母对子女、孙子女或外孙子女不履行抚养义务且有重大过错者，不在此限。

（2）子女、孙子女或外孙子女的赡养义务，在顺序上，后于赡养请求权人的配偶、前配偶、亲等较近的直系血亲尊亲属和直系血亲卑亲属。有赡养义务的子女、孙子女或外孙子女有数人时，应依其各自的经济能力，按份承担赡养义务。

（3）父母、祖父母或外祖父母本人如有财产可利用者，应相应减少其赡养请求权。此外，子女、孙子女或外孙子女负有其他照管义务时，仅在其本人生计不受影响的情况下，始负赡养父母、祖父母或外祖父母的义务。

与子女出生相关的请求权

第 235 条　（1）生父应向生母给付分娩费用和分娩后八周的子女抚养费，此外，因分娩而产生的其他必要费用，生父亦应给付。

（2）前款债权，自分娩起经过三年而罹于时效。

第 236 条至第 267 条（已废止）

第六章　管理、其他的法定代理和预防性代理权

指定管理人或保佐人的要件

1. 为残疾人指定管理人

第268条　(1) 成年人患有精神性疾病或存在智力障碍（残疾人），如任由其本人处理全部事务和个别事务，有损害其利益之虞者，法院得依其声请或依职权为其指定管理人。

(2) 残疾人的事务，通过法定代理人，或者通过其他的帮助，特别是通过家庭、护理机构、残疾人帮助机构、社会服务机构或心生性疾病社会服务机构的帮助，能在必要范围内得以妥善处理者，不得指定管理人。通过代理权特别是预防性代理权，或者通过有约束力的患者处分，残疾人的事务能在必要范围内得以妥善处理者，亦不得指定管理人。不得单纯为第三人不被行使请求权而指定管理人，请求权虽纯属想象者，亦同。

(3) 应依残疾人的残疾程度、需要照管的事务的性质和范围，对管理人作出不同的委任：

1. 委任照管个别事务，例如行使一项请求权或对一项请求权提出抗辩，或者缔结并履行一项法律行为；
2. 委任照管特定范围内的事务，管理部分和全部财产；
3. 委任照管所有事务，但此种委任以不可避免为限。

(4) 以不损害残疾人的福祉为限，法院亦得决定，管理人的权限不包括对特定财产、收入或部分收入的处分权利或照管义务。

2. 为尚未出生的胎儿指定保佐人

第269条　就尚未出生的胎儿，或者为直系血亲卑亲属，或者为已存在的胎儿（第22条），指定保佐人。在第一种情形，保佐人应使直系血亲卑亲

属的特定遗产利益不受侵害，在第二种情形，保佐人应确保尚未出生的胎儿将来取得其权利。

3. 为不在居住地的人和不知名的交易当事人指定保佐人

第 270 条 不在居住地的人、法院暂时尚无法确知的交易当事人，如无经其授权的通常代理人，且由于无代理人，其权利有因迟延而受损害之危险，或者他人因此无法及时实现权利，且该他人无法通过其他方式（例如由受诉法院在特定的诉讼程序中指定保佐人）保全权利时，法院得为其指定保佐人。对于不在居住地的人，如得知其现在的居住地点，保佐人应通知其事务情况，不在居住地的人如无特别指示，保佐人应以与照管未成年人事务相同的方式，照管其事务。

4. 利益冲突时指定保佐人

第 271 条 （1）就特定事务，未成年人或其他无完全行为能力人的利益与其法定代理人的利益发生冲突时，法院应就该事务指定特别照管人。

（2）未成年人或其他无完全行为能力人的利益，如无须担心其会受到损害，且能得到法院的充分保护时，无须指定保佐人。在依第 187 条、第 188 条和第 231 条行使未成年人权利的诉讼程序中，虽由承担照管义务的父母一方代理未成年人，一般情况下亦适用此项原则；在依第 229 条第 1 款和第 2 款或第 230 条行使请求权的诉讼程序中，仍适用此项原则。

第 272 条 （1）两个或两个以上的未成年人或其他无完全行为能力人相互间发生利益冲突，而其法定代理人为同一人时，该法定代理人不得代理其中任何人。法院应为其分别指定特别保佐人。

（2）准用第 217 条第 2 款的规定。

指定

第 273 条 （1）在选任管理人或保佐人时，应考虑需要照管的被代理人（被照管人）事务的性质。

（2）下列人不得被指定为管理人或保佐人：

1. 无完全行为能力的人；
2. 特别是，曾经受到刑事判决，因而有理由无法期待其以有益于被照管人福祉的方式履行管理或保佐义务的人。

第 274 条　（1）受法院委任而要承担管理（保佐）义务的人，应将其不适宜承担此项职责的一切情事告知法院。怠于告知者，对于被照管人因此所受之一切损害，应负责任。

（2）律师或公证员，仅在因其个人的、家庭的、职业的和其他的实际情况，不可期待其担任管理人（保佐人）时，始得拒绝之。律师或公证员，已为五个以上的被照管人担任管理人（保佐）者，推定具有此种不可期待。

权利与义务

第 275 条　（1）凡属处理委任事务所必要的一切活动，管理人（保佐人）均有权利和义务开展。管理人（保佐人）应尽可能增进被照管人的福祉。

（2）对于事关被照管人人身关系的重要事务，管理人（保佐人）须取得法院的批准。除有急迫情事外，非经法院批准不得采取措施或实施代理行为，否则无效。

（3）关于被照管人的财产事务，参照适用第 214 条至第 224 条的规定。

补偿、报酬与费用偿还

第 276 条　（1）对于管理人（保佐人），得考虑其照管行为的性质和范围（特别是对被照管人人身方面的照管），以及履行相同照管行为通常所需的时间和辛劳，每年给与适当的补偿。其应得到的补偿确定为：扣除法定税捐后的被照管人全部收入的百分之五；但依特别法律规定而需用于支付特定费用的收入，不能作为被照管人的收入；管理人（保佐人）照管事务特别广泛，且其照管工作卓有成效者，法院亦得决定给与不超过被照管人收入的百分之十的报酬。被照管人的财产价值超过一万欧元时，法院得决定，以被照管人财产中超过一万欧元的部分为计算基础，另外给与照管受任人每年百分之二的补偿。如有特别理由，法院得降低补偿标准。

（2）管理人（保佐人）运用其特殊的职业知识和能力，照管本来需要有偿委任第三人管理之事务者，得就此请求合理的报酬。但关于诉讼代理，如被照管人具备法律援助的条件或依法律规定诉讼代理的费用应由相对人负担者，管理人（保佐人）不得就诉讼代理所应支付的费用主张报酬请求权。

（3）管理人（保佐人），因适当履行照管义务而以现金支付的必要费用、实际支出的费用和为第 227 条规定的责任进行投保而产生的费用，均得请求被照管人偿还，但依法律规定，上述费用应直接由第三人负担者，不在此限。

（4）第1款至第3款规定的请求权，有损害被照管人生活需要之虞者，管理人（保佐人）不得主张之。

责任

第277条 管理人（保佐人）对于因其过错而发生的一切损害，应向被照管人负赔偿责任。法官在对相关情事，特别是管理人（保佐人）的过错程度、被照管人与管理人（保佐人）间的特别密切关系，作出衡量后，如认为判决管理人（保佐人）承担完全的赔偿责任并不公平且过于严苛，得适当减轻或完全免除其责任。

变更与终止

第278条 （1）管理人（保佐人）死亡，或者经证明不具备必要的能力，或者不可期待其履行职责，或者第273条规定的情事出现或被知悉，或者有其他原因足以证明为被照管人的福祉有必要变更管理人（保佐人）者，法院得依声请或依职权，将管理职责（保佐职责）移转于他人。参照适用第178条第3款的规定。

（2）第268条至第272条规定的指定管理人（保佐人）的条件不复存在时，法院得依声请或依职权解除管理人（保佐人）的职责；指定管理人（保佐人）的条件仅对于部分事务不复存在时，应限制管理人（保佐人）的职责范围。如有必要，应扩大管理人（保佐人）的职责范围。照管职责因被照管人死亡而消灭。参照适用第183条第2款的规定。

（3）法院应在合理期间（最长不超过五年）内审查，基于被照管人的福祉，有无必要终止或变更管理人（保佐人）。

关于管理人的特别规定

1. 管理人的选任

第279条 （1）在选任管理人时，应特别考虑残疾人的需要，同时尚须考虑管理人与残疾人所居住的或负责照护残疾人的医疗机构、疗养院或其他机构之间不存在从属关系或其他密切关系。残疾人的意愿，特别是残疾人在丧失行为能力、识别和判断能力前所表达的意愿（对管理人的指示），以及密切关系人的建议，有益于残疾人福祉者，均应考虑之。

(2) 应指定适合担任管理人且与残疾人关系密切的人担任管理人。残疾人已成年者，在其成年之前承担照管义务的父母一方，应被指定为管理人，但该父母一方不利于残疾人福祉者，不在此限。

(3) 无密切关系人适合担任管理人时，如有合适的社团愿意担任管理人，得指定该社团担任管理人，但指定前应取得其同意。无社团适合担任管理人时，得依第 274 条的规定，指定律师（或律师候选人）、公证员（公证员候选人）或其他合适的人担任管理人，但指定前须取得其同意。

(4) 需要管理的事务主要涉及法律知识时，应首先指定律师（或律师候选人）或公证员（公证员候选人）担任管理人；需要管理的事务有其他特别要求时，应首先指定合适的社团担任管理人。

(5) 每个人能担任管理人的数量，应依管理人需要履行的义务，特别是需要与残疾人保持个人联系的程度，以及管理人通常的处理事务的能力，确定之。应推定：每个人（社团除外）担任管理人的数量不超过五个，律师或公证员担任管理人的数量不超过二十五个；在计算时，为照管个别事务而指定的管理人不列为实数。

2. 残疾人的行为能力

第 280 条　(1) 对属于管理人职责范围内的事务，非经管理人明示或默示的许可，残疾人不得实施处分行为和负担行为。

(2) 残疾人就属于管理人职责范围内的事务实施法律行为，但其所涉及者，系日常生活中的微小事务时，该法律行为因残疾人履行其义务而自始有效。

3. 应考虑残疾人的意愿和需求

第 281 条　(1) 管理人应在残疾人的能力和条件许可的范围内，尽可能依残疾人的意愿和想法安排其生活。

(2) 对于拟将采取的、涉及人身或财产的重大措施，残疾人有权要求管理人及时告知，并有对这些措施和其他措施在合理期限内表达意见的权利；反映在残疾人所表达意见中的意愿，除与残疾人的福祉相抵触者外，管理人应考虑之。

（3）负责管理残疾人财产或收入的管理人，应将其所管理的财产或收入首先用于满足残疾人的基本生活需要。

（4）残疾人的福祉受到危害时，法院得因任何人的诉请，随时采取必要措施，以保障残疾人的福祉。

4. 人身照管

第282条 管理人应依残疾人的实际情况与残疾人保持必要程度的个人来往，并努力为残疾人提供必要的医疗护理和社会护理。管理人非仅被指定照管个别事务者，每月至少须与残疾人来往一次。

第283条 （1）对残疾人实施的医疗行为，在残疾人有识别和判断能力的范围内，应取得残疾人的同意。残疾人如无识别和判断能力，应取得对残疾人的医疗行为有管理权限的管理人的同意。

（2）对于通常会严重且持久影响身体完整或个人性情的医疗行为，仅在独立于治疗医生的其他医生，以医生鉴定的方式确认，接受医疗的残疾人对于所要采用的医疗行为不具有必要的认识和判断能力，且为维护残疾人的福祉有必要实施该医疗行为的情况下，管理人始得同意之。无此项医生鉴定或残疾人拒绝接受该医疗行为时，管理人的同意须取得法院的批准。管理人不同意医疗行为，而不实施该医疗行为有损害残疾人福祉之虞者，法院得代为同意，亦得将照管义务移转于他人。

（3）对有识别和判断能力的残疾人有紧急实施医疗行为之必要时，如等待该残疾人和管理人表示同意后或等待法院裁判后再实施医疗行为，将会因延误而危及其生命或严重损害其健康者，该医疗行为无须取得同意。

第284条 旨在使残疾人永久丧失生育能力的医疗措施，管理人不得同意之，但残疾人因其身体长期患有疾病，如不采取此项医疗措施，将会严重危及其生命或严重损害其健康者，不在此限。同样，对于会损害残疾人身体完整或个人性情的医学研究，管理人不得同意之，但该医学研究直接有助于残疾人的健康和福祉者，不在此限。管理人的同意在任何情况下均须取得法院的批准。

第284a条　（1）残疾人有识别和判断能力者，应由本人决定其住所地。

（2）残疾人无识别和判断能力者，为保障残疾人的福祉，如有必要为其确定住所地，管理人得决定残疾人的住所地，但以管理人具有决定残疾人住所地的权利为限。残疾人住所地的变更，如为永久性者，须取得法院的批准。

近亲属的代理权

第284b条　（1）成年人因患有精神性疾病或存在心智障碍，不能亲自实施与其日常生活有关的法律行为，且既无管理人亦无法定代理人或意定代理人为其处理事务者，其近亲属得代理实施与其生活条件相当的法律行为。此外，对于满足护理需要的法律行为，以及基于年老、疾病或贫困而产生的请求权的行使，特别是社会保险法上请求权的行使，护理金、社会救助、费用减免和其他待遇请求权的行使，近亲属亦得代理之。

（2）近亲属，得在处理被代理人日常生活中的法律行为和满足被代理人护理需要所必要的范围内，处分被代理人的经常性收入，支付护理费用。

（3）近亲属的代理权亦包括对被代理人实施医疗行为的同意权，但以所实施的医疗行为通常不会严重且持久影响身体完整或个人性情且被代理人欠缺必要的识别和判断能力为限。

第284*c*条　（1）近亲属，指父母、成年子女、与被代理人共同生活的配偶或已登记的非婚同居生活伴侣、与被代理人共同生活三年以上的同居者。

（2）数个近亲属均有代理权时，有其中一人的意思表示为即可。相对人所受领的意思表示有数个且相互抵触时，该数个意思表示均无效。关于民事诉讼程序的代理，参照适用第169条的规定。

第284*d*条　（1）近亲属应将行使代理权的情况通知被代理人。

（2）被代理人曾经或现在表示反对某一近亲属担任代理人者，不论其作出此项表示时是否已丧失行为能力或有无识别和判断能力，被反对的近亲属不取得对被代理人的代理权，已取得代理权者，应终止。

第284*e*条　（1）近亲属在行使代理权时应尽可能增进被代理人的福祉，并致力于在被代理人能力和条件许可的范围内，尽可能依被代理人的意愿和想法安排其生活。

（2）近亲属实施代理行为前应在奥地利代理权登记中心办理代理权登记。代理人在实施第284*b*条规定的代理行为时，出具由奥地利代理权登记中心签发的关于代理权登记之证明文件者，第三人可信赖其具有代理权。被代理人账户每月的现金收入不超过维持其最低生活水平之基本数额（《执行法》第291条第2款第1项）者，适用与此相同的规定。第三人明知近亲属无代理权，或者不知无代理权但有过失者，其信赖不受保护。

预防性代理权

第284*f*条 （1）预防性代理权，指代理权的授与人预先就某些事务授与代理权，但该代理权的内容，仅在授与人就该事务丧失必要的行为能力、识别和判断能力、表达能力时，始生效力。授权他人处理的事务，须具体列明。代理人不得与被代理人所居住的或负责照护被代理人的医疗机构、疗养院或其他机构之间存在从属关系或其他密切关系。

（2）预防性代理权的授与，须由被代理人亲笔书写并签名。预防性代理权的授与，虽由被代理人亲笔签名，但非被代理人亲笔书写者，被代理人须在三名中立的、具有完全行为能力且精通所使用语言的见证人同时在场的情况下，确认其亲笔签名的授权书中的内容符合其意思。被代理人对授权书的内容作出确认后，见证人应立即在授权书上确认预防性代理权的授与符合法定的形式要件，并记明其为见证人。授权书未经被代理人亲笔签名者，须由公证人证明被代理人已确认其授权书。预防性代理权的授与，亦得直接以公证方式为之。

（3）预防性代理权的内容还包括第283条第2款意义上的医疗行为的同意权、永久性变更住所地的决定权和性质上不属于通常经营行为的财产事务的管理权时，被代理人须在授权书中载明具体事项，并须在律师、公证人或法院的参与下作成授权书。被代理人授与预防性代理权时，律师、公证人或法院应告知被代理人此种预防性授权的法律后果以及随时撤销其授权的可能性。律师、公证人或法院应将告知内容记载于授权书中，写明其姓名和通信地址，并亲笔签名。

第284*g*条 残疾人已授与预防性代理权者，在其授权范围内，无须再为其指定管理人，但代理人未实施代理行为或未按代理契约实施代理行为，代理人的行为损害残疾人福祉，或者残疾人表示不愿再由代理人代理者，不在此限。代理权虽不具备第 284*f* 条规定的要件，但依具体情事，无须担心代理人履行代理职责会损害残疾人利益者，亦得不另行指定管理人。

第 284*h* 条　（1）代理人应依被代理人在代理契约中所表示的意思处理委任事务。预防性代理权所由生效的情事出现后，被代理人所表示的意思或依具体情事而得出的被代理人的意思，如并无不利于被代理人的福祉，代理人应遵从之。被代理人的意思难以确定者，代理人应以尽可能增进被代理人的福祉为宗旨。

（2）代理人在实施代理行为时出具由奥地利代理权登记中心签发的关于代理权登记之证明文件者，第三人可信赖其具有代理权。第三人明知代理人无代理权，或者不知无代理权但有过失者，其信赖不受保护。

（3）代理人，不得将关于同意实施医疗行为的代理权或关于决定变更住所地的代理权，移转于他人。

第二编　物　法[1]

〔1〕 译文“物法”，原文 Sachenrecht，包括两个分编：对物权（dingliche Rechte）和对人的物权（persönliche Sachenrechte）。前者大致为物权法和继承法的内容，后者大致为债法的内容。

物及其在法律上的分类

法律意义上的物的定义

第 285 条　一切区别于人并为人所使用者，均为法律意义上的物。

第 285*a* 条　动物不是物；动物受特别法保护。关于物的规定，仅在不抵触特别法规定的限度内，始得适用于动物。

物依其归属于不同主体的分类

第 286 条　本国领土内的物，或者为国家财产，或者为私人财产。后者，得属于自然人、法人、较小的人合团体或乡镇所有。

无主物、公共物和国家财产

第 287 条　得任由本国公民占为己有的物，称为无主物。〔1〕仅准许公民使用的物，如公路、水流、河流、港口、海岸，称为公用物或公共物。用于执行国家事务的物，如铸币、邮政及其他经济特权、王室庄园、矿业和盐业、财税和关税，称为国家财产。

乡镇财产、乡镇资产

第 288 条　同样，依国家宪法，供乡镇全体成员使用的物，为乡镇财产；但用于支付乡镇费用的收入所由产生的财产，为乡镇资产。〔2〕

---

〔1〕标题和法条中的译文“无主物”，原文 freystehende Sache。

〔2〕译文“乡镇财产”，原文 Gemeindegut；译文“乡镇资产”，原文 Gemeindevermögen。

国王的私人财产

第289条 国王非以国家元首身份拥有的财产，视为国王的私人财产。

关于不同种类财产的一般规定

第290条 本法典中关于物[1]的取得、保有和让与的法定形式的规定，国家财产和乡镇财产的管理人，原则上亦须遵行之。关于国家财产和乡镇财产的管理和使用，在国家法和政治性法令中有不同的规定或特别的规定。

物依其不同性质的分类

第291条 物，依其性质不同，分为：有体物与无体物；动产与不动产；消费物与非消费物；可估价物与不可估价物。

有体物和无体物

第292条 能以感官感觉其存在的物，为有体物；[2] 有体物以外的物，为无体物，例如狩猎权、捕鱼权及其他一切权利。

动产和不动产

第293条 能从一地移动至另一地且不会损害其实体的物，为动产；反之，为不动产。物，本为动产，但依法律规定或所有权人之用途，构成不动产之附属物者，在法律意义上，视为不动产。

关于附属物的一般规定

第294条 附属物，指继续性与他物相联结的物。添附于他物之上的物，在与他物分离前，为附属物；虽为从物，但如无该从物，其主物不能使用者，或者依法律规定或所有权人之用途，该从物应继续性与主物结合使用者，该从物为附属物。

---

〔1〕 在奥地利民法中，法律意义上的物包括有体物和无体物。后者不仅指权利，如狩猎权、捕鱼权和其他一切权利（见第292条），而且指劳务、体力劳动和脑力劳动（见第303条）等。惟此处之“物”，指有体物而言。

〔2〕 依此规定，电能（elektischer Strom）为有体物。Vgl.，Heinz Barta，Zivilrecht：Grundriss und Einführung in das Rechtsdenken，2004 Facultas Verlags- und Buchhandels AG，S. 541.

关于土地和池塘的特别规定

第295条　草类、树木、果实及所有在土地地表产出的有用之物，在其与土地和地表分离前，仍为不动产。池塘中的鱼类仅在其被捕捉时、森林中的野生动物仅在其被捕获或被猎杀时，成为动产。

第296条　谷物、木材、牲畜饲料和所有其他出产物（即使已被收取），以及所有的家畜和所有从属于不动产的工具和器械，在其继续为通常经营所必要的范围内，视为不动产。

关于建筑物的特别规定

第297条　同样，以长久存在之意思而营造于土地的建筑物，如房屋和其他建筑物，连同垂直其上的空间，为不动产；此外，所有固定且附着于土地、墙体之物，如酿酒铜锅、白兰地蒸馏锅和嵌入墙体的橱柜，以及继续性与他物作为整体而供使用之物，如井桶、绳索、锁链和灭火器等，亦为不动产。

机器

第297a条　附着于不动产的机器，经不动产所有权人同意，在公共登记簿中记明该机器属于他人所有者，不视为附属物。用另一机器代替被视为附属物之机器者，在进行前项记载时，亦须取得原登记的所有权人的同意。公共登记簿中的记载，自登记时起经过五年而失效；此项期间，得因支付不能程序或强制执行程序而中止。

权利通常视为动产

第298条　不以占有不动产为要素的权利，以及国家宪法未明确规定其为不动产的权利，视为动产。

经预告登记的债权亦视为动产

第299条　债权，虽为不动产所担保，亦不得变更为不动产。

地下建筑物所有权

第 300 条 营建于他人土地的地表之下，但不作为其地上建筑物基础设施的空间和建筑物，如地下室、地下停车场和供工业或经营之用的隧道，经不动产所有权人同意，得成立独立的所有权。

消费物和非消费物

第 301 条 物，非经毁坏或消耗不能实现其通常用益者，称为消费物；性质与此相反的物，为非消费物。

集合物（总括物）[1]

第 302 条 集合数个独立物，而将其视作一个物，且以一个共同名称称之者，构成一个集合物，并视为一个整体。

可估价物与不可估价物

第 303 条 可估价物，指能通过与其他交易物相比较而确定其价值的物；劳务、体力劳动和脑力劳动，亦属于可估价物。反之，不能通过与其他交易物相比较而确定其价值的物，称为不可估价物。

法院估价的方法

第 304 条 经确定的物的价值，称为价格。法院对物为估价时，应确定为特定数额的金钱。

通常价格和特别价格

第 305 条 基于物发挥其效用的时间和地点，依物所具有的通常和一般的效用而估定的价格，为通常价格和普通价格；依物具有的特殊品质和具有赔偿请求权人所偏好的偶然性质而估定的价格，为特别价格。

---

〔1〕 译文“总括物”，原文为拉丁语 universitas rerum，亦译“集合物”。于此，本旨于尽可能保持法典本来形式，将 universitas rerum 译作“总括物”。

法院估价应采用的标准

第 306 条 除另有约定或法律另有规定外，在对物进行估价时，应以普通价格为标准。

对物权和对人的物上权利的定义

第 307 条 对于物，非仅得对特定人主张其权利者，该权利称为对物权。对于物，直接基于法律或债务行为而产生，且仅得对特定人主张其权利者，该权利称为对人的物上权利。[1]

第 308 条 对物权，指占有权、所有权、担保物权、役权和继承权。[2]

---

〔1〕 标题译文“对物权”，原文 dingliche Sachenrechte；法条译文“对物权”，原文 dingliche Rechte。标题和法条译文“对人的物上权利”，原文 persönliche Sachenrechte。“对物权”为通常所称之“物权”，而“对人的物上权利”为通常所称之“债权”。

〔2〕 占有，在《奥地利普通民法典》制定时，被作为一种物权。但现在的奥地利民法理论认为，占有是一种纯粹的事实，而不再将其作为物权看待。此外，继承权也不是一种物权，而只是一种绝对权（absolutes Recht）。Vgl. Heinz Barta，Zivilrecht：Grundriss und Einführung in das Rechtsdenken，2004，Facultas Verlags- und Buchhandels AG，S. 482.

物法第一分编　对物权[1]

第一章　占　有

持有人、占有人

第 309 条　使物在其支配力或管领力之下者，称为物的持有人。物的持有人具有物属其所有之意思者，称为物的占有人。[2]

占有的取得

取得占有的能力

第 310 条　七周岁以下的儿童，以及虽已满七周岁但不能理智处理其事务的人，仅得通过其法定代理人取得占有，但属于第 151 条第 3 款和第 280 条第 2 款所规定之情形者，不在此限。其他人具有独立取得占有的能力。

占有的客体

第 311 条　凡能作为法律上交易客体的有体物和无体物，均得被占有。

取得占有的方法

第 312 条　在有体物，如为动产，得因对物的实际控制、取走或保管而取得占有；如为不动产，得因进入占据、疆界划定、栅栏圈定、标记注明、

〔1〕 译文“对物权”，原文 die dinglichen Rechte，亦译“物权”。

〔2〕 译文“持有人”，原文 Inhaber；译文“占有人”，原文 Besitzer。

耕种作业而取得占有。在无体物或权利，得因以自己之名义，对无体物或权利为使用或行使而取得占有。

特别是对于积极权利、消极权利或禁止权利之取得占有

第 313 条 有下列情形之一者，构成权利的行使：一人要求他人履行义务，而后者向前者为给付者；一人经该他人同意，为该他人之利益，而使用该他人之物者；一人因他人所设之禁止，不实施其本来有权实施之行为者。

占有的直接取得和间接取得

第 314 条 权利和有体物的占有，得直接或间接取得之：对无主的权利或物〔1〕取得占有者，为占有的直接取得；对属于他人的权利或物，取得占有者，为占有的间接取得。

取得占有的范围

第 315 条 直接的占取，或者间接的、擅自的占取，〔2〕仅就其实际管领、占据、使用、标记注明或保管的部分，取得占有；持有人以自己或以他人之名义，将权利或物交付他人者，成立间接占有，受领人对于前占有人所占有的且明确表示交付的物，无须占取其整体的每一部分，即对其物的全部取得占有。

合法占有、不法占有

第 316 条 对物的占有具有有效权原，即具有取得占有之法律原因者，称为合法占有。反之，称为不法占有。〔3〕

合法占有的权原

第 317 条 对无主物的占有，其占有权原，为天赋的、在不侵害他人权

---

〔1〕 译文“无主的权利和物”，原文 freystehende Rechte und Sachen。

〔2〕 译文“直接的占取”，原文 unmittelbare Besitzergreifung；译文“间接的、擅自的占取”，原文 mittelbare eigenmächtige Besitzergreifung。

〔3〕 译文“有效权原”，原文 ein gültiger Titel，直译应为“有效名义”。依本条规定，具有合法依据的占有，为合法占有，否则为不法占有。所谓“依据”，在法律上称为“名义”（Titel）或“法律原因”（Rechtsgrund）。例如，承租人基于有效的租赁契约而对租赁物的占有，即为合法占有，其占有“名义”或“法律原因”，系有效的租赁契约。

利范围内的行为自由；对其他物的占有，其占有权原，为含有授与占有权之内容的前占有人的意思、法官的判决或法律。

持有人尚无占有权原

第 318 条 持有人非以自己，而以他人之名义，对物为管领者，对其所持有的物，尚不具备占有的法律原因。

持有人不得擅自取得占有权原

第 319 条 物的持有人，不得擅自变更其管领原因，并以此自认为具有占有权原；但以自己之名义对物为合法占有的人，得将其占有权移转于他人，并在未来以后者名义管领其物。

单纯权原的效力

第 320 条 基于有效权原，仅取得对物的占有权，而非取得占有本身。单纯享有占有权的人，在他人拒绝移转占有时，不得擅自取得占有；占有权人，须依法律程序，援用其占有权原，诉请普通法官裁判其取得占有。

取得实际的占有权的要件

第 321 条 不动产所在地置有州登记表册、城镇登记簿、土地登记簿或其他类似公共登记簿者，不动产物权的合法占有，仅得以在公共登记簿办理登记的方式，取得之。

第 322 条 动产被相继移转于数人者，对该动产有管领力的人，有占有权。如为不动产，且不动产所在地置有公共登记簿者，被作为不动产占有人登记于公共登记簿的人，有排他的占有权。

不得要求占有人说明占有的法律原因

第 323 条 为有利于物的占有人，在法律上，推定物的占有人具有占有的有效权原；为此，不得要求物的占有人就其占有说明法律原因。

第 324 条 纵有他人主张占有人的占有与其他的法律推定（例如所有权

之自由）不一致，占有人仍得拒绝说明其占有的法律原因。于此情形，异议人应向普通法官提起诉讼，并应就其所主张的优先权利，负举证责任。有疑义时，占有人有优先权。

例外

第325条　占有物为被禁止交易的物或疑似盗窃物时，占有人应在何种程度上说明其占有权原，由刑法和政治性法律规定之。

善意的占有人和非善意的占有人

第326条　占有人有合理的理由相信其所占有的物属于自己所有者，为善意的占有人。占有人明知或依情事可推知所占有的物属于他人者，为非善意的占有人。非法占有人（第316条），因事实上的错误或对法律规定的不知，仍得为善意的占有人。

共同占有人成为非善意占有人或不法占有人的情形

第327条　一人对物为占有，而另一人对该物享有全部或部分使用收益之权利者，其中一人，如逾越其权利限度，得依不同情形而成为善意占有人或恶意占有人、合法占有人或非法占有人。

关于善意占有的判定

第328条　对占有之为善意或非善意有争议时，应诉请法院裁判。有疑义时，推定为善意占有。

占有的继续

善意占有时的权利：

1. 对物之本体的权利

第329条　善意占有人，仅须以善意占有为理由，即可对其所占有的物，任意使用或消费甚至毁损，而不负任何责任。

2. 对收益的权利

第330条 物所产出的果实与占有物分离时，属于善意占有人；其他收益，如在和平占有期间已届清偿期，且已由善意占有人收取者，亦属于善意占有人。〔1〕

3. 关于费用的权利

第331条 善意占有人，为保存物之本体而支出必要费用，或者为物之继续性用益并增强其用益而支出有益费用者，得请求偿还其现存价值，但数额不得超过其所支出的实际费用。

第332条 单纯为物的使用舒适或美观而支出的费用，仅得在物的普通价值因此而实际增加的范围内，请求偿还；〔2〕但前占有人，得在不损害物之本体的限度内，取走其添附物。

价金偿还请求权

第333条 善意占有人，不得请求偿还为受让占有物而向前手支付的价金。但善意受让第三人之物的人，在该第三人原本就很难重新取得其物，且因善意受让人的行为已取得可证明之利益时，得请求合理的补偿。

第334条 物的善意持有人因其债权而对物实行留置的权利，在担保物权一章中规定之。〔3〕

恶意占有人的责任

第335条 恶意占有人，应返还因占有他人之物而取得的一切利益，赔偿受害人本应取得的利益和因其占有而发生的一切损害。恶意占有人，以刑法所禁止的行为取得占有者，其赔偿范围尚应包括物因个人主观偏好而具有的价值。〔4〕

---

〔1〕 本条前段所称“物所产出的果实”（aus der Sache entspringende Früchte），指天然孳息（natürliche Früchte），后段所称“其他收益”（andere Nutzungen），指法定孳息（Zivilfrüchte）。

〔2〕 关于物应依普通价格估定其价值的规定，见前第305条和第306条。

〔3〕 关于担保物权的规定，见第二编第六章（第447条以下）；关于留置权的一般规定，见第471条。

〔4〕 关于物因个人主观偏好而具有的价值（Werthe der besondern Vorliebe），参见第305条。

第 336 条　恶意占有人为占有物所支出的费用，应适用委任一章中关于无因管理人所支出费用的规定。[1]

乡镇占有善意与否的认定

第 337 条　乡镇的占有，依以乡镇成员名义行使乡镇权力之人的善意或恶意，认定其为善意占有或恶意占有。

因占有之诉而成为恶意占有

第 338 条　善意占有人，被法院判决应返还占有物者，自其被起诉时起，关于收益和损害的返还和赔偿，以及关于费用的偿还，以恶意占有人论；但物如由所有权人占有就不会发生意外危险，占有人仅在其有以恶意诉讼拖延交付占有物之情事时，始负责任。

占有受妨害时占有人的法律救济

第 339 条　占有，不论其性质如何，任何人均不得以强力妨害之。占有受妨害时，占有人得诉请停止妨害，并在可证明损害的范围内诉请损害赔偿。

特别是建筑行为致占有受妨害时的法律救济

第 340 条　不动产或物权占有人的权利因他人营造新的建筑物、水利工程或其他工作物的建筑行为受到威胁时，如建筑人不能依普通程序法的规定排除占有人的异议，占有人得诉请法院发出禁止建筑行为的命令，法院应从速裁决。

第 341 条　在裁判前，法院原则上不应准许建筑人继续其建筑行为。仅在停止建筑行为将会发生紧迫的、明显的危险时，或者在建筑人提供相当担保，表示愿意使物回复原状且赔偿损害，而禁令声请人对于禁令产生的后果未提供类似担保的情况下，法院始得准许建筑人暂时继续其建筑行为。

---

〔1〕 关于委任（Bevollmächtigung）的规定，见第二编第二十二章（第 2002 条以下）；关于无因管理人费用偿还请求权的规定，见第 1036 条以下。

第 342 条 前二条关于新建筑物的建筑行为的规定，亦适用于旧建筑物或其他工作物的拆除行为。

现有建筑物存在危险致占有受妨害时的法律救济

第 343 条 物权的占有人，能证明属于他人所有的现有建筑物或其他物濒临倒塌，且明显有致其损害之虞者，在公权力机关[1]未提供充分的公共安全保障时，得诉请法院判令该他人提供担保。

维持占有状态的法律途径：

1. 有紧迫危险时的法律途径

第 344 条 占有的权利还包括对占有进行保护的权利，以及在不能及时得到司法救济的情形下以合理的强力排除强力的权利（第 19 条）。此外，公权力机关应维护公共安宁，刑事法院应处罚危害公共安全的暴力行为。

2. 对抗瑕疵占有人的法律途径

第 345 条 占有人以侵夺的方式取得占有，或者以欺诈或恳求的方式秘密取得占有，或者将他人出于好意施惠而非以承担继续性债务为对价所给与的占有，设法变更为继续性之权利者，其占有，为非法的和恶意的占有，即有瑕疵的占有；反之，其占有，视为无瑕疵的占有。

第 346 条 对于瑕疵占有人，得提起回复原状和损害赔偿之诉。纵然被告对于占有物具有更优越的权利，法院亦应命令瑕疵占有人在诉讼程序终结后回复原状并赔偿损害。

3. 对占有是否为瑕疵有疑义时的法律途径

第 347 条 占有人对物的占有是否为无瑕疵占有，以及原告或被告在多大程度上具有获得胜诉判决的请求权不能即时确定时，应将系争标的物交由法院或第三人保管至占有之诉经审理并经判决时止。判决后，败诉人仍得以自己对系争标的物具有更优越的权利为理由提起诉讼。

---

〔1〕 译文“公权力机关”，原文 politische Behörde。

同时有数人请求移交物的占有时持有人可采取的防御方法

第 348 条　有数人请求移交物的占有时，物的持有人应优先向请求人中以其名义持有其物的请求人交付其物，并将交付通知其他请求人。不能确定其持有名义时，应将物移交于法官或第三人保管。法官应在对各请求人主张移交占有的法律原因进行审查后作出判决。

占有的消灭

1. 有体物

第 349 条　有体物被遗失且不可能被找回，或者被自愿抛弃，或者被他人取得占有时，占有人丧失对有体物的占有。

2. 登记于公共登记簿中的权利

第 350 条　对公共登记簿中所登记的权利和不动产的占有，因该权利和不动产自州登记表册、城镇登记簿、土地登记簿中被涂销，或者被登记于其他人名下而消灭。

3. 其他权利

第 351 条　对其他权利的占有，因有下列情形之一而消灭：相对人声明不再继续履行在此之前已开始并持续履行的义务；相对人不准许占有人继续行使权利；相对人不再继续恪守不作为的禁令，而占有人始终默认其行为，且未起诉保全其占有。对权利的占有，不因单纯的不行使权利而消灭，但权利因不行使，依法律规定罹于诉讼时效者，不在此限。

第 352 条　遗失物有可能被找回者，得因单纯的意思而保持其占有。已取得的占有，不因占有人不知所踪或丧失取得占有之能力而消灭。

第二章 所有权

所有物的定义

客观意义上的所有物[1]

第353条 属于特定人的任何物，即其全部的有体物和无体物，称为该特定人的所有物。[2]

主观意义上的所有物[3]

第354条 所有物，作为权利，具有任意支配物之本体和对物进行用益，以及排除他人干涉的权能。[4]

取得所有权的主客观可能性

第355条 一切物，均得作为所有权的客体，且除法律明示禁止其取得所有权外，任何人均享有通过自己的行为或通过他人以自己名义实施的行为取得所有权的权利。

第356条 因此，任何人，为阻止他人取得所有权而主张该他人在取得能力方面或对于所要取得的物存在法律上障碍者，应负举证责任。

---

〔1〕 译文“客观意义上的所有物”，原文 Eigenthum im objectiven Sinne，指属于特定人所有的物本身。

〔2〕 物权法中关于所有权的取得、丧失以及所有权保护的规定，仅适用于狭义的所有权，即有体物上的所有权。因此对第353条的规定，应作限制性的解释和目的限缩。Vgl.，Heinz Barta，Zivilrecht：Grundriss und Einführung in das Rechtsdenken，2004，Facultas Verlags- und Buchhandels AG，S. 489.

〔3〕 译文“主观意义上的所有物”，原文 Eigenthum im subjectiven Sinne，指所有权。

〔4〕 本条系关于所有权权能的规定。

第 357 条（已废止）

第 358 条　法律或所有权人意思所加于所有权的任何限制，不改变所有权的完整性。

第 359 条和第 360 条（已废止）

共有[1]

第 361 条　尚未分割的物，同时属于数人所有时，成立共同所有权。就该物之整体，全体共有人视为一个人；但共有物的某些部分已分配于共有人者，共有物虽尚未分割，各共有人对属于其本人的部分仍享有完整的所有权。

所有权人的权利

第 362 条　依所有权自由处分原则，有完全权能的所有权人原则上得任意使用或不使用其物；有完全权能的所有权人得毁损其物，或者将其全部或部分移转于他人，或者不附任何条件而放弃其物，即抛弃所有权。

对所有权人的限制

第 363 条　不完全权能的所有权人，亦即上位所有权人和用益所有权人[2]，同样享有前条规定的权利；但一方不得实施任何有害于他方权利的行为。

第 364 条　（1）所有权，通常仅得在不侵害他人权利和不违反法律为维持和促进公共福祉所规定之限制的范围内行使。特别是，相邻土地的所有权人在行使其权利时，应相互顾及相邻各方的利益。

（2）在相邻土地有污水、烟尘、废气、热气、臭气、噪音、振动及其他与此相类似者侵入时，土地所有权人得禁止之，但其侵入，依当地环境情况，未超过合理限度，且不实质性妨害土地之通常利用者，不在此限。未经特别许可，在任何情况下均不得直接在他人的土地上铺设管线。

---

〔1〕 译文“共有”，原文 Miteigenthum，指按份共有。

〔2〕 译文“上位所有权人”，原文 Oberseigenthümer；译文“用益所有权人”，原文 Nutzungseigenthümer。

（3）同样，在相邻土地上的树木或其他植物影响其采光或通风，且其影响超过第2款所称的合理限度，以致对土地的利用造成不应有的妨害时，土地所有权人得禁止之。联邦和州的法律中关于保护树木和其他植物的规定，特别是关于保护森林、牧场、耕地、地方风貌、自然景观和树木的规定，不受影响。

第364*a*条 但妨害，系因相邻土地上的矿业设施或其他经公权力机关批准的设施所致，且超过前条所规定之合理限度者，土地的占有人仅得就其所受之损害诉请赔偿，其损害纵因公权力机关在批准时未考虑到的因素所致者，亦无不同。

第364*b*条 不得以会使邻地之地基或建筑物丧失必要支持的方式开掘土地，但土地的占有人已另为充分措施使其巩固者，不在此限。

第364*c*条 以契约或遗嘱禁止对物或物权为让与或设定负担者，其禁止，仅对第一个所有权人有拘束力，对其继承人或其他的权利继受人无拘束力。夫妻之间，登记的同性伴侣之间，父母与其亲生子女、养子女或寄养子女之间，父母与其亲生子女、养子女或寄养子女的配偶或已登记的同性伴侣之间成立的禁止，已登记于公共登记簿者，具有对抗第三人的效力。

第365条 国民因公共利益需要而须让与其完全所有权者，得请求适当的赔偿。

所有权之诉

1. 真正的所有物返还之诉；谁有权和向谁提起诉讼？

第366条 所有权人有排除任何他人占有其物的权利，从而，在其物被不法扣留时，有依所有物返还之诉，请求任何持有人返还其物的权利。但物的让与人在以自己之名义为让与时尚非让与物的所有权人，如嗣后又取得该物者，无此权利。[1]

---

〔1〕 标题和法条中的译文“所有物返还之诉”，原文 Eigenthumsklage。

善意取得

第 367 条　（1）动产的占有人能证明其物系在公开拍卖中，或者自通常经营其物的经营者，或者自原所有权人所委托之人，有偿取得者，为合法且善意的占有人，所有权人不得对其提出所有物返还之诉。于此情形，合法且善意的占有人取得所有权。原所有权人对受托人或其他人的损害赔偿请求权，不受影响。

（2）物上负担有第三人的权利时，该第三人的权利，因合法且善意的占有人取得该物所有权而消灭，但该占有人就该第三人的权利为非善意者，不在此限。

第 368 条　（1）占有人不知且不应知其物不属于让与人者，为善意占有人。但在自通常经营其物的经营者而取得之情形，占有人善意相信让与人有处分其物之权利者，即为善意占有人。

（2）所有权人如能证明，占有人依其所受让之物的性质，或者依物显著低廉的价格，或者依占有人所了解的让与人的个人品质，或者依让与人的营业或其他情事，应能产生合理怀疑者，占有人应被视为非善意的占有人，并因此应将物返还于所有权人。

原告应负怎样的举证责任？

第 369 条　所有物返还之诉的起诉人须证明，被诉物在被诉人控制中，且被诉物属于原告所有。

第 370 条　对动产提起返还之诉的起诉人须说明其动产所具有的、区别于同种类的其他相似物的特征。

第 371 条　动产，不能依前条方法区别者，例如已与他人的货币混同的货币或已与他人的不记名债券混同的不记名债券，通常不得依所有物返还之诉请求返还，但依特定情事，原告能证明，其对该物享有所有权，而被告应明知其取得该物并无正当理由者，不在此限。

2. 因在法律上推定原告有所有权而发生的所有权返还之诉

对哪些占有人发生所有权的推定？

第 372 条 对于被他人扣留的物，原告虽不能以充分证据证明其取得所有权，但能证明有取得占有的有效权原及正当方式者，相对于其他不能证明其具有取得占有的权原或虽能证明其具有取得占有的权原但较弱的占有人，该原告应被认为是真正所有权人。

第 373 条 被告以非善意的或以不法的方式取得物之占有，或者被告不能指出其前手或只能指出其可疑前手，或者对于其物被告为无偿取得而原告为有偿取得者，被告应向原告返还其物。

第 374 条 被告就其无瑕疵占有与原告具有相同之占有权原者，被告因其占有而享有优先的地位。

第 375 条 以他人名义对物为占有者，得表明其前手并提供证据，以对抗所有物返还之诉。

法律后果

1. 否认占有

第 376 条 被告在诉讼中否认占有，但被证实占有其物者，应因此向原告返还占有，但保有嗣后提起所有物返还之诉的权利。

2. 伪称占有

第 377 条 对物未为占有之人，伪称占有，并因此误导原告者，对因此而发生的一切损害，应负责任。

3. 对有争议的物放弃占有

第 378 条 物的占有人在收到起诉状后转让其物，而原告不愿向实际持有人追索其物者，物的占有人应自己负担费用使物返还于原告，或者按物的特别价值[1]赔偿原告。

占有人对于所有权人的赔偿范围

第379条　关于善意占有人及恶意占有人应向所有权人赔偿所失之用益或所受之损害，已规定于前一章。

〔1〕 关于物的特别价值，参见第305条。

第三章　因先占而取得所有权

取得所有权的法律要件

第380条　无取得权利的权原，或者未践行法定的取得方式者，不取得所有权。

直接取得[1]的权原和方式

先占

第381条　对于无主物，其取得权原，为天赋的取得占有的自由。其取得方式，为先占，即以自己所有的意思，占领无主物。

第382条　对于无主物，凡本国公民，均得以先占方式取得，但先占无主物的权利为政治性法律所限制，或者特定的公民有先占之优先权者，不在此限。

（一）动物的捕获

第383条　特别是，关于动物的捕获，应适用前条规定。关于狩猎权或捕鱼权的取得资格、野生动物过度繁殖的控制和野生动物所致损害的赔偿，以及关于防止蜂蜜被他人蜜蜂盗掠的方式，由政治性法律规定之。偷猎者应受之处罚，由刑法规定之。

---

〔1〕译文“直接取得”，原文 unmittelbare Erwerbung。“直接取得”相当于通常所称“原始取得”。

第384条　家养的蜂群和其他经驯化的动物，不属于可自由捕获的动物，而且，如其进入他人土地，所有权人得追捕之，但应赔偿土地占有人所受之损害。蜂房的所有权人未在两日内追捕其蜂群，经驯化的动物自行脱离其占有人已满四十二日者，如其在公共土地被发现，任何人均得捕获并保有之，如其在私人土地被发现，土地所有权人得捕获并保有之。

（二）发现无主物

第385条　由政治性法令保留给国家的出产物，任何私人不得以先占方式取得。

第386条　所有权人不再将其作为自己所有之物并因此而抛弃的动产，任何国民均得以自己所有之意思，取得该动产。有疑义时，不得推定为抛弃所有权；故此，拾得人不得以拾得物为抛弃物而先占之。

第387条　关于所有权人对土地不加利用而任其荒芜，或者对建筑物不加修缮而任其荒废至何种程度，始得被视为抛弃或被充公，由政治性法律规定之。

关于拾得的规定

1. 遗失物和遗忘物

第388条　（1）遗失物，指非出于持有人的意思而脱离其控制，且未被任何人管领之下的动产。

（2）遗忘物，指非出于持有人的意思而遗留在由他人管控的场所，并因此处在他人管领之下的动产。

第389条　（1）拾得人，指发现并占有遗失物或遗忘物的人。

（2）遗失人，指所有权人和其他有权占有遗失物或遗忘物的人。

第390条　拾得人应及时向拾得物主管机关（《保安警察法》第14条第5款）报告其拾得，交存拾得物，并提供查找遗失人所必要的一切情况。

第391条 有下列情形之一者，不存在第390条规定的义务：

1. 拾得人在向主管机关报告拾得事实前已将拾得物返还于遗失人者；
2. 拾得物的通常价值〔1〕不超过十欧元，但显然可知拾得物对于遗失人而言具有重大意义者，仍应使遗失人重新取得其物。

第392条 拾得人，得向受拾得物返还之人，请求给付报酬和偿还为拾得物所支出的必要且合理的费用。

第393条 （1）拾得人，对于遗失物，得请求相当于其通常价值百分之十的报酬，对于遗忘物，得请求相当于其通常价值百分之五的报酬。拾得物的通常价值超过二千欧元者，就超出的价值部分，拾得人的报酬，按前述比例的半数计算。

（2）拾得物为不可估价物，以及对于遗失人具有重大意义的物时，应以公平衡量的方式，确定拾得人的报酬；为衡量时，应考虑前款的规定、拾得人所付出的努力及遗失人因返还拾得物而可得到的利益。

第394条 有下列情形之一者，拾得人无报酬请求权：

1. 拾得人对于拾得物负有私法上或公法上之全面抢救义务者；
2. 拾得人违反第390条和第391条的规定且有过错者；
3. 遗忘物完全可能以其他没有任何危险的方式被重新取得者。

第395条 遗失人未在一年内请求返还其物者，仍在拾得人管领下的拾得物，期限届满后即由拾得人取得所有权，已交存的拾得物在交付于拾得人时由拾得人取得所有权。其期限，在第391条第2项之情形，自拾得时起算，在其他情形，自向主管机关报告拾得事实时起算（第390条）。

第396条 发现但未占有遗失物或遗忘物的人，如向第390条所称主管机关报告其发现且遗失人因此重新取得其物，得请求第393条所规定报酬额的半数，但遗失人完全可能以其他没有任何危险的方式重新取得其物者，不在此限。适用第394条第1项的规定。

---

〔1〕 译文“通常价值”，原文 gemeiner Wert，可理解为市价。关于通常价值的确定，参见第305条。

2. 隐藏物

第 397 条 （1）被埋藏的物、被嵌入墙体内的物或其他被隐藏的物被发现，而其所有权人不明者，参照适用关于遗失物的规定。

（2）前款所称之物，完全可能以其他没有任何危险的方式重新取得者，无须向发现人给付报酬。

3. 宝藏

第 398 条 所发现之物，为金钱、珠宝或其他贵重物品，且因被长久隐藏而不能确知其原所有权人者，称为宝藏。地方的主管机关应向州政府报告宝藏的发现。

第 399 条 发现人和土地所有权人各取得宝藏的半数。

第 400 条 发现人对于宝藏的发现有不法行为且有过错，或者在用益所有权人不知情和不同意的情况下寻找宝藏，或者隐瞒其发现者，其应得的份额，由告发人取得，无告发人时，由国家取得。

第 401 条 受雇人偶然发现宝藏者，有权作为发现人取得所发现宝藏的三分之一。但受雇人，由所有权人明示雇用其寻找宝藏者，仅得请求给付通常的工资报酬。

（三）战利品

第 402 条 关于战利品和从敌方夺回的物品的权利，由战争法规定之。

因抢救他人动产而产生的权利

第 403 条 为使他人的动产免于不可避免的毁损或灭失而施以抢救行为的人，对于请求返还动产的所有权人，有费用偿还请求权和报酬请求权，但其最高报酬额，不得超过被抢救物价值的百分之十。

第四章　因添附而取得所有权

添附的定义

第404条　添附，指由物所产出的，或者非经他人向所有权人交付而与所有权人之物相结合的物。添附，得基于自然或人工，或者兼基于自然和人工而发生。

一、自然添附

1. 自然的出产物

2. 动物的出产物

第405条　土地的天然孳息，即土地未经耕作而生长的物，诸如草本植物、菌类植物及类似植物，属于土地所有权人，同样，所有由动物产出的物，属于动物所有权人。

第406条　动物的所有权人，对于使其动物受孕的其他动物的所有权人，无给付报酬的义务，但当事人另有约定者，不在此限。

3. 岛屿

第407条　水域中央生长出岛屿时，位于水域两岸而与该岛屿相望的土地的所有权人，对于新生的岛屿，有权各半先占之，且其幅度，依其土地在水岸的延伸长度，确定之。岛屿生长于水域半边者，距离岛屿较近的岸边土地的所有权人，对岛屿单独享有权利。位于可通航河流中的岛屿属于国家所有。

第408条　纯粹因水体干涸或因水体被分为数个支流，或者因土地被水体淹没，而形成岛屿者，原所有权人的权利不受任何影响。

4. 被废弃的河床

第409条 水体不再流经原来水道者，因新水道流经其土地而受损害的土地占有人，有优先从被废弃的水道或其价值中取得补偿的权利。

第410条 除有前条补偿之情形外，与关于新生岛屿的规定相同，被废弃的水道，由与其相邻的岸边土地的占有人取得。

5. 淤积地

第411条 因水流冲积而在水岸极缓慢形成的土地，属于岸边土地的所有权人。

6. 被冲失的土地

第412条 土地中的一部分，因水流冲击力，明显被冲积到他人岸边土地者，土地的原占有人如未在一年内行使其权利，即丧失其所有权。

第413条 任何土地占有人，均有保护其岸边土地不受水流侵蚀的权利。但任何人不得单方设置工作物或种植树木，从而改变河流的通常水道，或者妨碍航行、研磨、捕鱼或其他权利的行使。非经公权力机关的同意，通常不得设置工作物或种植树木。

二、因加工或附合而发生的人工添附

一般规定

第414条 对他人之物施以加工的人，使自己的物与他人之物附合、混合或混淆的人，不因此对他人之物取得请求权。

第415条 加工物能回复原状，附合物、混合物或混淆物能重新被区别并分离者，各所有权人得取回其物，一方应向他方为补偿者，他方有权请求补偿。回复原状或重新分离为不可能者，由双方共有其物；但其物因他方过错而被附合的一方，得任意选择：或者保留附合后的整个物，并向他方补偿因附合而增加的价值，或者将附合后的整个物让与他方，并请求他方赔偿。有过错的一方，依其为善意或非善意，负不同的责任。双方均无过错者，选择权属于份额价值较大的一方。

第 416 条 他人之材料仅被用于物之修缮者，主物的所有权人取得该材料，但主物的所有权人依其为善意或为非善意，向材料的所有权人支付材料的价值。

特别规定：被用作建筑材料时

第 417 条 在自己的土地上，使用他人的材料营造建筑物者，建筑物属于土地所有权人；除材料系以第 367 条所规定的方式取得外，营造人纵为善意，仍应就受害人的材料，依通常价值，负赔偿责任，营造人为非善意者，依最高价值，负赔偿责任，此外尚须赔偿其他一切损害。

第 418 条 在与前条相反之情形，使用自己材料，在他人的土地上营造建筑物，而土地所有权人不知情和不同意者，建筑物属于土地所有权人。营造人为善意者，得请求偿还必要费用和有益费用；营造人为非善意者，以无因管理人论。土地所有权人，对于善意营造人的建筑行为，明知而不立即制止者，仅得请求赔偿土地的通常价值。

第 419 条 在他人的土地上，使用他人的材料营造建筑物者，建筑物属于土地所有权人。土地所有权人与营造人间发生前条所规定的权利和义务，同时，营造人依其为善意或非善意，以通常价值或以最高价值，向材料所有权人负赔偿责任。

三、混合的添附

第 420 条 上述关于以他人材料所营造之建筑物的规定，亦适用于在土地上以他人种子播种或以他人植物栽种之情形。此种添附，属于土地所有权人，但植物未生根者，不在此限。

第 421 条 树木所有权，依树干所矗立之土地，确定其归属，因此，树木的根系虽延伸至相邻土地，但相邻土地的所有权人对树木不享有任何所有权。树木矗立于相邻土地之疆界者，由相邻土地的所有权人共有。

第 422 条 （1）所有权人得割除他人树木或其他植物侵入其土地的根系，剪除或利用延伸至其土地上空的树枝。于此，土地所有权人的行为应符合专业水平，并尽可能不损伤植物。联邦和州的法律中关于保护树木和其他植物的规定，特别是关于保护森林、牧场、耕地、地方风貌、自然景观和树木的规定，不受影响。

（2）割除树木根系或剪除树枝所必要的费用，由受害土地的所有权人负担。但土地的所有权人因他人的树木根系或树枝扩展进入其土地而受有损害或明显有受损害之虞者，树木或植物的所有权人应负担割除树木根系或剪除树枝所必要费用的半数。

第五章 因交付而取得所有权

间接取得[1]

第 423 条 已有所有权人的物，因所有权人依合法方式，将其交付于他人，而由该他人间接取得。

间接取得的权原

第 424 条 间接取得的权原，得为契约、死因处分、法院判决或法律规定。

间接取得的方式

第 425 条 仅有权原，不发生所有权的取得。所有权及其他一切物权，除法律另有规定外，非经合法交付和受领，不取得之。

交付的方式

（一）动产的交付方式

1. 有形交付[2]

第 426 条 动产，原则上，仅得以从手到手之有形交付的方式，移转于他人。

---

〔1〕 译文“间接取得”，原文 mittelbare Erwerbung。“直接取得”相当于通常所称“继受取得”或“传来取得”。

〔2〕 译文“有形交付”，原文 körperliche Übergabe。“有形交付”相当于通常所称“现实交付”或“实际交付”。

2. 象形交付[1]

第 427 条　但依其性质不可能有形交付的动产，诸如债权、运输中的货物、仓储中的货物或其他集合物中的动产，其交付，法律允许以象形交付的方式为之；象形交付，得表现为：所有权人向受让人交付表示所有权的证书，或者交付使受让人对物取得排他性占有地位的工具，或者对物附加任何人都能明确得知其物已让与他人的标识。

3. 依表示而交付

第 428 条　让与人以可被证实的方式，表示在将来以受让人的名义持有其物，或者表示受让人对目前占有的物不享有物权，但在将来基于物权而占有其物者，其物因表示而被交付。[2]

寄送的后果

第 429 条　受让人请求将物送交履行地以外之其他地点者，让与人依约定的运送方式，或者在未约定时依交易习惯，将物交由运送人承运时，视为已交付。

物被让与数人的后果

第 430 条　所有权人将同一动产让与两个不同人，并向其中一人而未向另一人交付者，先受交付者，取得所有权；但所有权人应向另一人负违约责任。

（二）不动产和建筑物的交付方式

第 431 条　为移转不动产的所有权，其取得行为[3]，须登记于为其专设

---

[1] 译文“象形交付”，原文 Übergabe durch Zeichen。“象形交付”相当于通常所称“拟制交付”或“观念交付”。

[2] 第一种情形所规范者为占有改定（Besitzkonstitut），第二种情形所规范者为简易交付（Übergabe kurzer Hand）。

[3] 译文“取得行为”，原文 Erwerbungsgeschäft，可理解为“以让与不动产所有权为内容的法律行为”。

的公共登记簿。其登记，称为不动产登记（物权登记）[1]。

关于取得的特别规定

1. 依契约而取得

第 432 条 为使不动产所有权登记于不动产登记簿，应将取得行为，依有效法律行为所需具备的形式作成认证书，或者作成公证书。

第 433 条 认证书和公证书须载明所有权的让与人和受让人、所要让与的不动产及其组成部分、让与所有权的法律原因、契约的订立地点和时间；让与人尚须在认证书或公证书中，或者另以单独的文书，明确作出同意将其不动产所有权移转登记于受让人的表示。

第 434 条 为让与未登记于不动产登记簿的不动产所有权，须向法院交存符合第 432 条和第 433 条要求的文书。同意向法院交存文书的表示代替同意所有权移转登记的表示。

第 435 条 前条规定，亦适用于在他人土地上营造的、但无意在该土地上永久存在的建筑物所有权的让与，但该建筑物为建筑权[2]之附属物者，不在此限。

2. 依判决和其他裁判文书而取得

第 436 条 不动产或建筑物的所有权，依已生既判力的判决、法院分割或交付遗产的决定而移转者，亦须办理不动产所有权移转登记（第 431 条至第 433 条）或向法院交存文书（第 434 条和第 435 条）。[3]

---

〔1〕 译文“不动产登记”，原文 Einverleibung；译文“物权登记”，原文 Intabulation，原意为“登记于不动产登记簿”（Eintragung oder Einschreibung ins Grundbuch）。

〔2〕 译文“建筑权”，原文 Baurecht，指在他人土地的地上或地下营造建筑物的权利，性质上为一种他物权。关于附属物的含义，参见第 294 条。

〔3〕 第 436 条中关于向法院交存文书的规定，自 1916 年 4 月 15 日起生效（《帝国法律公报》1916 年第 69 号第 2 条）。——原注

3. 依遗赠而取得

第 437 条　同样，受遗赠的不动产或建筑物的所有权，亦仅在遗赠物依第 431 条至第 435 条交付于受遗赠人时，始由受遗赠人取得。[1]

在公共登记簿中进行附条件登记或预告登记

第 438 条　有权请求移转不动产所有权的人，就不动产所有权之移转，持有真实可靠之文书，但该文书未完全具备第 434 条和第 435 条所规定的不动产所有权登记之要件者，为防止他人取得优先于自己的权利，得在公共登记簿中为附条件登记；此附条件登记，称为预告登记（预登记）。[2] 登记声请人经预告登记后，取得附条件的所有权；如嗣后经法院判决，确定预告登记合法有效，登记声请人自其依法定程序声请预告登记时起，视为真正所有权人。

第 439 条　已办理的预告登记，应以交由收件人本人亲收的送达方式，通知声请人与相对人。预告登记的声请人，应在通知送达后十四日内提起普通诉讼，以证明其所有权；怠于提起诉讼者，已办理的预告登记对于相对人的声请，失其效力。

关于不动产登记冲突的规定

第 440 条　所有权人将同一不动产让与两个不同的人时，先声请所有权登记的人取得所有权。

取得的效果

1. 关于占有

第 441 条　关于所有权让与的文书一经登记于公共登记簿，新所有权人即取得合法占有。

---

〔1〕 第 437 条中关于建筑物的规定，自 1916 年 4 月 15 日起生效（《帝国法律公报》1916 年第 69 号第 2 条）。——原注

〔2〕 标题译文中“附条件登记”，原文 bedingte Aufzeichnung；法条译文中“附条件登记”，原文 bedingte Eintragung。译文“预告登记”，原文 Vormerkung；译文“预登记”，原文 Pränotation。

2. 关于从属于所有权的权利

第442条 取得物之所有权的人，亦取得从属于所有权的权利。专属于让与人本人享有的权利，让与人不得让与。任何人一般[1]不得以大于其享有的权利让与他人。

3. 负担

第443条 不动产上的负担，已登记于公共登记簿者，与不动产所有权一并移转。不查阅公共登记簿的人，在任何情形下均应承受因其疏忽所致之损害。对原所有权人享有的其他债权和请求权，不移转于新所有权人。

所有权的消灭

第444条 所有权一般[2]得因所有权人的意思、法律规定以及法院裁判而消灭。但不动产所有权，仅因其在公共登记簿中的登记被涂销而消灭。

上述规定亦适用于其他物权

第445条 本章关于不动产所有权的取得和消灭方式的规定，亦适用于不动产上的其他物权。

不动产登记的形式与注意事项

第446条 不动产物权登记所应采取的形式，以及办理不动产物权登记时所应注意的事项，由关于设立州登记表册和不动产登记簿的特别法，规定之。

---

〔1〕 译文“一般”，原文 überhaupt。

〔2〕 译文“一般”，原文 überhaupt。

第六章　担保物权

担保物权和担保物的定义

第447条　担保物权，指债权人在债务人未按规定时间履行其债务时，有权自担保物中取得清偿的物权。债权人享有担保物权的物，通常称为担保物。

担保物的种类

第448条　凡可让与的物，均可作为担保物。担保物为动产者，称为质物或狭义的担保物；担保物为不动产者，称为抵押物或不动产担保物。[1]

担保物权的权原

第449条　担保物权以有效债权为前提，但并非任何债权均得作为取得担保物权的权原。得作为取得担保物权之权原者，为法律规定、法院裁判、契约或所有权人的遗嘱。

第450条　得成立法定担保物权的情形，由本法在各相关部分中规定之，破产情形下的法定担保物权，由程序法规定之。法院得裁判成立担保物权的情形，由法院法规定之。[2] 担保物权的取得，系以债务人的同意或愿意为债务人承担物上责任的第三人的同意为权原者，适用关于契约和遗赠的规定。

---

〔1〕 依第447条第2句规定，债权人享有担保物权的物，称为担保物（Pfand）。本条译文“质物”，原文 Handpfand；译文“狭义的担保物”，原文 Pfand in enger Bedeutung；译文“抵押物”，原文 Hypothek；译文“不动产担保物”，原文 Grundpfand。

〔2〕 译文“程序法”，原文 Verfahren；译文“法院法”，原文 Gerichtsordnung，旧译“裁判所法”。

担保物权的取得方式

1. 依有形交付而取得

2. 依登记或向法院交存文书而取得

第451条 （1）为实际取得担保物权，具有取得担保物权之权原的债权人，在担保物为动产时，须占有其物，在担保物为不动产时，须以取得不动产所有权的方式，使其债权登记于不动产登记簿。仅具有取得担保物权的权原，而未实际占有其物或办理登记者，仅产生物上的对人权，不产生物上的对物权。〔1〕

（2）担保物为未在不动产登记簿中登记的不动产（第434条）或建筑物（第435条）时，其担保物权，因向法院交存经认证的、以设定担保物权为内容的文书而取得。其文书须写明担保物的具体情况，并以数字记明所担保的债权的金额，债权附有利息时，须记明利息额；此外，须载明担保人同意将文书交存于法院的明确表示。

3. 依象形交付而取得

第452条 以不可能从手到手进行有形交付的动产出质者，应以与移转动产所有权（第427条）相同的方法，对质物附加任何人都能明确得知该物已出质的标识。未及注意此标识者，应承受其不利后果。

4. 依预告登记而取得

第453条 因文书欠缺法定的形式要件，被担保的债权未被登记于不动产登记簿者，债权人得声请预告登记（预登记）。经预告登记后，债权人取得附条件的担保物权；如债权依前述第438条和第439条规定的方式被确定合法有效，附条件的担保物权，自债权人依法定程序声请预告登记时起，变更为未附条件的担保物权。〔2〕

---

〔1〕译文“物上的对人权”，原文 ein persönliches Recht zu der Sache，相当于通常所称债权（担保物权设定请求权）。译文“物上的对物权”，原文 ein dingliches Recht auf die Sache，相当于通常所称物权。

〔2〕译文“附条件的担保物权”，原文 ein bedingtes Pfandrecht。另请参见第438条。

转担保的取得

第 454 条 担保物的持有人，得在其对担保物享有权利的范围内，以其担保物，为第三人再次设定担保；转担保，在担保物被交付于第三人时，或者在以原担保权设定的转担保被登记于公共登记簿时成立。

第 455 条 担保物的所有权人，已受关于转担保之通知者，仅在取得转担保权人的同意后，始得向债权人清偿其债务，或者将因清偿债务而应为之给付提存于法院，否则，担保物仍应对转担保权人负责。

以他人之物出质

第 456 条 （1）对动产无所有权且无处分权的人，以该动产出质者，所有权人通常有权请求返还其物。在不得对合法且善意的占有人提起所有物返还之诉（第 367 条和第 368 条）之情形，所有权人仅得代位清偿债务而取回其物，或者放弃其物，而就所受之损害，请求出质人或第三人赔偿。

（2）质物上负担有第三人的权利时，合法且善意的质物占有人的质权，优先于第三人的权利，但质物占有人，就该第三人的权利为非善意者，不在此限（第 368 条）。

担保物权的客观范围

第 457 条 担保物权，及于担保人享有所有权之物的全部，并及于担保物的添附和附属物，因此亦及于尚未与担保物分离或尚未被收取的孳息。债务人以其财产为债权人设定担保，嗣后又以该财产的孳息为另一债权人设定担保者，后设定的担保，仅对已分离或已收取的孳息，有其效力。

担保物权人的权利和义务

1. 担保不足时

第 458 条 担保物的价值，因担保人的过错或因担保物存在只能嗣后发现的瑕疵而不足担保债务时，债权人有权要求担保人补充提供相当的担保物。

2. 债权到期前

第 459 条 未经担保人同意，债权人不得使用担保物；债权人须谨慎保管担保物，因过错而致担保物灭失时，应负责任。担保物灭失非因其过错所致者，债权人不因此丧失其债权。

第 460 条 债权人将担保物转担保于第三人者，应就担保物因偶然事件所致之灭失或毁损，负其责任，但担保物由债权人本人保管，仍不免发生灭失或毁损者，不在此限。

第 460a 条 （1）作为担保物的有体动产，以及无记名证券或指定式证券，有腐败或显著且持续丧失其价值之虞，且担保物权人的担保因此受到威胁者，担保物权人得在其债权到期前，依第 466a 条至第 466d 条的规定，不经法院程序而变卖其担保物。担保物权人应尽可能为担保人创造另行提供其他担保的机会。

（2）买卖价金代替担保物。担保人得要求提存买卖价金。

3. 债权到期后

第 461 条 担保物权人，在规定的债务清偿期届满后未受清偿者，得声请法院公开变卖担保物。法院依法院法的规定处理之。

第 462 条 在担保物被变卖前，在担保物上享有已登记的担保物权之人，得清偿作为声请变卖之基础的债权。

第 463 条 在对由债务人提供的担保物进行拍卖时，债务人不得参与竞价。

第 464 条 债务不能从担保物中得到全部清偿者，对于不足部分，债务人仍负有偿还的义务。以担保物清偿债务有剩余者，其剩余，应返还于债务人。

第 465 条 担保物权人在何种情形下应行使其担保物权，以及在何种情形下有权对债务人的其他财产采取法律措施，由法院法规定之。

第 466 条 债务人在担保期间将担保物所有权让与第三人者，债权人得首先对债务人行使其对人权[1]，而后以担保物实现其全部债权。

4. 诉讼外的担保物变价

第466*a*条　（1）对于已设定担保物权的有体动产（第460条第1款）或已取得法定担保权的有体动产，担保物权人亦得以变卖担保物的方式实现其债权。

（2）担保物权人在变价担保物时，应适当考虑担保人的利益。

（3）担保物权人和担保人得约定其他的诉讼外担保物变价方式。但关于诉讼外担保物变价的特别规定，不受影响。

第466*b*条　（1）在被担保债权的清偿期届满后，担保物权人应以变卖担保物为警告，催告债务人清偿债务，但此种方式并不适宜者，不在此限。担保物权人为催告时，应说明尚未清偿的债权数额。担保物的变卖，应在自催告时起届满一个月后为之，但其为不适宜者，得在债权的清偿期届满后为之。同一物上尚有其他担保物权者，债权人尚须以将要变卖担保物通知其他担保物权人。其他担保物权人得代位清偿债务。

（2）担保物的变卖，应由被授与变卖担保物之权限的企业，以公开拍卖的方式，为之。

（3）拍卖的时间和地点，应公告之；拍卖公告中须有关于担保物的一般说明。应将与担保物拍卖有关的事项，通知担保人及对担保物享有权利的第三人。

（4）担保物有交易所价格或市场价格者，担保物权人亦得采用自由买卖的方式，以交易所价格或市场价格，出卖担保物。有价证券有交易所价格或市场价格者，以及在储蓄证书之情形，担保物权人仅得采用自由买卖的方式，以交易所价格或市场价格，或者以其价值，出卖有价证券或储蓄证书。

第466*c*条　（1）担保物的出卖，仅得以取得人即时支付买卖价金的方式为之。担保物在价金支付前交付于取得人者，视为买卖价金亦移转于担保物权人。

（2）担保物权人应将担保物的出卖及其结果及时通知担保人。

---

〔1〕译文"对人权"，原文 persönliches Recht，指债权。

（3）存在于担保物上的担保权，因担保物的出卖而消灭。存在于担保物上的其他物权，亦同；但存在于担保物上的其他物权，在顺位上优先于所有担保物权者，不在此限。

（4）出卖担保物的价金，得用于支付担保物权人依其担保顺位及被担保的债权额而确定的应受清偿额，以及为变价担保物所支出的合理费用。价金用于清偿债务及费用后有剩余者，担保人有返还请求权；于此情形，担保人不得请求返还担保物。

（5）就担保物的变价方式，担保物权人与担保人另有其他约定，且依所约定的担保物变价方式行使担保权会导致第三人存在于担保物上的权利消灭者，其关于担保物变价方式的约定，非经第三人同意，不生效力。

第466*d*条 担保物权人在诉讼外将物作为担保物进行变价者，只要受让人善意相信担保物权人对该物有处分权，即成立受让人善意（第367条和第358条）。

第466*e*条 （1）担保物权设定于无记名证券或指定式证券者，担保物权人有权作出必要的通知终止，并收取有价证券上所载明的债权。

（2）被设定担保的有价证券上所载明的债权已到期者，被担保的债权纵未到期，担保物权人仍得收取有价证券上所载明的债权。于此情形，担保物权人对其所受领的给付享有担保物权。所受领的给付为金钱时，担保物权人应以管理被照护人金钱性财产的方式，管理其所受领的金钱。

担保物权的消灭

第467条 担保物灭失毁损、债权人依法放弃其对担保物所享有的担保权或未作任何保留而将担保物返还于债务人者，担保物权消灭，但债权仍继续存在。

第468条 此外，担保物权有存续期间者，因存续期间届满而消灭；担保人对担保物所享有的权利有存续期间而以该权利提供担保者，如债权人明知或由公共登记簿可得而知其情事，担保物权亦因该权利的存续期间届满而消灭。

第 469 条　担保物权因债务被清偿而消灭。但担保人，非同时受领担保物之返还，得不清偿债务。仅债务被清偿，并不当然使抵押权消灭。登记于公共登记簿中的债务被涂销前，抵押物对该债务仍负责任。登记于公共登记簿中的债务被涂销后，抵押物的所有权人，得依清偿证书或其他可证明所担保债务已消灭的文书，将该担保物权转而担保新债权，但新债权不得超过所登记的担保债权额。

第 469*a* 条　前条处分权，担保人不得在担保物权设定时抛弃。除抵押权外，公共登记簿中同时登记有依法律行为设定的、顺位后于或同于抵押权之权利者，所有权人，仅在其与顺位后于或同于抵押权的登记权利人以契约为自己保留对于抵押权的处分权，并在公共登记簿关于抵押权的登记中记明其保留时，始得处分抵押权。〔1〕

第 470 条　在债务被清偿（第 469 条）或发生混同（第 1446 条）之后，担保物权被涂销登记、不动产担保物或担保物权被让与之前，抵押物被强制拍卖或被批准强制管理者，在分配拍卖抵押物所得价金时，得不考虑已被清偿或已发生混同的债务的担保物权。但在担保物权所担保的债权对于第三人仍存在或所有权人因清偿债务而有求偿权的范围内（第 1358 条），应向所有权人分配其应得的部分。

留置权

第 471 条　（1）物的返还义务人，因其为该物支出费用或因该物致其损害而享有债权者，如债务人到期不履行债务，为担保其债权，得留置该物；留置后，法院仅得判决物的返还义务与债务的对待给付同时履行。

（2）债务人得提供担保以避免债权人行使留置权；提供担保，不得以保证的方式为之。

---

〔1〕 依第 469 条规定，抵押权不因其所担保的债权被清偿而当然消灭，在抵押权被涂销前，担保人（所有权人）得以之担保新债权。此即第 469a 条第 1 句所称之“前条处分权”。对该处分权（Verfügungsrecht），第 469a 条设有两方面内容的规定：（一）不得在设定抵押权时抛弃；（二）以所担保债务已被清偿的抵押权担保新债权，须具备以下条件：①担保人（所有人）与顺位后于或同于抵押权的登记权利人，以契约为自己保留对抵押权的处分权；②该保留被登记于公共登记簿。

第七章　役　权

役权的定义

第472条　基于役权，为他人之便宜，所有权人受有容忍他人利用其物或自己不利用其物之拘束。役权，为对于供役物的任何占有人均生效力之物权。

役权区分为地役权和人役权

第473条　役权，与对土地的占有相结合，且为该土地利用上之便宜而设定者，为地役权；地役权以外的役权，为人役权。

地役权区分为田野地役权和房屋地役权

第474条　地役权以两个土地占有人为前提，其中一人为义务人，即供役地的所有权人，另一人为权利人，即需役地的所有权人。需役地，或者是农用土地，或者是供其他用途的土地；地役权因此而区分为田野地役权和房屋地役权。

地役权的通常类型

1. 房屋地役权

第475条　（1）房屋地役权通常有：

1. 使他人建筑物为自己建筑物承重的权利；
2. 将梁木或屋椽嵌入他人墙体的权利；
3. 为采光或眺望而在他人墙上开窗的权利；
4. 将建筑物的房顶或屋檐延伸至邻人土地上空的权利；

5. 通过邻人烟囱排放烟气的权利；
6. 将屋檐水槽延伸至他人土地的权利；
7. 向邻人土地排水或经过邻人土地引水的权利；

（2）基于前款或类似的房屋地役权，房屋占有人有权在邻人的土地上实施与房屋地役权相关的行为，邻地所有权人应容忍之。

第476条 基于其他的房屋地役权，供役地的占有人，对于其本可自由实施的行为，负有不作为的义务。诸如：

8. 不增高其房屋；
9. 不变矮其房屋；
10. 不妨碍地役权人房屋的采光和通风；
11. 不妨碍房屋地役权人的眺望；
12. 对于流经邻人土地并可由邻人用于灌溉园圃田地、填充蓄水池或其他用途的屋檐槽水，不为移除行为。

2. 田野地役权

第477条 田野地役权主要有：

1. 在他人的土地上保留人行通道、牲畜走道或车行通道的权利；
2. 在他人的土地上汲水、给牲畜饮水、引水或排水的权利；
3. 在他人的土地上饲养或放牧牲畜的权利；
4. 在他人的土地上伐木、采集枯枝或幼枝、采摘果实、耙集落叶的权利；
5. 在他人的土地上狩猎、捕鱼、网捕禽鸟的权利；
6. 在他人的土地上采石、挖沙、烧取石灰的权利。

人役权的类型

第478条 人役权包括对物的必要使用权、用益权和居住权。[1]

不规整役权和表象役权

第479条 地役权性质的役权，亦得单纯为人设定之；役权通常所具有

---

〔1〕 标题译文“人役权”，原文 persönliche Dienstbarkeit；法条译文“人役权”，原文 persönliches Servitut。

的特许权，仅得以可随时撤销的方式授与。对偏离役权性质的权利内容，不适用推定；主张享有此项权利内容的人，应负举证责任。

役权的取得、取得权原

第 480 条 役权[1]的取得权原，为契约、终意处分、法院在分割共有土地时所作出的判决、取得时效。[2]

取得方式

第 481 条 （1）对世性役权[3]以登记于公共登记簿中的物为客体者，在其登记于该公共登记簿时取得。

（2）以未在公共登记簿中登记的不动产（第 343 条）或建筑物（第 435 条）为客体者，在关于同意设定役权的文书经认证并交存于法院时取得；以其他物为客体者，在依本法前述规定（第 426 条至第 428 条）的方式交付其物时取得。[4]

役权中的法律关系

关于役权的一般规定

第 482 条 役权的共同属性在于，供役物的占有人通常不负积极作为的义务，而只是允许他人对供役物行使权利，或者对供役物不实施其作为所有权人本可实施的行为。

第 483 条 因此，行使役权所必要的设施，其维护费用及回复费用，通常应由役权人负担。但义务人亦使用其设施者，应按合理比例分担费用，仅在设施被让与役权人时，义务人始得免于分担费用，于此情形，虽无役权人的同意，义务人仍免于分担费用。

---

〔1〕 标题译文“役权”，译文 Recht der Dienstbarkeit；法条译文“役权”，原文 Servitut。

〔2〕 译文“取得时效”，原文 Verjährung。在 Heinz Barta，Zivilrecht：Grundriss und Einführung in das Rechtsdenken，2004 Facultas Verlags- und Buchhandels AG，S. 561 中，述及第 480 条关于役权之取得权原的规定时，列举以下四种权原：契约（Vertrag）、遗嘱（Testament）、取得时效（Ersitzung）、关于分割共同财产的判决（Teilungsurteil）。

〔3〕 译文“对世性役权”，原文 das dingliche Recht der Dienstbarkeit。

〔4〕 本款前段自 1916 年 4 月 15 日起生效。——原注

第484条　役权人[1]得自由决定行使其权利的方式，但不得扩张其权限范围，而应在役权的性质及设定目的所允许的范围内行使其权利。

第485条　役权人不得擅自将役权与供役物相分离，亦不得擅自将甲需役物的役权变更为乙需役物的役权或将役权让与他人。役权之不可分性，指设定于土地上的役权，除有第847条之情形外，不因土地的扩大、缩小或分割而发生变更或分割。

第486条　同一宗土地，得同时为数人设定役权，但不得有害于第三人既有之权利。

地役权的行使，特别是使他人建筑物负重、将房屋梁木嵌入他人墙体或通过他人烟囱排放烟气之权利的行使

第487条　特别类型的役权，应依本法所确立的原则[2]，确定其法律关系。因此，任何人，凡同意为邻人建筑物负重、容许他人房屋梁木嵌入其墙体或烟气经过其烟囱排放者，对用于此种目的的承重墙、梁柱、墙体的维护费用，应按合理比例分担。但供役物的所有权人无资助需役物或修缮邻人烟囱的义务。

窗户权

第488条　窗户权，仅指对采光和通风的请求权；眺望的权利，须经特别同意。得强制无眺望权的人在其窗户上安装栅栏。基于窗户权，各人均负有保障窗户开放的义务；不履行此项义务者，对因此所致之损害，应负责任。

屋檐排水权

第489条　享有屋檐排水权的人，得任其屋顶的雨水流向他人房屋的屋顶或流经他人房屋的屋檐水槽，亦得抬升其屋檐，但应采取必要措施，以免他人不堪其恼。同样，役权人应经常和及时清扫其屋顶的积雪，并应维护用于排水的水槽。

---

〔1〕　此处“役权人”，原文 Besitzer des herrschenden Gutes，如按字面意思，应译为“需役物的占有人”。

〔2〕　“本法所确立的原则”，指第482条至第484条的规定。

雨水导流权

第 490 条 有权将邻人屋顶的雨水导流于其土地上的人，应单独负担水槽、蓄水池及其他类似设施的费用。

第 491 条 因排水须营建排水沟渠和排水管道者，需役地的所有权人应负责营建之；并应对其加以必要的覆盖和进行通常的清洗，以减轻供役地的负担。

人行通道权、牲畜走道权和车行通道权

第 492 条 人行通道权，包括役权人在人行通道上步行、负载步行或允许他人在社交活动时借道通行的权利。牲畜走道权，包括在通道上使用手推车的权利；车行信道权，包括在信道上驾驶一辆或多辆畜力车的权利。

第 493 条 但未经特别许可，不得将人行通道权扩展为包括在通道上骑马通行或动物载重通行在内的权利，不得将牲畜通道权扩展为包括在供役地上拖拽重物在内的权利，不得将车行通道权扩展为包括牲畜在供役地上经过在内的权利。

第 494 条 凡利用道路、桥梁、小路木桥通行的人或土地所有权人，应按合理比例分担其维护费用，供役地的占有人从中受有利益者，亦应在其所受利益的范围内，分担相当的维护费用。

地役权的区域空间

第 495 条 前三条规定的地役权所应或所得分派的区域空间，应依实际利用的需要及土地的具体情状确定之。道路或小路木桥如因洪水或其他事件不能继续通行时，在其回复原状前，应分派其他区域，以供通行之用，但公权力机关已采取措施者，不在此限。

汲水权

第 496 条 有权在他人土地上汲水的人，应被允许进入水源地。

引水权和排水权

第497条　有权将水体或水流从他人土地引入自己土地或从自己土地排入他人土地的人，亦有权以自己的费用，按引水或排水的实际需要，铺设管道、开通沟渠和安装水闸。但其引水或排水的设施，不应超出需役地所需之程度。

放牧权

第498条　可放牧牲畜的种类和数量，以及允许放牧的时间和放牧权的权限范围，在取得放牧权时未经确定者，放牧权人在三十年内有安然平稳放牧的权利。有疑义时，适用下列各条规定。

法律规定

1. 可放牧牲畜的种类

第499条　放牧权，在不违反政治性法令和林业条例的范围内，得扩及于各种挽畜、牛和羊，但不得扩及于猪和家禽；同样，在森林地区，不得放牧山羊。不洁净、不健康的牲畜，以及不属于放牧权人的牲畜，一律不得在放牧地内放牧。

2. 可放牧牲畜的数量

第500条　最近三十年内放牧牲畜的数量有变动者，应以最初三年的平均放牧数量作为可放牧牲畜的标准数量。平均放牧数量不能确定者，应综合考虑放牧地的面积及情状，合理确定之，同时，放牧权人在他人放牧地上可放牧的牲畜数量，应控制在需役地的饲料产量所能维持牲畜过冬的数量范围内。哺乳期内的牲畜不计入可放牧的数量。

3. 放牧期间

第501条　允许放牧的期间，通常应依各地通行、普遍认可的习惯确定之；但牲畜的放牧，在任何情形下，均不得妨碍依政治性规定安排的经济活动，或者增加其困难。

4. 放牧权的权限范围

第 502 条 放牧权不得被扩及于任何其他用途。放牧权人不得割取牧草，且在通常情况下不得排斥土地所有权人共同放牧，尤其不得对放牧地之本体造成任何损害。放牧地有受损害之虞者，放牧权人应责成牧养人严加看管其牲畜。

上述规定之适用于其他役权

第 503 条 上述关于放牧权的规定，得被比照适用于狩猎权、伐木权、采石权及其他役权。基于共有权而主张享有上述权利时所产生的争议，依共有一章规定的原则处理。[1]

人役权，特别是：

（一）使用权

第 504 条 人役权的行使，除另有约定外，应依下列原则确定：以使用为内容的役权，指对于他人之物，以不损害物之本体的方式，仅在需要的范围内进行使用的役权。

关于收益的规定

第 505 条 因此，对供役物有使用权的人，不论其是否拥有其他财产，均得从供役物中取得与其社会地位、营业及家庭状况相当的收益。

第 506 条 使用权人的需要，依设定使用权时的情况确定之。使用权人嗣后的社会地位或营业的变更，不产生扩张使用权范围的请求权。

关于物之本体的规定

第 507 条 使用权人对于同意供其使用的物，不得变更其本体，亦不得将其使用权让与他人。

---

〔1〕关于共有的规定，见第二编第十六章，第 825 条以下。

关于负担的规定

第 508 条 供役物所具有的各项使用权能，除满足使用权人行使其权利所必要者外，均属于所有权人。供役物的所有权人，应承担所有因供役物而产生的通常负担和特别负担，以及维持供役物处于良好状态的费用。仅在所有权人为供役物所支付的费用超过其从余留的使用中获得的收益时，始得就差额部分，要求使用权人承担，或者要求使用权人放弃其使用。

（二）用益权

第 509 条 用益权，指对于他人之物，得在维持物之本体原状的前提下，不受任何限制而为用益的权利。

用益权得扩及于消费物的程度

第 510 条 消费物，非其本身，而仅其价值，得作为使用权或用益权的客体。如为现金，权利人得自由处分之；以储蓄中的货币资本设定用益权或使用权者，权利人仅得请求给付利息。

用益权人的权利和义务

第 511 条 用益权人有权收取由供役物产生的全部收益，包括通常的和非常的收益；因此，用益权人有权取得在现行矿产条例准许范围内基于矿业股份而应取得的净利润，以及依森林生长规律而砍伐的树木。但对于在供役地中发现的宝藏，用益权人不得主张任何权利。

特别规定

1. 关于供役物上的负担

第 512 条 净收益只能是扣除所有必要支出后的余额。因此，设定用益权时已由供役物负责的一切负担，包括由受供役物担保的、已登记的本金债权所产生的利息，均应由用益权人承担之。所有因供役物而产生的通常义务和特别义务，用益权人应在用益权存续期间有可能取得收益的范围内履行之；用益权人尚须承担收取孳息所必要的费用。

2. 关于供役物的保持和维护

第 513 条 用益权人，应以善良家父（善良管理人）之注意，使供役物保持交付时的状态，并以所取得的收益对供役物进行修缮、增补和回复原状。但用益权人，对于因合法使用而发生的供役物的价值减少，除其有过错外，不负责任。

3. 修建

第 514 条 建筑物因年限或因偶然事件而有修建之必要时，所有权人应按用益权人的通知，以自己之费用，修建其建筑物；用益权人因修建而有用益权上之增益者，应依其增益程度，向所有权人补偿其所使用资金的利息。

第 515 条 所有权人不能或不同意修建者，用益权人得自为修建，并在用益权终了后，以与善意占有人相同的法律地位，请求偿还修建费用；用益权人亦得不为修建，而就因未修建所致用益权之损害，请求合理的补偿。

第 516 条 非必要的修建，虽有助于用益权人增加收益，用益权人仍不负必须同意修建的义务，但所有权人给与完全补偿者，不在此限。

4. 改良费用

第 517 条 用益权人，对于未经所有权人同意，为提高供役物继续性收益而添置的物，得取回之；对于因改良而增加的、但尚未与供役物分离的收益，用益权人仅得在无因管理人所得请求偿还的范围内，请求价值补偿。

关于改良费用的证据

第 518 条 为减轻相互主张权利时举证上的困难，所有权人和用益权人应以认证的方式，将所有的供役物作成财产清单，并载明各项财产的状况。未作成财产清单者，应推定：用益权人已受领供役物及其正常使用所必需的全部物件，且均处于适于使用状态，并具有中等品质。

用益权终了时的收益分配

第519条 用益权终了时尚未与供役物分离的孳息，属于所有权人；但所有权人应以与补偿善意占有人相同的标准，补偿用益权人或其继承人为收获孳息所支出的费用。对于供役物上的其他收益，用益权人或其继承人得依用益权的存续期间享有请求权。[1]

使用权人或用益权人的担保义务

第520条 通常情况下，仅在供役物存在明显危险时，所有权人始得要求使用权人或用益权人为供役物本身提供担保。要求提供担保而未提供时，所有权人得取回供役物，作为其对价，用益权人取得补偿金，或者依情事需要将供役物移交法院管理。

（三）居住权[2]

第521条 居住权，指使用房屋中可居住部分的权利，旨在满足居住权人的居住需要。因此，居住权为使用住房的役权。但以不得损害房屋本体为前提，将整个房屋所有可居住的部分交付他人使用且其使用不受任何限制者，属于对住房的用益权。于此，对权利人与所有权人之间的法律关系，适用前述关于用益权的规定。

第522条 房屋中非住房性质的各部分，其处分权，在任何情况下均由所有权人保留之；此外，所有权人对其房屋的必要察视和检查，不受妨碍。

关于役权的诉权

第523条 关于役权，存在双重诉权。非所有权人得对所有权人主张自己享有役权；或者，所有权人得主张不存在役权。在前者，原告须证明自己取得役权或至少作为物权人取得对物的占有；在后者，所有权人须证明在其所有物上不存在役权。

---

〔1〕 第1句“尚未与供役物分离的孳息”，指天然孳息；第2句“供役物上的其他收益”，指法定孳息。

〔2〕 译文“居住权”，原文 Dienstbarkeit der Wohnung，如按字面意思，应译为“居住的役权”（以居住为内容的役权）。

役权的消灭

一般规定

第 524 条 役权消灭的一般事由，同于第三编第三章和第四章规定的权利和义务消灭的一般事由。

役权消灭的特别事由

1. 供役地或需役地灭失

第 525 条 供役地或需役地灭失时，役权随之终止；但土地或建筑物嗣后回复原状者，自其回复原状时起，役权亦回复其原有的效力。

2. 混同

第 526 条 供役地的所有权与需役地的所有权归属于同一人时，役权当然终止。但在役权被从公共登记簿中涂销前，所有权人又将其中一宗土地让与者，需役地的新占有人仍得行使役权。

3. 期间届满

第 527 条 作为役权客体的权利，仅由役权设定人在限定期间内享有，或者役权定有期间者，期间届满，役权当然终止。

第 528 条 为一人设定的役权，以第三人到达特定年龄为期间者，虽第三人在该年龄前死亡，仍仅在指定的期间届满时终止。

人役权消灭的特别事由

第 529 条 人役权因人役权人死亡而终止。明示人役权得延及于继承人者，有疑义时，应理解为仅延及于第一顺位的法定继承人。明示人役权得延及于整个家庭者，得移转于该家庭的所有成员。为乡镇或其他法人设定的人役权，在法人存续期间不终止。

不适用于继续性给付的定期金

第530条　请求继续性按年给付定期金的权利，非为人役权，因此，得依其性质移转于继承人。

第八章　继承权

遗产

第 531 条　被继承人的权利和义务，除具有纯粹人身关系之性质外，其整体，称为该被继承人的遗产。[1]

继承权和继承

第 532 条　取得遗产之全部或按一定比例取得遗产中之一部分（例如一半或三分之一）的排他性权利，称为继承权。继承权为一种物权，其对于任何僭称自己对遗产享有权利的人，均有对抗效力。[2] 享有继承权的人，称为继承人，将遗产归属于继承人，称为继承。

继承权的权原

第 533 条　继承权，得基于被继承人依法订立的遗嘱、法律所允许的继承契约（第 602 条）或法律的规定而产生。

第 534 条　前条所称继承权之权原，得并存，从而，遗产的特定部分，得依遗嘱归属于一继承人，依继承契约归属于另一继承人，以及得依法律归属第三继承人。

---

〔1〕 标题译文“遗产”，原文 Verlassenschaft。法条译文“遗产”，原文 Verlassenschaft oder Nachlaß。Verlassenschaft 和 Nachlaß 词义均为“遗产”，故此处仅译作“遗产”。

〔2〕 除本条外，第 308 条亦规定继承权为一种物权。对于以继承权为一种物权的观念，史尚宽先生有谓“此无形的物权观念，为近时法律思想所不采”（参见氏著《继承法论》，荣泰印书馆股份有限公司 1980 年印本，第 138 页）。现在奥地利民法理论已不再以继承权为物权，惟认其为绝对权（ein absolutes Recht）。Vgl. Heinz Barta，Zivilrecht：Grundriss und Einführung in das Rechtsdenken，2004，Facultas Verlags- und Buchhandels AG，S. 482.

继承与遗赠的区别

第 535 条 非以对全部遗产的继承份，而以某特定的物、某一种类物中之一物或数物，或者以一定金额或权利，给与他人者，被遗赠之财产的价值，虽为遗产的绝大部分，仍称为遗赠；被给与遗产的人，不作为继承人，而作为遗赠受领人（受遗赠人）。[1]

继承开始的时间

第 536 条 继承权仅在被继承人死亡后发生。可能的继承人[2]先于被继承人死亡时，其尚未取得的继承权不能移转于其继承人。

第 537 条 被继承人死亡时，继承人尚生存者，其虽未接受继承，但其继承权，仍如同其他可继承的权利，移转于其继承人，但继承权因抛弃或其他原因而消灭者，不在此限。

登记的同性伴侣在继承法上的权利

第 537*a* 条 本章及第九章至第十五章中关于配偶之地位和婚姻法上之权利的规定，参照适用于登记的同性伴侣和登记的同性伴侣关系。

继承能力

第 538 条 有资格取得财产的人，通常亦得继承财产。曾就某物的取得表示完全放弃其权利或就某项特定继承作出有效放弃的人，完全丧失继承权，或者丧失对某项特定遗产的权利。

第 539 条 宗教团体或其成员在何种程度上有继承能力，由政治性法令规定之。

---

〔1〕 译文“遗赠”，原文 Vermächtniß（Legat），Vermächtniß 和 Legat 词义均为“遗赠”。译文“遗赠受领人”，原文 Vermächtnißnehmer。译文“受遗赠人”，原文 Legatar。

〔2〕 译文“可能的继承人”，原文 ein vermeintlicher Erbe。

无继承能力的原因

第 540 条 对被继承人实施只有在故意情形下才可能实施且有可能被判处一年以上自由刑之行为的人，或者对被继承人不履行基于亲子关系而产生的义务且具有重大过失的人，丧失继承资格，但依情事可推知被继承人已宥恕继承人者，不在此限。

第 541 条 在法定继承之情形，丧失继承资格的人，由其直系血亲卑亲属代位继承，丧失继承资格的人在被继承人死亡时尚生存者，亦同。

第 542 条 继承人，强迫被继承人订立遗嘱，或者以欺诈的方法诱使被继承人订立遗嘱，或者妨碍被继承人订立遗嘱或变更其遗嘱，或者隐匿被继承人所立遗嘱者，丧失继承权，并应对第三人因此所受之一切损害承担责任。

第 543 条（已废止）

第 544 条 未经正式允许离开祖国或脱离兵役的人在何种程度上丧失继承权，由政治性法令规定之。

继承能力的判断时间

第 545 条 继承能力，仅得依继承实际开始时确定之。一般以被继承人死亡的时间为继承开始的时间（第 703 条）。

第 546 条 嗣后取得的继承能力，无权剥夺他人已合法取得的权利。

接受继承的效力

第 547 条 继承人接受继承后，在遗产方面代表被继承人。在与第三人的关系上，继承人和被继承人视为同一个人。继承人接受继承前，遗产仍视为属于被继承人所有。

第 548 条 被继承人应以其财产履行的义务，由继承人承担之。依法律规定对被继承人应处之罚款，未经审判确定者，继承人不承受之。

第549条 与当地习俗、死者身份及财产相当的丧葬费，亦由遗产负担。

第550条 多数继承人，就其共同继承权，视为一个人。因共同继承权之性质，共同继承人在法院交付遗产前，对于遗产债务，以遗产为限，连带负其责任。共同继承人在法院交付遗产后应负的责任，由遗产的取得一章规定之。[1]

继承权的放弃

第551条 能有效处分自己继承权的人，得通过与被继承人订立契约的方式，预先放弃其继承权。放弃继承权的契约，为使其有效，须作成公证书或由法院记录并作成证书。除另有约定外，继承权的放弃，对于直系血亲卑亲属，亦生效力。

---

〔1〕 遗产的取得，见第二编第十五章，第797条以下。

第九章　遗　嘱

遗嘱的定义

第 552 条　被继承人作出的，在其死亡时，由一人或数人，取得其全部或部分财产，且可撤回的指示，称为遗嘱。

要　件

一、内在形式

第 553 条　被继承人在指示中指定继承人者，称为指定继承人的遗嘱；指示的内容仅涉及其他处分者，称为未指定继承人的遗嘱。[1]

遗产的分配

1. 仅指定一个继承人时

第 554 条　被继承人仅指定一个继承人，且未明确限定其仅继承部分遗产者，该继承人取得全部遗产。但被指定的唯一继承人，仅被给与全部遗产中一定之继承份者，其余部分的遗产，由法定继承人取得。

2. 指定数个继承人但未指定继承份时

第 555 条　被继承人指定数个继承人，但未为各继承人指定继承份者，各继承人按均等份额取得遗产。

---

〔1〕 译文“指定继承人的遗嘱”，原文 Testament；译文“未指定继承人的遗嘱”，原文 Codicill，亦译“遗嘱附书”。关于 Testament 与 Codicill 的区别：前者以继承人之指定为内容，为固有意义之遗嘱，后者不以继承人之指定为内容。参见史尚宽：《继承法论》，荣泰印书馆股份有限公司 1980 年印本，第 362、413、435 页。

3. 全体继承人均被指定继承份时

第 556 条　被继承人指定数个继承人，且为各继承人指定继承份，但未将全部遗产指定竭尽者，所余遗产由法定继承人取得。但被继承人指定继承人继承其全部遗产者，纵其在金额的计算上或遗产项目的计数上存在疏漏，法定继承人仍无请求权。

4. 被指定的继承人中，有些被指定继承份，有些未被指定继承份时

第 557 条　被指定的数个继承人中，有些继承人被指定继承份（例如三分之一、六分之一），而其他继承人未被指定继承份者，后者按均等份额取得其余遗产。

第 558 条　全部遗产，如按指定的继承份，分配于被指定继承份的继承人后无任何剩余，因而导致其他未被指定继承份的继承人无所取得时，对于指定的继承份，应按比例实行扣减，且应扣减之数，须确保未被指定继承份的继承人，取得与被指定最少继承份的继承人相同的遗产。被指定继承份的继承人，如其继承份相同，各应匀出一定的部分，给与未被指定继承份的继承人，并使其享有与前者相同的继承份。在被继承人存在其他的计算错误之情形，应尽可能按被继承人关于全部遗产分配比例的意思，分配其全部遗产。

数个继承人应被视为一个人的情形

第 559 条　在被指定的继承人中，有数人在法定继承之情形相对于其他继承人应被视为一个人（例如兄弟的数个子女相对于被继承人的兄弟，被视为一个人）者，在按指定继承人的遗嘱分配遗产时，该数人亦被视为一个人。团体、乡镇、协会（例如贫民协会），在任何情形，均仅被视为一个人。

增加继承份的权利

第 560 条　被继承人，对其所指定的全部继承人均未指定继承份，或者仅一般性地表示全体遗嘱继承人按均等份额继承其遗产者，如遗嘱继承人中之一人，不能或不愿行使其继承权，其空缺的份额，由其他遗嘱继承人取得。

第 561 条 有一个或数个遗嘱继承人被指定继承份，又有一个或数个遗嘱继承人未被指定继承份时，空缺的份额，仅使后者的继承份增加。

第 562 条 已确定继承份的遗嘱继承人，在任何情形，均不再享有增加继承份的权利。纵无其他未确定继承份的遗嘱继承人，空缺的继承份仍不由已确定继承份的遗嘱继承人取得，而由法定继承人取得。

第 563 条 取得空缺继承份的人，随之承受与该继承份有关的负担，但其负担仅得由被指定的继承人本人履行者，不在此限。

第 564 条 继承人的指定，须由被继承人本人为之；被继承人不得将继承人的指定委付于第三人。

遗嘱须为被继承人在意志自由状态下慎思后所作出且内容确定

第 565 条 被继承人的遗嘱，须内容确定，而非单纯对于他人向其所为建议而作出的肯定表示；被继承人在订立遗嘱时，须具有完全的判断能力，审慎考虑和认真对待遗嘱内容，且未受任何强迫、欺诈和不存在重大错误。

无遗嘱能力的原因

（一）欠缺判断能力

第 566 条 经证明，遗嘱系在欠缺必要的判断能力的状态下所订立者，例如被继承人订立遗嘱时患有心理疾病、存在精神障碍或处于醉酒状态，该遗嘱无效。

第 567 条 主张丧失理智的被继承人在订立遗嘱时具有完全判断能力的人，须经专家或对被继承人的精神状态做过严格检查的政府人员，或者由其他可靠的证据，证明其主张。

第 568 条 已由法院依第 273 条为其指定管理人的人，仅得在法院或公证员的主持下，以口头方式订立遗嘱；此项规定不适用于第 597 条规定的情形。法院须为适当的调查，以确认遗嘱系被继承人在意志自由状态下经审慎思考后所订立。遗嘱内容须作成书面记录，法院的调查亦应附记之。[1]

（三）未达到成熟年龄

第 569 条　未满十四岁的未成年人无遗嘱能力。已满十四岁的未成年人，除有第 597 条规定的情形外，仅得在法院或公证员主持下，以口头方式订立遗嘱。第 568 条第 2 句和第 3 句的规定，准用之。

（四）重大错误

第 570 条　被继承人在重大错误情形下订立的遗嘱，为无效。被继承人对受遗赠之人或欲遗赠之客体有错误者，为重大错误。

第 571 条　遗嘱中的错误，仅表现为关于受遗赠人或遗赠物存在不正确之指称或书写者，其处分为有效。

第 572 条　被继承人所表示的动机，虽被发现有错误，其遗嘱仍为有效；但经证明，被继承人的遗嘱，唯一且纯粹基于错误之动机而订立者，不在此限。

（五）宗教誓言

第 573 条　宗教神职人员一般无订立遗嘱的权利。但宗教神职人员，有下列情形之一者，得通过遗嘱处分其财产：教会已为其成员获得允许订立遗嘱之特别待遇者；宗教神职人员已解除其誓言者；宗教神职人员因其所在的教会、寺院或修道院被废弃而离职者；宗教神职人员因其与教会、寺院或修道院间关系之性质，依政治性法令，不再被视为教会、寺院或修道院的成员，因而能够取得完全之所有权者。

第 574 条（已废止）

遗嘱有效的判断时间

第 575 条　有效订立的遗嘱，不因嗣后发生的障碍而失其效力。

---

[1] 第 568 条原来有标题，标题序号为（二），后被删除。另，现行第 568 条亦为修正后的规定。

第 576 条 自始无效的遗嘱，不因其障碍之嗣后消除而成为有效。于此情形，如无重新订立的遗嘱，发生法定继承。

二、遗嘱的外在形式

第 577 条 遗嘱，得以法院外遗嘱或法院内遗嘱、书面遗嘱或口头遗嘱，订立之；书面遗嘱，得在有见证人或无见证人之情形下，订立之。

（一）法院外的书面遗嘱

第 578 条 被继承人，以书面订立遗嘱，而无见证人见证时，须亲笔书写指定继承人的遗嘱或未指定继承人的遗嘱，并亲笔签名。订立遗嘱的年、月、日及地点，虽非必要事项，但为避免日后争执，宜记明于遗嘱中。

第 579 条 被继承人由他人代书遗嘱者，应亲笔签名。此外，被继承人尚须在三名有见证人能力的见证人面前，其中至少须有两名见证人同时在场，明确宣示其文书中含有遗嘱。最后，见证人亦须在遗嘱的内部或外部签名，但无论如何都应在文书本身，而非在遗嘱的封套上签名；签名时应注明其为见证人。见证人无须知悉遗嘱的内容。

第 580 条 被继承人不能书写者，除须遵守前条规定的形式外，得以画押代替签名，但须在三名见证人同时在场的情况下，亲自为之。为易于证明谁为被继承人，应慎重由其中一名见证人将遗嘱人的姓名书写于遗嘱中，书写人亦应附加注明自己为书写人。

第 581 条 被继承人不能阅读者，应将其文书由一名见证人在已知悉其内容的其他两名见证人面前宣读，并确认文书内容符合被继承人的意思。遗嘱的书写人，得同时为见证人，但如被继承人不能阅读，遗嘱的书写人不得宣读文书。

第 582 条 被继承人在遗嘱中指向另一文件或文书时，该文件或文书仅在具备遗嘱有效的全部要件时，始生效力。否则，被继承人的此类书面文件，仅得被用于解释遗嘱内容。

第583条 同一份文书，原则上仅得记载一个被继承人的遗嘱。但夫妻得例外地共同订立一份遗嘱；关于夫妻共同遗嘱，规定于夫妻财产契约一章中。[1]

第584条至第586条（已废止）

（二）法院内的遗嘱

第587条 被继承人亦得在法院中，以书面或口头方式订立遗嘱。书面遗嘱，须由被继承人亲笔签名，并亲自交与法院，法院应提醒被继承人须在遗嘱中亲笔签名，封缄遗嘱，并在封面上注明内有遗嘱。法院应将在法院订立遗嘱的整个过程作成笔录，并给与被继承人收据；遗嘱由法院保管。

第588条 被继承人欲以口头方式订立遗嘱者，法院应将其遗嘱内容作成笔录，并按前条关于书面遗嘱的规定，封缄和保管遗嘱。

第589条 法院受理书面或口头遗嘱，至少应由两名有宣示义务的法院人员，共同为之，其中一人须为遗嘱受理地法院的法官。另一法院人员的见证人资格，除法官外，得由两名见证人代替之。

第590条 必要时，法院得亲诣被继承人之居住处所，笔录其遗嘱。

遗嘱见证人不适格

第591条 未满十八岁的人，因心智障碍，按当时的遗嘱形式对被继承人的遗嘱无证明能力的人，以及不能理解被继承人语言的人，不得作为遗嘱的见证人。

第592条和第593条（已废止）

第594条 继承人或受遗赠人，在其本人被给与遗产时，不得作为遗嘱见证人，其配偶、父母、子女、兄弟姐妹，以及与上述人具有同一亲等的姻

---

〔1〕 关于夫妻财产契约，见第二十八章。关于夫妻共同遗嘱，见第1248条。

亲和接受报酬并共同居住的受雇人，亦不得作为遗嘱见证人。被继承人的处分，为使其有效，应由被继承人亲笔签名，或者由上述人员以外的三名见证人，证明之。

第595条 被继承人在遗嘱中，指定遗嘱代书人，或者指定遗嘱代书人的配偶、子女、父母、兄弟姐妹或与上述人具有同一亲等的姻亲，为遗产受益人时，为避免发生争议，其遗嘱，须依前条方式作成之。

第596条 为确保遗嘱之由被继承人本人所订立不受怀疑而作出的关于遗嘱见证人之公正和适格的规定，亦适用于受理遗嘱的法院人员。

受优遇的遗嘱

第597条 （1）被继承人，如面临死亡或丧失遗嘱能力的急迫危险，在能以其他方式订立遗嘱前，亦得在两名具有遗嘱见证资格的见证人的协助下，以口头形式或以书面形式订立遗嘱（第579条），但两位见证人须同时在场。此种情事下订立的遗嘱，在危险消除三个月后，失其效力。

（2）口头遗嘱，因利害关系人的要求，须有两名见证人相互一致的证词证明之，否则，该遗嘱无效（第601条）。

第598条至第600条（已废止）

遗嘱因形式瑕疵而无效

第601条 被继承人未遵守本法关于形式要件的规定而订立的遗嘱，为无效，但未被遵守的形式要件，依法律的明确规定，仅具有提醒慎重行事之性质者，不在此限。

仅夫妻间的继承契约有效

第602条 关于全部遗产或部分遗产的继承契约，仅在其由夫妻间所订立者，始为有效。关于夫妻间的继承契约，规定于夫妻财产契约一章中。[1]

---

〔1〕 关于夫妻财产契约，见第二十八章第1217条以下。

死因赠与：参见条文

第 603 条　关于死因赠与在何种程度上得被视为契约或遗嘱，规定于赠与一章中。[1]

〔1〕 关于赠与，见第十八章。关于死因赠与，见第 956 条。

第十章　替补继承人和世袭财产[1][2]

普通的替补继承

第 604 条　被继承人得指定替补继承人，在被继承人所指定的继承人不取得其遗产时，由替补继承人取得其遗产；如第一替补继承人不能取得其遗产时，由第二替补继承人取得其遗产；如第二替补继承人不能取得其遗产时，由第三替补继承人取得其遗产；替补继承人的顺位数，不受限制。此种继承人的指定，称为普通的替补继承。在所指定的数个顺位继承人中，最先轮到者，成为继承人。

第 605 条　在被指定的继承人不能成为继承人或不欲成为继承人两种情形中，被继承人仅明确提到一种情形者，另一种情形应予排除。

基于普通的替补继承而产生的权利

第 606 条　所加于继承人的负担，取代继承人地位的替补继承人，应承受之，但遗嘱明确表示，或者依情事之性质可得出，该负担限由继承人本人承担者，不在此限。

第 607 条　仅共同继承人被相互指定为替补继承人者，应推定：被继承人欲使各替补继承人依其被指定的继承份扩及于被替补的继承人的继承份。

---

〔1〕　本章标题虽为“替补继承人和世袭财产”，但关于世袭财产（Fideicommiß）的规定（第 618 条）已被废止。

〔2〕　标题译文“替补继承人”，原文 Nacherbe。按字面意义，Nacherbe 宜译为“后位继承人”，但在《奥地利普通民法典》中，Nacherbe 为广义概念，包括普通的替补继承（gemeine Substitution，第 604 条）和世袭的替补继承（fideikommissarische Substitution，第 608 条）。倘与《德国民法典》的用语对照，《奥地利普通民法典》中的“普通的替补继承”相当于《德国民法典》中的“预备继承”（参见德民第 2096 条），而《奥地利普通民法典》中的“世袭的替补继承”相当于《德国民法典》中的“后位继承”（参见德民第 2100 条）。

但除共同继承人外，尚有其他人被指定为替补继承人者，全体替补继承人按均等份额取得空缺的继承份。

世袭的替补继承

第608条　被继承人得使其所指定的继承人承担以下义务：继承人在自己死亡后或在其他特定情形，将其所继承的遗产，移转于由被继承人指定的后一顺位继承人。此种指定，称为世袭的替补继承。世袭的替补继承，潜在地包含普通的替补继承。

父母得为其子女指定替补继承人的范围

第609条　父母仅就其遗留与子女的财产，得为子女指定继承人或替补继承人，其子女无遗嘱能力者，亦同。

潜在的、世袭的替补继承

第610条　被继承人禁止继承人以遗嘱处分其所继承之遗产者，成立潜在的、世袭的替补继承，继承人应将其所继承的遗产，保留给其法定继承人。物之禁止让与，不排除继承人以遗嘱处分其物的权利。

关于世袭的替补继承的限制

第611条　世袭的替补继承人的顺位数，不受任何限制，被继承人得指定第三顺位、第四顺位和更后顺位的继承人，但被指定为世袭的替补继承人，须与被继承人为同时代人。

第612条　替补继承人，非均为同时代人，而同时含有在订立遗嘱时尚未出生的胎儿时，关于货币和其他动产的世袭替补继承，得指定两个顺位的替补继承人。关于不动产的世袭替补继承，仅得指定一个顺位的替补继承人；但在确定顺位数时，应仅将取得遗产占有的替补继承人，算作一个顺位。

世袭的替补继承时继承人的权利

第613条　在世袭的替补继承发生前，指定的继承人取得有限制的所有权，具有用益权人的权利和义务。

关于替补继承的解释规则

第 614 条 对替补继承的表示存在不同理解时，应以继承人对所有权的处分自由受最低限制的方式，予以解释。

普通的和世袭的替补继承的消灭

第 615 条 （1）普通的替补继承，在指定的继承人接受继承时消灭；世袭的替补继承，在不存在任何指定的替补继承人时消灭，或者在世袭的替补继承所由设定的情事不复存在时消灭。

（2）除可认为被继承人有其他意思外，世袭的替补继承人的权利移转于其继承人（第 537 条），替补继承人在世袭的替补继承开始时已死亡者，亦同。

第 616 条 特别是，经证明，无遗嘱能力人在订立遗嘱时已具有完全的判断能力，或者因其恢复理智，法院已赋予其对财产的自由管理权者，为无遗嘱能力人订立的世袭的替补继承（第 608 条和第 609 条），失其效力；并且，该无遗嘱能力人虽因再次丧失理智而被指定保佐人且在此期间未订立遗嘱，已失效的世袭的替补继承仍不回复其效力。

第 617 条 被继承人在其子女尚无直系血亲卑亲属时为其子女指定替补继承，而其子女后来遗留有直系血亲卑亲属，且该直系血亲卑亲属具有继承能力者，所指定的替补继承消灭。

第 618 条至第 645 条（已废止）

世袭财产与财团的区别

第 646 条 财团不同于替补继承；财团旨在以由资本、土地或权利中取得的收益，用于诸如受俸神职、学校、医院、济贫院等公益机构，或者用于维持某些人的长期生计。财团，由政治性法令规定之。

第十一章　遗　赠

遗赠人、遗赠方式与受遗赠人

第 647 条　遗赠（第 535 条），仅在被继承人有遗嘱能力、受遗赠人有继承能力和遗嘱有效时，始为有效。

第 648 条　被继承人亦得预先指定共同继承人中之一人或数人接受遗赠，于此情形，受遗赠的继承人，就其所受遗赠，视为受遗赠人。

遗赠义务人[1]

第 649 条　遗赠，一般由全体继承人按其继承份之比例负担；属于共同继承人中之一人所有的物被遗赠时，亦同。但被继承人得决定是否委任共同继承人中之一人或委任受遗赠人负担遗赠的履行。[2]

第 650 条　受遗赠人接受委任，负担另一项遗赠者，不得以另一项遗赠超过其所受遗赠之价值为理由，而免除另一项遗赠的完全履行。受遗赠人不接受遗赠者，取得遗赠物的人应承担其委任，或者将其取得的遗赠物，依遗嘱的指示，移交于另一项遗赠的受遗赠人。[3]

---

〔1〕标题“遗赠义务人”，原文 Wer mit der Entrichtung des Vermächtnisses beschweret werden könne。

〔2〕被继承人将属于共同继承人中之一人所有的物遗赠他人者，适用第 622 条的规定。该共同继承人履行遗赠义务后，得请求其他共同继承人按继承份的比例补偿之。故有本条第 1 句后段“遗赠物属于共同继承人中之一人所有者，亦同”之规定。关于本条第 2 句，例如被继承人将房屋遗赠于甲，同时又指示甲以该不动产为乙设定居住权（于此情形，甲称为主受遗赠人，乙称为次受遗赠人）。

〔3〕在《奥地利普通民法典》中，遗赠分为主遗赠和次遗赠。遗嘱人在指定受遗赠人的同时，委任受遗赠人负担另一项遗赠者，前者为主遗赠（Hauptlegat，Hauptvermächtnis），后者为次遗赠（Sublegat，Untervermächtnis）。依本条规定，主受遗赠人（Hauptlegatar）如接受遗赠，即应向次受遗赠人（Sublegatar）完全履行遗嘱人委任的次遗赠义务，次遗赠义务是否超过遗赠标的物的价值，在所不

第651条 被继承人，向某一类人，例如血亲、佣人、贫民，为遗赠者，得在这些人中具体指定由哪些人取得遗产以及取得哪些遗产，并委任继承人或第三人负责遗赠财产的分配。被继承人对此未明确指定者，继承人有选择权。

替补遗赠

第652条 被继承人为遗赠时，得指定普通的替补遗赠或世袭的替补遗赠；于此情形，适用前一章的规定。[1]

遗赠的客体

第653条 凡可供一般交易的物、权利、劳务及其他有价值的行为，均得遗赠。

第654条 物虽为可供交易的客体，但受遗赠人本人对该物无占有能力者，应向受遗赠人支付该物的通常价值。

关于遗赠的一般解释规则

第655条 遗赠所用之文句，应按通常含义解释；如不按通常含义解释，须证明：被继承人习惯赋予某些词句特有含义，或者按通常含义解释将会导致遗赠无效。

关于遗赠的特别规定

1. 种类物的遗赠

第656条 被继承人以一个或数个种类物为遗赠，但未具体指明其物者，如遗产中有数个该种类物时，其选择权属于继承人。但继承人应选择受遗赠

（接上页）问。主受遗赠人不接受遗赠，遗赠标的物归属于继承人，于此情形，继承人得选择履行次遗赠义务，亦得选择放弃取得遗赠物，而直接将本应由主受遗赠人取得的遗赠标的物移交于次受遗赠人。

〔1〕译文“普通的替补遗赠”，原文 gemeine Substitution，即补充遗赠；译文“世袭的替补遗赠”，原文 fideikommissarische Substitution，即后继遗赠。

人能使用的物。受遗赠人如被允许在数项种类物中取走或选择其一，得选择其中最佳者。

第657条 被继承人明示自其所有物中遗赠一个或数个种类物，而其遗产中并无该种类物者，其遗赠失其效力。遗产中并无遗嘱所称数量之种类物者，受遗赠人仅取得实有数量的种类物。

第658条 被继承人以一个或数个种类物为遗赠，但未明示以其享有所有权的种类物为遗赠者，如其遗产中并无该种类物时，继承人应使受遗赠人取得与其实际情况和需要相当之品质的该种类物。遗赠物为一定数量的金钱时，不论遗产中有无现金，继承人均负按指定的数额为支付的义务。

第659条 被继承人亦得授权第三人在数个种类物中选取受遗赠人应得之物。第三人拒绝选择或在行使选择权之前死亡者，由法院按受遗赠人的实际情况和需要，决定受遗赠人应得的遗赠物。受遗赠人被授与选择权，而其在行使选择权之前死亡者，亦由法院决定其应得的遗赠物。

2. 特定物的遗赠

第660条 特定物在同一个遗嘱或不同遗嘱中被重复遗赠时，受遗赠人不得同时请求给付实物和价额。其他遗赠，虽为同种类之物或同一数量，受遗赠人得依其重复的次数请求给付。

第661条 遗赠物在遗嘱订立时已属受遗赠人所有者，遗赠无效。受遗赠人嗣后取得该物者，得请求给付该遗赠物的通常价值。但受遗赠人自被继承人本人且无偿取得该物者，遗赠视为被废止。

3. 他人物的遗赠

第662条 遗赠物，既不属于被继承人，亦不属于有义务向第三人给付该遗赠物的继承人或受遗赠人，而属于他人者，遗赠无效。被继承人、继承人或受遗赠人对遗赠物享有共有份额或请求权者，应认为仅以该共有份额或请求权为遗赠。遗赠物被设定担保物权或其他负担者，受遗赠人应承受该负担。被继承人明示应购买特定的他人物，以向受遗赠人为给付，但所有权人不愿以估定价额出让者，受遗赠人得请求支付其价额。

4. 债权的遗赠

第 663 条 被继承人以其对受遗赠人所享有的债权为遗赠者，继承人应返还债务证书，或者向受遗赠人作成免除债务及未付利息的证书。

第 664 条 被继承人以其对第三人享有的债权为遗赠者，继承人应将债权连同未支付及将来到期的利息，让与受遗赠人。

第 665 条 被继承人以其应向受遗赠人为清偿的债务为遗赠者，其遗赠具有以下效力：继承人，应就被继承人所明确指定的或受遗赠人所证明的债务为承认，且不论债务证书所记载的条件或期限如何，最迟应在为其他遗赠物所规定的交付期限内为清偿。但其承认，不得使受有危险的被继承人的债权人陷于不利益。[1]

第 666 条 债务之免除，应认为仅就现存的债务为免除，而不及于遗赠作成后成立的债务。以遗赠免除担保物权或保证者，不因此推论亦免除其债务。支付期限经延展者，其利息应继续支付。

第 667 条 被继承人对他人负有一定数额的债务时，以同一数额对该他人为遗赠者，不得推定为：被继承人欲以遗赠清偿其债务。继承人此时应为双重支付，一为清偿债务，一为支付遗赠。

第 668 条 以一切未收回的债权为遗赠者，其遗赠，不包括基于政府债券而发生的债权、不动产所担保的债权或基于物权而发生的债权。

5. 婚产遗赠

第 669 条至第 671 条（已废止）

---

〔1〕 本条规定被称为“债务遗赠”（Schuldvermächtnis）。因债务遗赠，受遗赠人在其原债权外，另取得第二个债权，但受遗赠人仅得请求一次给付，从而形成选择之债。依债务遗赠，被继承人给与受遗赠人的新债权，须较原债权更优惠，例如债务提前届其清偿期、放弃抗辩权或废止条件。此外，在遗产破产之情形，受遗赠人仅得主张其原债权，亦即在遗产破产之情形，被继承人的债权人本身已存在不能受完全清偿之危险，受遗赠人不得主张债务遗赠，从而害及被继承人的债权人的利益。

6. 扶养、教育的遗赠，或者费用的遗赠

第 672 条　扶养的遗赠，包括营养、衣着、居住及其他需要，以终身为期，并包含必要的传授。凡此一切，均应认为，教育亦包括在内。教育，终于成年。所称费用，包括终身的饮食。

第 673 条　前条所称遗赠之范围，既无法由被继承人的遗嘱中得到明确的说明，亦无法由被继承人此前资助受遗赠人的默示意思中得到解释时，应依受遗赠人的特有身份，或者依受遗赠人基于此前所受扶养而形成的身份，确定之。

7. 家具的遗赠，家用器具的遗赠

第 674 条　遗赠物为家具者，仅指住房内通常使用的家具；遗赠物为家用器具或设备者，亦仅指操持家务所必要的器具。除有明确的表示外，不包括生产经营活动中使用的工具。

8. 容器的遗赠

第 675 条　以容器遗赠他人者，如该容器非独立自成一物，而为他物整体之一部分，一般应推定：所遗赠者，仅为被继承人死亡时该容器内所存放之物，但以依该容器性质所保管之物或被继承人惯常使用该容器保存之物为限。

第 676 条　容器为动产或独立自成一物者，受遗赠人仅对容器，而非对其所存之物，有请求权。

第 677 条　以柜橱、箱匣、保管箱及存放于其内的一切物为遗赠者，金、银、饰品及现金，甚至由受遗赠人对被继承人作成的债务证书，均为遗赠标的物。容器内的其他债务证书、创设被继承人债权或权利的文书，仅在容器内除此以外别无他物时，始为遗赠标的物。以液体物为遗赠时，为搬运该液体物而使用的容器，亦属于遗赠标的物。

9. 珠宝、首饰、化妆物的遗赠

第 678 条　以珠宝为遗赠者，通常仅指宝石和珍珠；以首饰为遗赠者，

除包括珠宝外，还包括非真正的宝石，以及金质的或银质的，或者镀金或镀银的，供人装饰其容貌的饰物；以化妆物为遗赠者，指首饰、贵重饰物和衣服以外的，供人装饰其容貌的饰物。

10. 金银、织物、车马的遗赠

第679条 以金或银为遗赠者，包括加工和未加工的金或银，但不包括已铸成货币的金或银，也不包括已成为诸如钟表、瓶盒等其他遗产之一部分或其装饰的金或银。织物不属于服装，花边不属于织物，但属于化妆物。以车马为遗赠者，包括为被继承人便利所使用的马车、拖车用马匹和马具，但不包括乘马和乘具。

11. 现金的遗赠

第680条 以可在通常流通中代替现金使用的政府债券为遗赠者，亦属于现金遗赠。

12. 定义：子女

第681条 “子女”一词，在被继承人向他人的子女为遗赠时，仅指儿子和女儿；但在遗赠人向自己的子女为遗赠时，被继承人死亡时已受胎的且有资格代位其子女继承的直系血亲卑亲属亦包括在内。

13. 定义：血亲

第682条 对血亲的遗赠，如无具体指定，系向法定继承中最近的血亲无偿给与财产；第559条关于数个继承人视为一个人时的遗产分配规则，亦适用于遗赠。

14. 定义：佣人

第683条 被继承人向其佣人为遗赠，而其在遗赠中仅以雇佣关系表示佣人者，应推定：系向在被继承人死亡时仍存在雇佣关系的人为遗赠。但此项推定，在此情形及其他情形，得因相反的、更有力的推定理由而被废止。[1]

---

〔1〕 依本条规定，对佣人的遗赠，原则上不得被认为系对未支付之薪金的清偿。另请参见史尚宽：《继承法论》，荣泰印书馆股份有限公司1980年印本，第493页。

遗赠开始的时间

第 684 条　受遗赠人一般（第 699 条）在被继承人死亡后立即取得对遗赠的权利，既为受遗赠人亦为其继受人而取得。但遗赠物的所有权，仅得依第五章关于所有权取得的规定取得。[1]

给付日

第 685 条　所遗赠者，为单个遗产、单个遗产上的权利、对佣人的小额酬谢和虔诚遗赠者，在被继承人死亡时，得立即请求给付；其他遗赠，仅在被继承人死亡一年后，始得请求给付。

第 686 条　在遗赠单个遗产之情形，被继承人死亡后产生的利息、收益和其他添附，由受遗赠人取得。遗赠物上的一切负担、遗赠物非因他人过错而发生的减损或完全灭失，亦由受遗赠人承受之。

第 687 条　以向特定人按年或按月等定期给付一定金额为遗赠者，受遗赠人虽仅在某一给付周期的起始日生存，仍有权取得该给付周期的全部金额。但仅得在该给付周期届满时请求给付。第一个定期给付，自被继承人死亡之日起算。[2]

受遗赠人的担保权

第 688 条　凡属债权人得请求债务人提供担保之情形，受遗赠人亦得就其所受遗赠请求提供担保。关于为取得物权而须进行的遗赠物交付或登记，已规定于第 437 条。

未由受遗赠人取得的遗赠物的归属

第 689 条　受遗赠人不能或不愿接受遗赠物，由替补受遗赠人[3]（第 652 条）取得。无替补受遗赠人时，如整个遗赠系以不确定份额或明示的均

---

〔1〕 参见第 437 条。

〔2〕 本条系关于终身定期金遗赠（Rentenvermächtnis）的规定。

〔3〕 替补受遗赠人，包括补充的受遗赠人和后继的受遗赠人。

等份额对数人为之者，受遗赠人中之一人未取得的份额，依关于共同继承人份额增加的规则〔1〕，由其他受遗赠人取得。除上述两种情形外，未由受遗赠人接受的遗赠财产归入遗产。

遗产被全部遗赠时继承人的权利

第690条 全部遗产均被遗赠时，继承人仅得请求补偿其为管理遗产而支出的费用，以及与其劳务相当的报酬。继承人如不愿亲自管理遗产，须声请指定管理人。

第691条 遗产不能使全体受遗赠人得到满足时，扶养遗赠应先于其他遗赠而受给付，且应自继承开始时起向扶养遗赠的受遗赠人给付扶养费。

负担超过遗产时继承人的权利

第692条 遗产不足清偿债务、支付其他应付费用和向全体受遗赠人给付遗赠时，各受遗赠人应同意按比例扣减其遗赠。只要存在负担超过遗产的危险，对于无担保的遗赠，继承人即不负给付的义务。

第693条 受遗赠人已受领遗赠物者，应扣减的数额，依遗赠物在受领时所具有的价值和由遗赠物中所取得的收益，确定之。但受遗赠人，纵已受领遗赠物，仍得为避免承担义务，而将所受领的遗赠物价值和所取得的收益归还于遗产；受遗赠人对遗赠物的改良或毁损，以善意占有人论。

对公共机构的法定资助

第694条 被继承人在其遗嘱中，依政治性法令，为济贫院、残疾人收容院、医院及公共机构提供的资助，不以遗赠论；此种资助，为一种国家义务，应由法定继承人履行，且不能依私法之原则，而应依政治性法令判断。

---

〔1〕 关于共同继承人份额增加的规则，参见第560条以下。

第十二章　遗嘱的限制与废止

被继承人限制或变更遗嘱的权利

第695条　被继承人得以附加条件、期限或负担，或者以表明其意图的方式，限定其遗嘱的内容。被继承人亦得变更或完全废止其指定继承人的遗嘱或不指定继承人的遗嘱。

被继承人限制其遗嘱的方式

（一）条件

第696条　条件，指决定权利发生与否的事件。以事件的发生为条件者，称为积极条件，以事件的不发生为条件者，称为消极条件。遗嘱所给与的权利，仅在条件成就后才发生者，其条件称为停止条件；遗嘱所给与的权利，因条件成就而丧失者，其条件称为解除条件。

具体的规定：

1. 无法理解的条件

第697条　所附条件为完全无法理解者，视为未附条件。

2. 不能条件或不法条件

第698条　给与他人权利的遗嘱，附不能之停止条件者，无效，条件之成就虽为嗣后不能，而其不能为被继承人所不知者，亦同。附不能之解除条件者，视为未附条件。本条规定，亦适用于不法条件。

3. 可能条件和合法条件

第 699 条 条件为可能和合法者，附条件的权利，仅在条件完全成就时被取得；条件之成就，得取决于偶然事件、受益的继承人或受遗赠人或第三人的意思。

4. 以不结婚为条件

第 700 条 以继承人或受遗赠人在成年后不结婚为条件者，视为未附条件。但寡妇鳏夫，有一个或多个子女者，应履行该条件。以继承人或受遗赠人不与一定之人结婚为条件者，有效。

5. 条件于被继承人生前成就

第 701 条 遗嘱中规定的条件，已在被继承人生前成就者，仅在以继承人或受遗赠人的行为作为条件，且该行为得由该继承人或受遗赠人重复时，在被继承人死亡后，始须再履行其条件。

条件是否扩及于替补继承人或替补受遗赠人

第 702 条 除有被继承人的明确表示外，对继承人或受遗赠人所附的条件，不扩及于被继承人所指定的替补继承人或替补受遗赠人。

可能的停止条件的效力

第 703 条 遗产之给与，附停止条件者，被给与遗产的人，仅在条件成就时仍生存且于此时有继承能力，始得取得遗产。

（二）期限

第 704 条 被继承人对所给与的权利，附以期限之限制，而期限之届至与否不确定者，其限制，视为条件。

第 705 条 期限必然届至者，所给与的权利，与其他未附条件的权利相同，移转于遗嘱受益人的继承人，惟其交付延至遗嘱所指定的日期。

第 706 条 遗嘱所指定的期限，显然不能届至时，期限之指定，视同不能条件之附加。仅在被继承人极有可能单纯就时间之计算有错误时，始应依被继承人最有可能的意思，确定其期限。

附条件或附期限情形下遗嘱受益人与其继受人之间的法律关系

第 707 条 继承人或受遗赠人的权利，因条件尚未成就或期限尚未届至而处于不确定状态时，关于遗产或遗赠物的暂时占有和用益，在法定继承人与指定继承人之间、继承人与受遗赠人之间，其权利和义务，与世袭的替补继承之情形相同。

第 708 条 在消极条件或解除条件成就或仅在特定的时间届至时始取得遗产或遗赠物的人，与在该条件成就或特定的时间届至时应取得遗产或遗赠物的人，二者间的权利义务，与继承人或受遗赠人与世袭的替补继承人或后继的受遗赠人间的权利义务（第 613 条）相同。

（三）负担

第 709 条 被继承人给与他人遗产，同时附以负担者，其负担，视为解除条件，不履行负担者，丧失遗产。

第 710 条 负担不可能被完全履行时，应尽可能求其接近。如此亦为不可能时，除由被继承人的意思中可得出反对之结论外，负担人仍保有所遗赠的遗产。使自己无履行负担之能力的人，丧失被遗赠的遗产。

第 711 条 被继承人虽已明示其遗产的使用目的，但未明示其为义务时，受遗赠人不负必须为此目的而使用遗产的义务。

第 712 条 被继承人以遗嘱，对其继承人，附加不能或不许行为之负担，并附言，如不履行其负担，应向第三人给付遗赠物者，遗嘱无效。

遗嘱的废止

（一）因新遗嘱的订立而被废止

第 713 条 前立遗嘱，不仅关于继承人的指定，而且关于其他处分，因后立的有效遗嘱而被废止；但被继承人在后立遗嘱，明示前立遗嘱全部或部分应存续者，不在此限。后立遗嘱中的继承人仅得主张部分遗产者，亦适用本条规定。其余部分的遗产，不由前立遗嘱的指定继承人，而由法定继承人取得。

因新立的、未指定继承人的遗嘱而被废止

第 714 条 数份不指定继承人的遗嘱得相互并存时，前立的遗赠或前立的不指定继承人的遗嘱，仅在其与后立遗嘱相抵触的范围内，被废止。

第 715 条 不能确定哪一份指定继承人的遗嘱或不指定继承人的遗嘱订立在后时，如其能相互并存，二者均有效，并适用共有一章的规定[1]。

不考虑先前作出的不变更遗嘱的表示

第 716 条 被继承人在指定继承人的遗嘱或不指定继承人的遗嘱中附言任何后立的遗嘱或后立的无特定标记的遗嘱均无效者，视为无此附言。

（二）因撤回而被废止

第 717 条 被继承人欲废止其遗嘱且不重新订立遗嘱者，应以口头或书面，明示撤回其遗嘱，或者销毁其遗嘱书。

第 718 条 撤回，仅在撤回人有遗嘱能力时为之者，始为有效。

1. 明示的撤回

第 719 条 对于法院内或法院外的遗嘱，如以口头形式撤回，须有见证人，见证人的人数及资格，与口头遗嘱的有效要件相同；但书面的撤回，须由被继承人亲自书写并签名，或者至少由被继承人本人和订立书面遗嘱所必要的见证人签名。

第 720 条 被继承人在遗嘱中规定，继承人或受遗赠人不得对遗嘱发生争议，否则收回所给与之利益者，其规定，对于仅就遗嘱的真实性和含义提出的异议，不生效力。

---

〔1〕关于共有的规定，见第十六章，第 825 条以下。

2. 默示的撤回

第721条　被继承人在指定继承人的或不指定继承人的遗嘱书中，切去或划去其签名者，或者将其全部内容涂销者，其遗嘱书被毁灭。有数份同一内容之文书，而仅毁灭其一者，不得由此推定其撤回。

第722条　前述遗嘱书之毁灭，系因偶然事件而发生，或者遗嘱书被遗失者，偶然事件和遗嘱内容经证明时，遗嘱不失其效力。

第723条　被继承人毁灭后立遗嘱，而完好保留书面的前立遗嘱者，书面的前立遗嘱回复其效力。但口头的前立遗嘱，不因此回复其效力。

3. 推定的撤回

第724条　被继承人请求并收取被遗赠的债权，或者让与遗赠物且未重新取得，或者改变遗赠物以致丧失其原来形态和名称者，其遗赠视为被撤回。

第725条　但债务人主动清偿债务，或者遗赠物因法院命令而被让与，或者遗赠物未经被继承人同意而被改变者，遗赠仍为有效。

（三）因继承人放弃继承而被废止

第726条　既无继承人亦无替补继承人愿意或能够接受遗产时，继承权由法定继承人取得。法定继承人有执行被继承人其他处分的义务。法定继承人亦放弃继承时，受遗赠人按比例，视为继承人。

第十三章　法定继承

适用法定继承的情形

第727条　被继承人未订立有效的遗嘱，或者被继承人未以遗嘱处分全部财产，或者被继承人对于法定应得到继承份的人未给与其应得的遗产，或者指定的继承人不能或不愿接受遗产者，全部或部分遗产适用法定继承。

第728条　无有效遗嘱时，被继承人的全部遗产，由法定继承人取得。存在有效遗嘱时，未由遗嘱给与任何人的遗产，由法定继承人取得。

关于特留份被缩减时的规定

第729条　法定应得到继承份的人，如其继承份因遗嘱而被缩减，得援引法律规定，诉请下一章规定的应得的继承份。

法定继承人

第730条　法定继承人为配偶和与被继承人有最近亲系的血亲。

一、血亲的法定继承权

第731条　（1）第一亲系的法定继承人，为由被继承人所出之血亲，即被继承人的子女和该子女的直系血亲卑亲属。

（2）第二亲系的法定继承人，为被继承人的父母、与被继承人的父母具有共同祖源的人，即被继承人的兄弟姐妹和该兄弟姐妹的直系血亲卑亲属。

（3）第三亲系的法定继承人，为被继承人的祖父母和外祖父母、被继承人父母的兄弟姐妹和该兄弟姐妹的直系血亲卑亲属。

（4）第四亲系的法定继承人，仅为被继承人的曾祖父母和外曾祖父母。

第一亲系：子女

第732条 被继承人有一亲等子女时，全部遗产由其子女取得；其子女，不论男性或女性，亦不论在被继承人生前或死后出生。有数个子女者，遗产依子女的数量，平均分配之。被继承人的子女仍生存者，其孙子女和外孙子女无继承权；被继承人的孙子女和外孙子女仍生存者，其曾孙子女和外曾孙子女无继承权。

第733条 被继承人的子女先于其死亡者，如被继承人的孙子女和外孙子女有数人时，死亡子女应得的继承份额，由该数人平均分配，如被继承人的孙子女和外孙子女仅有一人时，死亡子女应得的继承份额，全部由该孙子女或外孙子女取得。如被继承人的孙子女或外孙子女中，亦有人先于被继承人死亡时，死亡的孙子女或外孙子女应得的继承份额，依相同方法，由被继承人的曾孙子女和外曾孙子女取得。被继承人有更远亲等的直系血亲卑亲属者，依上述规定，按比例分配遗产。

第734条 前条规定的遗产分配方法，不仅适用于：被继承人的孙子女和外孙子女因其父母死亡而与被继承人的生存子女，或者被继承人的较远亲系的直系血亲卑亲属与较近亲系的直系血亲卑亲属，共同参与的遗产分配；亦适用于：被继承人的孙子女和外孙子女，或者被继承人的曾孙子女和曾外孙子女，共同参与的遗产分配。被继承人的孙子女和外孙子女，被继承人的曾孙子女和外曾孙子女，无论其人数多寡，其所应得的遗产额，应为死亡子女或死亡孙子女未死亡时所应得的遗产额。

第二亲系：父母和父母的直系血亲卑亲属

第735条 被继承人无直系血亲卑亲属者，其遗产，由与其具有第二亲系的血亲，即被继承人的父母和父母的直系血亲卑亲属取得。被继承人的父母均生存者，全部遗产由父母各半取得。父或母已死亡者，其生存子女或该子女的直系血亲卑亲属，代位取得其权利；已死亡的父或母应得的一半遗产，依第 732 条至第 734 条关于被继承人的子女和被继承人更远亲系的直系血亲卑亲属间遗产分配的原则，分配之。

第 736 条 被继承人的父母均已死亡者，父应得一半遗产，在父系的子女和该子女的直系血亲卑亲属中，母应得的一半遗产，在母系的子女和该子女的直系血亲卑亲属中，依第 732 条至第 734 条，分配之。被继承人的父母，除有共同生育的子女和该子女的直系血亲卑亲属外，别无其他子女或该子女的直系血亲卑亲属者，父和母应得的各半遗产，由父母共同生育的子女或该子女的直系血亲卑亲属，平均取得。被继承人的父母，除有共同生育的子女外，尚有父或母一方的子女，或父母一方在其他婚姻关系中生育的子女者，父母共同生育的子女或该子女的直系血亲卑亲属，对于父和母应得的各半遗产，与一方的半血缘的兄弟姐妹，有按均等份额分配的权利。

第 737 条 被继承人的已死亡的父母一方，既无子女，亦无其他直系血亲卑亲属者，被继承人的全部遗产由尚生存的父母一方取得。有子女或其他直系血亲卑亲属的父母一方亦已死亡者，被继承人的全部遗产，由该子女和其他直系血亲卑亲属，依前已规定的原则，分配之。

第三亲系：祖父母和外祖父母及其直系血亲卑亲属

第 738 条 被继承人的父母均已死亡，且无直系血亲卑亲属者，遗产由第三亲系的法定继承人，即被继承人的祖父母、外祖父母及其直系血亲卑亲属取得。于此情形，遗产均分为两部分。其中一半，由被继承人的祖父母及其直系血亲卑亲属取得，另一半由被继承人的外祖父母及其直系血亲卑亲属取得。

第 739 条 祖父和祖母双方均尚生存，或者外祖父和外祖母双方均尚生存者，每一半的遗产，在双方中均等分配。祖父母中一方已死亡，或者外祖父母中一方已死亡，或者祖父母双方均已死亡，或者外祖父母双方均已死亡者，死者应得的各半遗产，由死者的子女和直系血亲卑亲属取得；于此情形，遗产的分配，适用前述关于全部遗产在第二亲系法定继承人，即在被继承人父母的子女和其他直系血亲卑亲属中分配而规定的办法（第 735 条至第 737 条）。

第740条　祖父母双方均已死亡，或者外祖父母双方均已死亡，且其无直系血亲卑亲属者，遗产由尚生存的祖父母或外祖父母取得，或者在有子女或直系血亲卑亲属的祖父母或外祖父母死亡后，全部遗产由其子女和其他直系血亲卑亲属取得。

第四亲系：曾祖父母和外曾祖父母

第741条　（1）第三亲系的法定继承人全部不存在时，被继承人的曾祖父母和外曾祖父母，得主张法定继承。被继承人父亲的祖父母和外祖父母，与被继承人母亲的祖父母和外祖父母，各取得遗产的一半。被继承人父亲的祖父母和外祖父母取得的一半遗产，由被继承人父亲的祖父母和外祖父母，平均分受之；被继承人母亲的祖父母和外祖父母取得的一半遗产，由被继承人母亲的祖父母和外祖父母，平均分受之。被继承人父亲的祖父母和外祖父母、被继承人母亲的祖父母和外祖父母，双方中有一方已死亡者，其应得的八分之一遗产，由尚生存的一方取得。被继承人父亲的祖父母均已死亡者，其应得的四分之一遗产，由被继承人父亲的外祖父母取得，反之亦然；被继承人母亲的祖父母均已死亡者，其应得的四分之一遗产，由被继承人母亲的外祖父母取得，反之亦然。

（2）被继承人父亲的祖父母和外祖父母均已死亡者，其应得的一半遗产，与应由被继承人母亲的祖父母和外祖父母取得的另一半遗产，均由被继承人母亲的祖父母和外祖父母取得，反之亦然。

第742条至第749条（已废止）

第750条　继承人与被继承人有多重血亲关系者，其基于各层血亲关系而具有的继承权，均得享有（第736条）。

遗产由奥地利联邦先占取得

第750条　（1）无继承人，亦无任何他人有权取得遗产时，奥地利联邦有依先占取得遗产的权利。

（2）被继承人死亡时存在于奥地利境内的遗产，既未移转于以死因处分指定的继承人或受遗赠人，亦未移转于作为法定继承人的自然人者，奥地利联邦有依先占取得的权利，其继承，不适用奥地利法律者，亦同。[1]

远亲无继承权

第 751 条 对于可自由继承的财产，有继承权者，限于上述四个亲系的血亲。

第 752 条至第 756 条（已废止）

二、配偶的法定继承权

第 757 条 （1）被继承人的配偶，与被继承人的子女和该子女的直系血亲卑亲属共同继承时，取得遗产的三分之一，与被继承人的父母和兄弟姐妹，或者与被继承人的祖父母和外祖父母共同继承时，取得遗产的三分之二。在祖父母和外祖父母之外，尚有已死亡的祖父母或外祖父母的直系血亲卑亲属存在时，配偶尚得就其他三分之一的遗产，取得其中应归属于已死亡的祖父母和外祖父母的直系血亲卑亲属的部分。被继承人已死亡的兄弟姐妹有直系血亲卑亲属时，其继承份，亦适用该规定。在其他情形，被继承人的配偶取得全部遗产。

（2）被继承人的配偶，依夫妻财产契约或继承契约，已由被继承人财产中取得的财产，应算入其继承份。

第 758 条 配偶未被依法剥夺继承权者，作为法定的先取遗赠，得继续在婚姻住房中居住，取得属于婚姻关系中用于家事活动的动产，但以该动产系保障配偶继续维持原有生活水平所必要者为限。

第 759 条 （1）已离婚的夫妻一方，如离婚系因其过错所致者，对他方遗产无法定继承权和法定的先取遗赠请求权。

（2）被继承人在死亡时有依 1938 年 7 月 6 日《婚姻法》诉请离婚或废止婚姻之权利且已起诉者，生存配偶如在离婚或婚姻被废止之情形被视为对于离婚或婚姻被废止存在过错，同样不享有法定继承权和法定的先取遗赠请求权。

---

[1] 本条第 2 款依《继承法 2015 年修正法案》（2015 年《联邦法律公报》第一部分第 87 号）增订，自 2015 年 8 月 17 日起生效。第 1 款和本条标题自 2017 年 1 月 1 日起生效。——原注

无人继承的遗产

第 760 条　无继承人，或者无人取得遗产时，遗产作为无人继承的财产，由国家取得。

与一般的继承规则不同的规定

第 761 条　关于农民遗产和神职人员遗产的继承，已由政治性法律作出与本章所规定的法定继承不同的规定。

第十四章　特留份、特留份或应继份的计算

哪些人作为必然继承人而享有特留份

第762条　被继承人在其遗嘱中，须向其子女，无子女时须向其父母和配偶，给与财产。

第763条　依一般规定（第42条），子女亦包括孙子女、外孙子女、曾孙子女和外曾孙子女；父母亦包括所有的祖父母和外祖父母。其在法定继承中所享有的权利和所拥有的继承顺位，不因其为男性或女性，亦不因其为婚生或非婚生而有区别。

第764条　继承人有权请求的继承份，称为特留份；有权请求特留份的继承人，称为必然继承人。

特留份的数额

第765条　子女和配偶的特留份，为依其法定继承应得的继承份的二分之一。

第766条　直系血亲尊亲属的特留份，为依其法定继承顺位应得的继承份的三分之一。

对特留份的限制

第767条　（1）已放弃继承权的人、依第八章规定无继承权的人或继承权已由被继承人合法剥夺的人，无特留份请求权，且在计算特留份时，视其为不存在。

（2）必然继承人中之一人的特留份依第773a条被减少时，其他必然继承人的特留份不因此而增加。

依法剥夺继承权的情形

第768条 子女有下列情形之一者，得剥夺其继承权：

1. （已废止）[1]
2. 对处于危急状态的被继承人不施以救助者；
3. 故意实施一个或数个应受刑事处罚的行为且因此被判处终身监禁或二十年徒刑者；
4. 其生活方式长期违反公共道德者。

第769条 同样，配偶和父母存在前条情形时，亦得被剥夺继承权；此外，配偶严重不履行扶助义务者，得被剥夺继承权。

第770条 必然继承人具有第540条至第542条规定的丧失继承权之行为者，被继承人完全有权以遗嘱剥夺其特留份。

第771条 剥夺继承权的原因，不论是否为被继承人所明示，均须由其他继承人，依法律所用之词句及所应有之意旨，证明之。

第772条 继承权的剥夺，仅得以法定形式明示撤回之。

第773条 必然继承人负债深重或挥霍无度，其子女极有可能因此不能得到必然继承人特留份的全部或绝大部分时，被继承人得剥夺必然继承人的特留份，但被剥夺的特留份仅得给与该必然继承人的子女。

特留份的减少

第773*a*条 （1）被继承人与特留份权利人间，从未有过依其血亲关系在家庭中所应有之亲近关系者，被继承人得将其特留份减少为半数。

（2）第771条和第772条得参照适用于特留份的减少。

（3）被继承人无正当理由不行使其与特留份权利人的来往权者，无减少特留份的权利。

---

〔1〕 第768条第1项因1868年5月25日的法律（见《帝国法律公报》1868年第49号）第7条而废止。——原注。按：依该项规定，子女背叛基督教者，得被剥夺继承权。

给与特留份的方式

第 774 条 特留份的给与，得以继承份或遗赠的形式，而不必明示以特留份的名义，为之。但被继承人不得对必然继承人附加任何条件或负担。对特留份附加条件或负担者，其附加无效。给与必然继承人的继承份逾其特留份者，仅就超出部分，得附加条件或负担。

必然继承人的法律救济手段

1. 特留份被不法剥夺或减少时

第 775 条 必然继承人，不存在第 768 条至第 773 条所列之情形，但被剥夺继承权时，得请求给与其应得的全额特留份；特留份的数额被减少时，得请求补足。

2. 被继承人对特定人的特留份不做任何表示时

第 776 条 被继承人明知自己有数个子女，但对其中一个子女的特留份不做任何表示时，未被给与特留份的子女，得且仅得请求其应得的特留份。

第 777 条 但如依有关情事能够证明，被继承人对于数个子女中之一人未表示给与特留份，系因其不知道存在该子女所致者，未被表示给与特留份的子女，不应仅取得特留份，其尚得请求取得与必然继承人中受益最少者相同的继承份；但被指定继承份的必然继承人仅为一人，或者所有其他的必然继承人被指定的继承份相同时，未被表示给与特留份的子女，得请求给与相同的继承份。

第 778 条 被继承人仅有一个必然继承人，因前条所称错误而未表示给与特留份时，或者无子女的被继承人在订立遗嘱后有一个必然继承人，但对其未为任何给与时，被继承人的遗赠，仅在其系对公共机构所为、对已提供的劳务支付报酬以及出于虔敬目的所为者，始为有效，且其总额不得超过遗产净值的四分之一；各项遗赠按比例给付；所有其他的遗嘱内容，均无效。但必然继承人先于被继承人死亡者，遗嘱回复其效力。

第 779 条　（1）子女先于被继承人死亡，但有直系血亲卑亲属者，被继承人在遗嘱中未提及的直系血亲卑亲属，在继承权方面，代位先于被继承人死亡的子女。

（2）必然继承人先于被继承人死亡者，在其特留份被减少时，其直系血亲卑亲属仅得请求被减少后的特留份。

第 780 条　丧失继承权的子女的直系血亲卑亲属，仅得请求特留份；丧失继承权的子女在被继承人死亡时尚生存者，亦同。

第 781 条　被继承人在遗嘱中未提及其配偶或父母者，其配偶或父母仅得请求特留份。

第 782 条　继承人能证明，遗嘱中未提及的必然继承人，具有第 768 条至第 770 条规定的丧失继承权之原因者，其未提及，视为被继承人对继承权的默示的合法剥夺。

就继承份或特留份负有给付义务的人

第 783 条　必然继承人的继承份或特留份未被给付或未被全部给付者，法定继承人和受遗赠人负有按比例给付的义务，但享有法定的先取遗赠请求权的配偶不负给付义务。

分配和计算特留份的方法

第 784 条　为正确计算特留份，所有属于遗产的动产和不动产，被继承人有权自由决定由其继承人继承的所有权利和债权，以及继承人或受遗赠人须以遗产清偿的所有债务，均应逐项列明并估价。必然继承人得自由决定，是否参与估价，以及是否就遗产的估价提出自己的意见。必然继承人不得为确定遗产的真实价值而要求出卖遗产。被继承人生前即应以其财产承担责任的债务或其他负担，应自遗产中扣除。

第 785 条　（1）基于享有特留份权的子女或配偶的要求，在计算遗产时，应将被继承人所为之赠与包括在内。被赠与的财产应在依第 794 条规定的方法算定其价值后，计入遗产。

（2）被继承人的子女仅就被继承人在已有一个享有特留份权的子女时所为之赠与，被继承人的配偶仅就被继承人在婚姻关系存续期间所为之赠与，得主张第1款规定的权利。

（3）被继承人以其收入所为且无害于其基本财产的赠与，基于公益目的的赠与，基于履行道德义务的赠与，以及基于礼俗的赠与，无论如何均不计入遗产。被继承人在其死亡两年前向非特留份权人所为之赠与，亦同。

第786条 在计算特留份时，不考虑遗赠及其他基于遗嘱而产生的负担。在实际分配遗产前，遗产，包括遗产的收益和损失，均视为继承人和必然继承人按比例共有的财产。

算入特留份

第787条 （1）必然继承人因遗赠或被继承人的其他处分而自遗产中实际取得的所有财产，在确定特留份时，均应算入其特留份。

（2）被继承人所为之赠与，在确定特留份时，应被计入遗产者，各必然继承人自被继承人处取得的、依第785条规定应计入遗产的赠与财产，应算入其因赠与被计入遗产而增加的特留份。

第788条 被继承人生前，对子女所为婚产之给与，为资助子女就业或营业所为之给与，或者为成年子女之债务所为之支付，应算入该子女的特留份。

第789条 被继承人生前预先所为之给与，均应算入特留份；此外，配偶以法定的先取遗赠（第758条）的方式取得的所有财产，亦应算入特留份。

法定继承时算入继承份

第790条 在子女依遗嘱而继承遗产之情形，仅在被继承人明示应算入继承份时，始得算入继承份。在法定继承之情形，子女在被继承人生前因前述（第788条）所称之目的而取得财产者，须将该财产算入继承份。在孙子女和外孙子女为法定继承之情形，不仅其本人直接以此方式取得的财产，且其代位继承的父母在生前以此方式取得的财产，亦应算入继承份。

第791条　父母给与子女的财产，不属于上述情形者，除父母明示要求返还外，应视为赠与，不算入继承份。

第792条　在法定继承之情形，父母亦得明示免除子女的算入义务。但依第788条所称之目的预先取得财产的子女，在其他子女必要之教育或照顾不能以其自己或父母的财产获得满足时，须在为兄弟姐妹之教育或照顾所必要的限度内，将取得的财产算入继承份。

第793条　将所取得的财产算入继承份，应以使每个子女在遗产分割前均能取得相同数额之遗产的方式，为之。遗产不足以达成此目的时，已预先受益的子女虽不得再请求其继承份，但亦不得被请求交出已取得的财产。

第794条　所取得的财产，非为现金，而为动产或不动产者，在算入应继份时，不动产以取得时，动产以继承开始时，确定其价值。

必然继承人的必要生活费请求权

第795条　对被依法排除特留份的必然继承人，须给与必要的生活费。

配偶的生活费请求权

第796条　除第759条和第795条规定的情形外，生存配偶未再婚者，对于继承人，享有在遗产价值范围内的生活费请求权；于此，参照适用第94条规定的原则。生存配偶，基于契约或遗嘱而取得的财产，基于法定的继承份或特留份而取得的财产，基于公法上或私法上的给付而取得的财产，均应算入生活费请求权；同样，生存配偶的特有财产，或者生存配偶从事营业或职业依其情形可期待获得的收入，亦应算入抚养费请求权。

第十五章　遗产的取得

合法取得遗产的条件

第797条　任何人不得擅自占有遗产。继承权应在法院行使；遗产的交付，即遗产合法占有的移转，应依法院的决定为之。[1]

第798条　被继承人死亡后，法院依职权应采取的行动，以及在处理继承事务时应遵守的期限和应采取的保全措施，由诉讼程序法特别规定之。本法所规定者，系继承人或依其他理由对遗产有请求权的人，为取得自己应得部分的遗产所应实施的行为。

第798*a*条　法院将债务超过的遗产让与债权人，以代替清偿者，其让与之决定，即为债权人取得遗产的权原。

合法权原的证明、接受继承的表示

第799条　欲取得遗产的人，须向法院证明，其合法权原，系基于遗嘱、有效的继承契约或法律规定，并须明确表示其接受继承。

第800条　遗产的接受或接受继承的表示，应同时表明其为无条件接受，或者为保留财产目录之法律上利益的接受。[2]

无条件接受继承之表示的效力

第801条　继承人，表示无条件接受继承者，对被继承人的全体债权人

〔1〕　在奥地利，继承的遗产，仅在依法院决定而为交付时，始归属于继承人。

〔2〕　保留财产目录之法律上利益的继承，指继承人仅在继承所得的遗产价值的范围内承担义务。参见第802条第2句。

的债权，以及全体受遗赠人的遗赠，负其责任，遗产不足支付者，亦同。

附条件接受继承之表示的效力

第 802 条 继承人在接受继承时保留财产目录之法律上利益者，法院应立即编制财产目录，其费用从遗产中支出。于此情形，继承人仅在遗产足以清偿债权人和受遗赠人之债权，以及继承人本人对遗产享有继承权以外之债权的范围内，向债权人和受遗赠人负责。

附条件或无条件接受或拒绝继承的权利

第 803 条 被继承人，不得剥夺继承人保留法律上利益的权利，亦不得禁止继承人编制财产目录。夫妻间就此依继承契约为抛弃者，其抛弃无效。

第 804 条 有权取得特留份的人，亦得要求编制财产目录。

第 805 条 能自己管理其权利的人，有选择无条件接受继承或在保留前述财产目录之法律上利益的条件下接受或拒绝继承的自由。

第 806 条 继承人，不得撤回其在法院作出的接受继承的表示，亦不得改变其作出的无条件接受继承的表示，而保留财产目录之法律上利益。

第 807 条 数继承人中，有些继承人表示无条件继承，而其他继承人或其他继承人中有一人表示保留财产目录之法律上利益者，应编制财产目录，并且，继承人基于此项保留而作出的有限制地接受继承的表示，应作为遗产分配程序的基础。于此情形，以及在所有须编制财产目录之情形，表示无条件接受继承的继承人，在遗产交付前，仍享有财产目录之法律上利益。

第 808 条 纵无遗嘱亦得继承全部或部分遗产的人，被指定为继承人者，不得主张法定继承，而使遗嘱落空。其仅得或者依遗嘱接受继承，或者完全拒绝继承。但特留份权利人，得保留其特留份，而拒绝继承。

继承权的移转

第 809 条 继承人在表示接受或拒绝继承前死亡者，如被继承人未排除其继承权，或者未指定替补继承人，继承人的继承人，得代位继承人，行使接受或拒绝继承的权利（第537条）。

遗产交付前的保存措施

1. 遗产的管理

第810条 （1）继承人，在接受继承时已充分证明其有继承权者，除遗产法院另有命令外，对于遗产，有使用权、管理权和代理权。继承人有数人时，除另有约定外，应由全体继承人共同行使其权利。

（2）继承人在表示接受全部遗产前的管理行为或代理行为，以及继承人让与遗产客体的行为，非为通常之营业行为者，须经遗产法院的批准。其行为，明显不利于遗产者，遗产法院应拒绝批准。

（3）依据法院记录的情况，有可能需要编制财产目录时，仅就已登入财产目录（不完全的财产目录）的遗产客体，始得让与，但其让与，属于通常之营业行为者，不在此限。

2. 向债权人提供担保或清偿债务

第811条 对于被继承人的债权人的担保提供或清偿，法院不应作出超过债权人本人请求内容的命令。债权人得在继承人表示接受继承前请求提供担保或清偿债务。债权人得对于遗产本身为请求，并得要求指定管理人，对遗产实施代理行为，从而实现其债权。

3. 遗产与继承人财产的分离

第812条 遗产债权人、受遗赠人或必然继承人，如担忧遗产与继承人的财产发生混同而有害及其权利之危险者，得在法院交付遗产前，声请将遗产与继承人的财产相分离，并交由法院保存，或者交由管理人管理，为其对于遗产的请求权办理预告登记，以确保受偿。于此情形，继承人纵已表示无条件接受继承，亦不再以其个人财产承担责任。

4. 公示催告遗产债权人

第813条 继承人或被指定的遗产管理人，为查明债务情况，得声请法院发布公告，催告所有债权人在合理期限内，申报并说明其债权；并得在公告中声明：未在该期限届满前申报者，将不清偿其债权。

公示催告的效力

第 814 条　法院公示催告的效力是：债权人未在规定的期限内申报其债权者，如遗产被用于清偿已申报的债权而无任何剩余时，不得再对遗产主张任何请求权，但其有担保物权者，不在此限。

未为公示催告的效力

第 815 条　继承人，未声请法院公示催告债权人申报债权，或者不顾其他债权人的权利，立即向部分已申报的债权人清偿，并使部分债权人因遗产不足而不能得到清偿者，纵其已表示附条件接受继承，仍应以其全部财产，在债权人按法定程序自遗产中所能得到清偿的范围内，向债权人承担责任。

5. 遗嘱已被履行的证明：由遗嘱执行人证明

第 816 条　被继承人指定的遗嘱执行人，得任意决定是否接受指定。如接受指定，应作为代理人亲自执行被继承人的遗嘱，或者敦促迟不执行遗嘱的继承人执行遗嘱。

遗嘱已被履行的证明：由继承人证明

第 817 条　未指定遗嘱执行人或被指定人不接受指定时，继承人直接负有尽可能执行或确保执行被继承人的遗嘱并就此向法院作出证明的义务。关于特定的受遗赠人，继承人仅须证明已向受遗赠人通知其应得的遗赠（第 688 条）。

第 818 条　继承人在其占有遗产前所应缴纳的税款，以及继承人在被继承人须向国家财政机关进行结算之情形所应证明的事项，由政治性法令特别规定之。

交付遗产的时间

第 819 条　适格的继承人接受继承的表示为法院所确认，且适格的继承人已履行其义务者，法院应向其交付遗产，并宣布继承事务全部结束。此外，关于不动产所有权的移转，适用第 436 条的规定。

共同继承人的责任

第 820 条 数个继承人，共同接受继承而未保留财产目录之法律上利益者，对全体的遗产债权人和受遗赠人，连带负其责任；遗产已依法院之决定交付于共同继承人者，亦同。但在共同继承人中，依其继承份之比例，分担之。

第 821 条 共同继承人，已表示保留财产目录之法律上利益者，在法院交付遗产前，对遗产债权人和受遗赠人，依第 550 条承担责任。在法院交付遗产后，各共同继承人，对于未逾遗产总额的负担，依其继承份之比例，分担责任。

继承人的债权人所能采取的保护办法

第 822 条 在法院将遗产交付于继承人前，继承人的债权人，仅得就遗产法院允许继承人自由处分的单项遗产，声请执行。

遗产之诉

第 823 条 遗产交付后，主张有更优或同等继承权的人，得请求遗产占有人让出或分割遗产。各项遗产的所有权，不因遗产之诉，而因所有权之诉移转。

遗产之诉的效力

第 824 条 被告经判决，应让出全部或部分遗产者，关于请求占有人返还其所收取孳息的权利，或者关于占有人请求偿还其为遗产所支出费用的权利，适用占有一章中关于善意占有人或恶意占有人的规定。[1] 善意第三人就其间所取得的遗产物，不对任何人负责。

---

〔1〕 参见第 326 条以下。

第十六章　所有权的共有关系和其他物权的共有关系

共有关系的发生

第825条　同一物上的所有权，或者同一权利，不可分地属于数人者，成立共有关系。共有关系，得因偶然事实、法律、遗嘱或契约而成立。

第826条　共有人的权利和义务，因共有关系发生原因的不同，各有不同的详细规定。对于单纯的所有权共有关系，仅在全体共有人明示约定欲作为民事合伙之合伙人经营共同事业时，始适用第二十七章的规定。[1]

第827条　主张对共有物享有应有部分者，在其他共有人有异议时，应证明其权利。

共有人的共有权

第828条　（1）经共有人全体同意，全体共有人得仅作为一个人而享有任意支配共有物的权利。共有人不能全体同意时，各共有人不得对共有物实施任何影响其他共有人应有部分的行为。

（2）经法院裁判确定的或由共有人以契约订定的不动产使用规则，已登记于不动产登记簿者，对于共有权的受让人，亦生效力。

共有人对其应有部分的权利

第829条　各共有人，就其应有部分，为完全的所有权人。各共有人得在不损害其他共有人权利的限度内，任意和独立地，以其应有部分或其应有部分的收益，设定担保、遗赠或让与（第361条）。

---

〔1〕译文“单纯的所有权共有关系”，原文 bloße Miteigentumsgemeinschaft；译文“民事合伙”，原文 Gesellschaft bürgerlichen Rechts。

第830条 共有人有请求审核账册和分派收益的权利。共有人一般得请求废止共有关系；但废止共有关系，如不合时宜或有害于其他共有人者，不得请求之。因此，共有关系的废止，依情事不得不推迟时，共有人应同意之。

第831条 共有人有继续共有关系之义务者，不得在期间届满前退出共有关系；但此项义务，与其他义务一样，得废止之，且不得延及于继承人，但继承人本人同意承受其义务者，不在此限。

第832条 物的共有关系，基于第三人的指示而成立者，其指示，虽对于最初的共有人有拘束力，但对其继承人无拘束力。[1] 不存在维持永久性共有关系的义务。

共有人对于共有物的权利：

1. 关于共有物本身的权利

第833条 共有物，由全体共有人共同占有并管理之。关于共有物本身的通常管理与使用，不以共有人而以应有部分合计过半数之同意，决议之。

第834条 但是，为保持或增进共有物的效用而提出的对共有物实行重大变更的建议，被多数票否决时，被否决人得要求其他共有人为将来可能发生的损害提供担保；其他共有人拒绝提供担保时，被否决人得要求退出共有关系。

第835条 共有人不欲退出，或者其退出时间不合时宜者，究竟实行无条件的重大变更，或者实行附加担保的重大变更，或者不实行重大变更，以抽签方式，或者由公断人，决定之；就其决定方式，全体共有人不能达成一致者，由法官决定之。赞成票数与反对票数相同时，亦采用相同方式，决定之。

第836条 共有物管理人的选任，依多数票决定之，未形成多数票时，由法官决定之。

---

〔1〕 例如：被继承人在遗嘱中指定某项不动产在其死亡后由甲、乙、丙三人共同取得，同时指示应维持共有关系（或指示不得分割该不动产）。译文“指示”，原文 Anordnung。

第 837 条　共有物的管理人，视作代理人。管理人，既有报告账目的义务，亦有从中扣除为共有物所支出之有益费用的权利。共有人中之一人，未经其他共有人委任而管理共有物者，亦同。

第 838 条　委任数人为管理人者，关于共有物的管理，亦由管理人依多数票决定之。

第 838*a* 条　共有人间，对于与共有物的管理和利用有直接关系的权利和义务发生争议时，其争议，适用非讼程序裁决之。

2. 关于共有物收益和负担的权利

第 839 条　共有物的收益和负担，依应有部分之比例，分配之。有疑义时，各共有人的应有部分，视为均等。对此有异议的共有人，应证明之。

第 840 条　所取得的收益，通常应以实物分配于共有人。不宜实物分配者，各共有人均得请求公开变卖。变卖所得的价金，按应有部分之比例，分配于共有人。

3. 关于分割共有物的权利

第 841 条　共有关系终止后的共有物分割，不适用多数决原则。共有物的分割，应以各共有人均满意的方式为之。就共有物的分割方式，共有人不能达成一致者，以抽签方式，或者由公断人，决定之；就其决定方式，共有人不能达成一致者，由法官决定之。

第 842 条　在分割土地或建筑物之情形，公断人或法官尚应裁定：共有人中就其所分得的部分共有物的使用，有无为其设定役权的必要，以及为其设定役权的条件。

第 843 条　共有物不能被分割，或者分割会明显降低其价值者，虽仅有一个共有人提出要求，仍应由法院变卖共有物，并以变卖所得的价金，分配于共有人。

第844条 役权、界标和共同使用所必要的证书，不得分割之。除有相反之理由外，证书由最年长的共有人保存。其他共有人，得自己负担费用，以认证方式取得其复本。除另有协议外，地役权仍为所有部分土地的便宜而继续存在，但不得因共有物的分割，而扩张地役权或加重供役地的负担。地役权的行使，如仅对于部分土地仍有便宜，其余部分土地上的地役权消灭。

第845条 土地的分割，应以适当的界标，清晰表明其疆界，并永久固定之。

第846条 对于已完成的分割，应作成文书。不动产的共有人，仅在关于分割共有物的文书被登记于公共登记簿时，始取得其分割所得部分的物权。(第436条)

第847条 共有物的分割，不得有害于第三人的利益；第三人对共有物所享有的担保物权、役权和其他物权，不因共有物的分割而受影响。但地役权仅须在部分土地上行使者，其余部分土地上的地役权消灭。

第848条 第三人对全体共有人享有的对人权，在共有人退出共有关系后，仍保持其效力。同样，对全体共有人负有债务的人，不得向各共有人清偿。对全体共有人所负的债务，应向全体共有人或有资格代表全体共有人的人清偿。

第848*a*条 对于因役权或其他的物上负担而产生的收益请求权，在分割共有的需役地时，需役地的各共有人，在分割共有的供役地时，供役地的各共有人，均得诉请法院裁判确定其权利行使的规则。法院在裁判时，应综合考虑权利的性质和目的、分割后各部分土地所占的面积比例和各部分土地的经济功能等因素，使义务人不被加重负担，以保障各方当事人利益的公平。

第849条 上述关于共有关系的一般规定，亦适用于家庭共有的权利和物，例如家庭财团和世袭财产等。

疆界的回复和更正

第850条 两宗土地间的界标，不论其损坏原因，如因损坏以致完全无法辨认，或者两宗土地间的疆界事实上不可辨认或存在争议者，各土地所有权人均得请求法院回复或更正其疆界。为此目的，法院应适用非讼程序，传唤各土地所有权人到庭参加案件审理，传唤时应说明，经传唤而不到庭参加案件审理者，不影响土地疆界的确定和界标的设置。

第 851 条　（1）土地疆界事实上不可辨认或存在争议者，应按最后的平和占有状态，确定之。无法依此确定时，法院对于有争议的土地，应依公平原则衡量并划定其疆界。

（2）各当事人得依诉讼程序主张其更优越的权利。

第 852 条　在对土地疆界进行更正时，得采用下列重要方法：首先，对争议土地实行面积丈量、文字说明和图示描绘；其次，查阅记载土地有关情况的公共登记簿和其他文书；最后，向熟悉有关情况的证人采集证言，并将所采集的证人证言交由专家鉴定。

第 853 条　（1）诉讼费用，由各土地所有权人按其疆界长度，分担之。法院经审理后认定，土地疆界不存在争议或土地疆界明显可辨认，或者他方当事人同意在诉讼外解决土地疆界的确定问题，因而没有必要为疆界的回复或更正提起诉讼者，声请人应承担全部诉讼费用。

（2）回复或更正土地疆界的诉讼，系因平和占有受到干扰而提起者，法院得判决引起争议的当事人承担全部或部分的诉讼费用。

第 853*a* 条　关于地界登记簿中所记载的土地疆界，适用第 850 条至第 853 条的规定。[1]

推定的共有关系

第 854 条　相邻土地间的地沟、栅栏、树篱、木板、界墙、私有溪流、沟渠、空地和类似分界物，推定为共同所有，但有徽章、碑文、铭文或有其他标记和方法可作相反之证明者，不在此限。

---

〔1〕关于地界登记簿（Grenzkataster），参见《测量法》（Vermessungsgesetz，《联邦法律公报》1968 年第 306 号）第 9 条以下。

第855条 各共有人均得使用共有的界墙，但仅限于自己一侧至界墙一半的厚度；各共有人亦得在界墙另一侧尚无任何设置物之处，安装假门和壁橱。但烟囱、炉灶或其他设置物，不得使建筑物陷于危险，亦不得以任何方式妨碍相邻各方使用其应有部分。

第856条 共有分界物的维护费用，由全体共有人按比例分担。有两个分界物，或者分界物已被分割者，其维护费用，各由其所属者单独承担。

第857条 用砖块、原木或石料构建的分界物完全位于或倚靠相邻不动产的其中一侧，或者墩柱、梁柱、柱石、支撑物仅设置固定于其中一侧者，有疑义时，其所有权属于分界物所在一侧的不动产所有权人，但从各方对于该分界物的负担或参与行为，或者从其他标记或其他证据，可得出相反之结论者，不在此限。对连续向同一方向延伸且其高度和厚度同一的墙体，无任何争议而为占有的人，视为单独占有人。

第858条 单独占有人，对属其单独所有的界墙或木板的倒塌，一般情况下不负重建的义务；但因其破裂腐朽有致邻人损害之虞者，应维护其良好状态。各不动产所有权人，应在其不动产主要入口处的正面，采取必要的封闭措施，以使自己的区域空间与他人的区域空间相区分。

物法第二分编　对人权[1]

第十七章　关于契约和法律行为的一般规定

对人权的发生

第 859 条　因对人权，一方对他方应负给付义务；对人权，得直接因法律，或者因法律行为，或者因受损害而发生。

悬赏广告

第 860 条　以公开声明的方式，向不特定人允诺，对于完成某项行为或使某种后果发生的人，给付报酬者（悬赏广告），其允诺，具有拘束力。以悬赏应募为内容的悬赏广告，为使其有效，须在广告中规定应募期间。[2]

第 860*a* 条　在完成给付前，广告人得以与悬赏广告相同的方式，或者以与悬赏广告具有相同效力的方式，或者以特别通知的方式，撤回其悬赏广告，但广告人在悬赏广告中明示或以规定完成给付期间的方式放弃撤回者，不得撤回。悬赏广告的撤回，对于已完成悬赏广告中所指定给付的人，无效，但行为人应证明自己在完成给付前不知其撤回，且不存在过错。

第 860*b* 条　有数人完成给付时，除由悬赏广告中可得出相反之意思外，

---

〔1〕 译文“对人权”，原文 persönliche Sachenrechte，按字面翻译应为“对人的物上权利”，相当于通常所称债权。

〔2〕 第 2 句所称“以悬赏应募为内容的悬赏广告”（Preisbewerbung），即“优等悬赏广告”（Ausschreibung）。关于优等悬赏广告的基础理论，可参见史尚宽：《债法总论》，荣泰印书馆股份有限公司 1978 年印本，第 40 页以下。

仅最先完成给付的人，得请求报酬；数人同时完成给付者，其报酬，由该数人平均分受之。

契约的成立

第 861 条 一方向他方表示使其享有权利者，即一方允许他方为一定行为，或者同意以某物给与他方，或者允诺为他方实施一定行为，或者为他方利益不实施一定行为者，成立要约；对此要约，他方为有效承诺者，契约因双方合意而成立。如磋商仍在继续中因而未作出任何要约者，或者既未事先亦未事后表示承诺者，不成立任何契约。

第 862 条 对要约（订约提议）的承诺，须在要约人规定的期限内为之。在要约人未规定承诺期限之情形，如要约系一方向在场人作出，或者一方以电话向他方作出者，受要约人的承诺，应即时为之；如要约系一方向非在场人发出者，受要约人的承诺，应在合理期限内为之；该合理期限，指要约人可期待的要约及时到达受要约人、受要约人及时并以通常方式将其承诺送达要约人所需要的时间；受要约人未在上述期限内为承诺者，要约失效。承诺期限届满前，要约不得撤销。要约不因要约人或受要约人在承诺期限内死亡或丧失行为能力而失效，但依有关情事可得出要约人有相反意思者，不在此限。

第 862*a* 条 承诺的表示在承诺期限内到达要约人者，视为承诺及时到达。受要约人及时发出的承诺表示，但未在承诺期限内到达要约人者，如该承诺表示为要约人所应知，而要约人未及时通知受要约人撤销其要约，契约仍成立。

第 863 条 （1）意思表示，得以言词和通用符号，明示为之，亦得以他人基于对所涉及情事的判断不会产生合理怀疑的行为，默示为之。

（2）在认定积极行为和消极行为的内容和效果时，应考虑诚意交易所遵行的习惯和惯行。

第 864 条 （1）依法律行为的性质或交易习惯，不应期待受要约人以明示方式为承诺者，如受要约人在承诺期限或合理期限内事实上已作出与要约内容相一致的行为，契约成立。

（2）物的接收人对于未经其请求而寄送的物所为之保存、使用或消费，不视为对要约的承诺。接收人不负保管或退还其物的义务，且得处置其物。但接收人，如依情事应认识到物被寄送到自己系因错误所致者，应在合理期限内通知寄送人，或者将物退还寄送人。

第 864*a* 条　契约一方当事人使用的一般交易条件或契约表格中包含的非通常内容的条款，不利于他方当事人，且他方当事人依情事，特别是依契约书的外观形态，无须将其考虑在内者，不作为契约的组成部分；但一方当事人已就该条款向他方当事人特别指明者，不在此限。

契约的有效要件

（一）当事人能力

第 865 条　未满七周岁的儿童，以及已满七周岁但不能理智管理其事务的人，无作出要约或对要约作出承诺的能力，但属于第 151 条第 3 款所规定之情形者，不在此限。其他未成年人，或者已被设定管理人的人，得接受纯获利益的要约；但该要约附有负担，或其本人作出要约时，除属于第 151 条第 3 款和第 280 条第 2 款所规定之情形外，契约的效力，依第一篇第三章和第四章的规定，在一般情况下，均须取得法定代理人的同意，或者尚须法院的同意。法定代理人作出同意前，行为相对人不得撤销其要约，但得规定合理期限催告法定代理人为确答。

第 866 条（已废止）

第 867 条　与受公共行政特别保护的乡镇（第 27 条）、其成员或其代理人订立的契约，其有效要件，依乡镇章程和政治性法律确定之（第 290 条）。

第 868 条（已废止）

（二）真实的同意

第 869 条　契约中的同意，须自由地、谨慎地、确定地，且以能被了解的方式，表示之。所作出的表示不能被了解、完全不确定，或者所作出的承诺含有要约以外的其他内容时，契约不成立。一方为取得优势地位，使用不明确词句或实施虚假行为，欺骗他方者，应负赔偿义务。

第870条 一方因受他方欺诈，或者因受他方不法恐吓（第55条）〔1〕而订立契约者，不受该契约拘束。

第871条 （1）当事人之一方，对其所作出和所受领的意思表示的内容存在错误，并因其错误而作出意思表示时，如其错误涉及主要事项或重要性质，且其错误系由他方所促成，或者依情事显然应为他方所明知，或者他方应及时说明而未说明者，该当事人不负任何义务。

（2）当事人之一方，对于他方依现行法律规定负有说明义务之情事存在错误时，其错误一律视为系关于契约内容的错误，而非纯粹关于最终目的或动机的错误（第901条）。〔2〕

第872条 错误既非关于主要事项，亦非关于重要性质，而仅关于次要事项时，如双方当事人对于契约的主要内容已表示同意，且未表示以该次要事项为主要目的者，契约仍为有效；但错误的引起人，对于被引陷于错误的人，应给与适当的赔偿。

第873条 关于受要约人的错误，前条规定亦适用之，但以无此错误不会订立契约或不会以如此方式订立契约者为限。关于行政法上要求具备的给付权限的错误，在任何情形均作为关于当事人同一性之错误。

第874条 以欺诈或不法恐吓，使他方订立契约的人，在任何情形均须对不利后果负赔偿责任。

第875条 契约的一方当事人，因受第三人欺诈，或者因受第三人不法恐吓而订立契约，或者因可归责于第三人的事由而作出错误的意思表示者，

---

〔1〕 译文“不法恐吓”，原文 ungerechte und gegründete Furcht，按字面翻译应为“不法的且已成立的恐吓”。《奥地利普通民法典》第55条规定：“因受恐吓而同意结婚者，其同意无法律效力。恐吓之成立与否，依危险之可能性和严重性，以及被威胁人之身体和心智，判断之。”（Die Einwilligung zur Ehe ist ohne Rechtskraft, wenn sie durch eine gegründete Furcht erzwungen worden ist. Ob die Furcht gegründet war, muß aus der Größe und Wahrscheinlichkeit der Gefahr, und aus der Leibes- und Gemüthsbeschaffenheit der bedrohten Person beurtheilet werden.）。但第55条已废止。

〔2〕 关于意思表示的有效要件，《奥地利普通民法典》倾向于意思主义，以错误为无效或不生拘束力。动机错误，原则上对于意思表示的效力不产生任何影响，但当事人以之为效力意思之内容时，关于其错误，即为内容错误，其意思表示为得撤销。

契约有效。仅在他方当事人参与第三人的行为或第三人的行为显然应为其所知之情形，始适用第870条至第874条的规定。

第876条　以上规定（第869条至第875条），准用于其他应向他方作出的意思表示。[1]

第877条　因欠缺同意而请求废止契约的人，应返还基于该契约而取得的所有利益。

（三）可能和合法

第878条　契约之标的，完全不能者，契约无效。契约之标的，部分可能，而部分不能者，就标的可能部分，契约有效；但契约表明，契约中的各项内容，不能相互分离而独立存在者，不在此限。契约当事人之一方，在订立契约时明知或应知标的不能者，对于无过失之他方因信赖契约有效所受之损害，应负赔偿责任。

第879条　（1）契约，违反法律的禁止性规定或善良风俗者，无效。

（2）特别是，下列契约，应为无效：

1. 对于婚姻契约之协商，约定报酬者；

1*a*. 对于医学辅助生殖之居间，约定报酬者；

2. 律师取得所代理的法律案件的全部或部分利益，或者案件当事人向其代理律师承诺给与依法院判决可得金额的一部分者；

3. 期待继承遗产或接受遗赠的人，在被继承人生前，与他人订立遗产让与契约者；

4. 一方利用他方轻率、急迫情事、缺乏判断能力、无经验或情绪激动，就自己之给付，使他方承诺向自己或第三人为对待给付，或者使其向自己或第三人为对待给付，而其给付与对待给付在财产价值上显著不相当者。

（3）一般交易条件或契约表格中非规定双方主给付的条款，鉴于订立契约的所有情事，严重不利于一方当事人者，在任何情形均无效。

---

〔1〕条文中“其他应向他方作出的意思表示”，指有相对人的意思表示（须受领的意思表示）。

第 880 条 契约所指向的客体，在其被交付前丧失交易能力者，视为当事人未曾订立契约。

第 880*a* 条 一方向他方承诺由第三人为给付者，视为其同意尽力促成第三人为给付；但一方向他方担保第三人为给付者，如第三人不为给付，应负完全赔偿的责任。

利益第三人的契约

第 881 条 （1）一方取得他方向第三人为给付之承诺者，得请求他方向第三人为给付。

（2）第三人是否以及在何时亦取得直接请求约定人履行给付的权利，应依约定、契约的性质和目的，判断之。有疑义时，如向第三人为给付，系以第三人获得利益为本旨者，第三人取得该权利。

（3）在财产让与之情形，受让人承诺向第三人为给付者，视为在财产交付于受让人时第三人取得请求受让人履行给付的权利，但当事人另有约定者，不在此限。

第 882 条 （1）第三人拒绝基于契约而取得之权利者，视为未取得该权利。

（2）基于契约而产生的抗辩，约定人[1]亦得以之对抗第三人。

契约的形式

第 883 条 契约，得以口头或书面、在法院内或法院外、有见证人或无见证人的形式，订立之。除法律另有规定外，契约形式的不同，不导致其约束力不同。

第 884 条 双方当事人约定契约应采用特定形式者，推定：契约在其具备该特定形式前，对双方当事人均无约束力。

---

〔1〕 约定人（Versprechende），指承诺向第三人为给付的人。

第885条 关于契约的必要之点，双方当事人已拟定并已签署者（草约），纵其尚未形成正式的契约书，已明确表示于草约中的权利和义务，仍因草约的签署而在双方当事人间成立。

第886条 法律规定或当事人约定应采用书面形式的契约，因双方当事人签名而成立；当事人不会书写或身体残疾而不能书写者，得以附加经法院或公证人认证的画押的方式，或者以当事人在两个见证人见证下画押并由其中一个见证人代签画押人姓名的方式，使契约成立。应以书面形式订立的契约，得由法院文书或公证文书代替之。采用机械方法模仿的签名，仅在其为商事活动所通用时，始为有效。

第887条（已废止）

关于义务或权利的共有关系

第888条 两个或两个以上的主体，就一物上之同一权利，向他人作出要约或表示承诺者，因此而产生的债权和债务，依关于共有关系的原则，分享和分担之。

第889条 除法律另有规定外，因可分物而负债务的共同债务人，各人仅以其应有部分承担责任；同样，可分物的共有人，各人仅就其应有部分享受利益。

第890条 反之，如为不可分物，且债权人仅为一人时，债权人得向共同债务人中之任何一人，请求给付其物。债权人有数人，而债务人仅为一人时，数债权人中之一人，未被提供担保者，债务人不负向其交付其物的义务；债务人得要求全体共同债权人达成合意或请求法院保管其物。

连带之债

第891条 数人就同一债务之全部，共同明示允诺连带承担义务者，每个人均应就全部债务负其责任。债权人得请求全体或部分的共同债务人，清偿全部债务或其指定的部分债务，亦得请求共同债务人中之一人，清偿全部债务或其指定的部分债务。债权人，在起诉后放弃诉讼者，仍享有该选择权；

债权人自一个或部分债务人取得部分清偿者，仍得请求其他债务人清偿剩余部分的债务。

第892条 反之，一债务人向数债权人允诺，就同一债权之全部负清偿义务，且该数债权人有权连带请求给付者，债务人应向数债权人中最先请求给付的债权人清偿全部债务。

第893条 共同债务人中之一人向债权人清偿全部债务后，该债权人不得再向其他共同债务人请求给付；共同债权人中之一人自债务人处取得全部清偿后，其他共同债权人不得再请求清偿。

第894条 共同债务人中之一人，不得接受债权人所提出的有害于其他债务人的不利条件；共同债务人中之一人为其本人取得的宽容或免除，对于其他共同债务人不生效力。

第895条 数个共同债权人，就同一债权之全部被允诺连带清偿者，其中一共同债权人为自己取得全部清偿后，在多大范围上向其他共同债权人负返还义务，应依存在于共同债权人间的特别法律关系，确定之。如无此种法律关系，取得清偿的共同债权人，对于其他共同债权人，不负返还义务。

第896条 共同债务人中之一人，以自己的财产，清偿全部债务后，虽未发生权利的让与，仍得按相同比例，向其他共同债务人追偿，但共同债务人间存在其他特别关系者，不在此限。因共同债务人中之一人无承担债务的能力或其财产不足清偿其债务而不能得到追偿的部分，由全体共同债务人分担之。对于共同债务人中之一人的债务免除，不得有害于其他共同债务人的追偿权。（第894条）

契约的附款

（一）条件

第897条 契约中的条件，适用关于遗嘱之附条件的规定。[1]

---

〔1〕关于遗嘱之附条件的规定，见第695条以下。

第898条 契约中约定的条件，如属于在遗嘱中视为未附加之条件者，其约定无效。

第899条 契约中约定的条件，在契约订立前已成就者，仅在该条件系期待权人的行为〔1〕，且能由期待权人重复实施时，期待权人始须在契约订立后重复实施。

第900条 附停止条件的权利，得移转于继承人。

（二）动机

第901条 契约当事人明示将其合意的动机或最终目的作为条件者，该动机或最终目的与其他条件同视。除此之外，关于动机或最终目的的约定，对于有偿契约的效力，不发生影响。但在无偿契约之情形，适用关于遗嘱中的规定。〔2〕

（三）履行的时间、地点和方式

第902条 （1）契约或法律规定的期间，以日计算者，除当事人另有约定或法律另有规定外，作为期间起算点的事件发生日，不计算在内。

（2）以星期、月或年计算期间者，在最后一星期或最后一月的、与作为期间起算点的事件发生日的名称或数字相当之日，期间终止，但在最后一月中无此相当之日者，在该月的最后一日，期间终止。

（3）半月指十五日，月中指当月的第十五日。

第903条 权利的取得，系于某一特定之日者，在该日开始时取得其权利。不履行债务或迟延履行债务的法律后果，自期间的最后一日结束时发生。〔3〕就意思表示的作出或给付的履行所规定的期间，其最后一日为星期日或公定节假日者，除有相反之约定外，以下一个工作日为最后一日。

---

〔1〕 译文“期待权人的行为”，原文“Handlung dessen, der das Recht erwerben soll”，如按字面意思，应译为“将取得权利之人的行为”或“应取得权利之人的行为”。

〔2〕 依本条第3句的“指示适用”，在无偿契约之情形，应适用第570条至第572条的规定。

〔3〕 依本条第2句，关于债务不履行或迟延履行，奥地利民法系采“期限代人催告”（拉 dies interpellat pro homine）原则。关于“期限代人催告”原则，详请参见郑玉波：《民法债编总论》，三民书局股份有限公司2002年印行，第359页。

第904条 契约的履行，未规定具体时间者，得要求即时履行，但有延期履行之必要者，不在此限。债务人保留任意指定履行时间之权利者，债权人须等待债务人死亡后，向其继承人请求履行；但如为纯粹人身性质的、不可继承的债务，债权人得诉请法官依公平原则确定履行时间。债务人允诺在可能情形下或在适宜时间内履行债务者，债权人亦得诉请法官依公平原则确定履行时间。此外，前述（第704条至第706条）关于被继承人在遗嘱中所附期限的规定，亦得适用于债务履行时间的确定。

第905条 （1）契约的履行地，既不能依约定，亦不能依法律行为的性质或目的确定者，在债务人订立契约时的住所履行；如债务系在债务人的工商企业的经营活动中发生，在债务人的营业所履行。计量单位和重量，以履行地为标准。

（2）不得仅依运送费用由债务人承担，而推论办理标的物运送的地点为债务人的履行地。

（3）债权人请求将物送交履行地以外的其他地点者，该物的危险，自交付（第429条）时起，移转于债权人。

第905*a*条 给付物仅以种类指示者，应给付中等品种和品质的物。

第906条 （1）允诺的履行，得以多种方式为之者，债务人有选择权。但债务人作出选择后，不得为自己的利益而单方撤回。

（2）债权人有选择权，但怠于行使时，债务人得代替债权人行使选择权，或者采取第918条和第919条规定的行为。债务人代替债权人行使选择权时，应将其选择通知债权人，并为债权人作出其他选择确定合理的期限。如债权人逾期未作出其他选择，以债务人的选择为准。在任何情形下，债务人均得请求损害赔偿。

第907条 订立契约时明示保留选择权者，如其一项或数项可选择的给付，因偶然灭失而使选择成为不可能时，有选择权的当事人不再受契约的约束。对于选择之不可能，债务人有过错者，应向债权人负赔偿责任。

第907*a*条 （1）货币之债，应在债权人的住所或营业所履行，即应在债权人的住所或营业所交付货币，或者将货币汇划至债权人指定的银行账户。债权人在债权发生后变更其住所、营业所或银行账户者，应负担因此而增加的履行风险和履行费用。

（2）以银行汇划方式履行货币之债者，债务人应及时作出汇划委托，以确保应为给付的货币额在债务到期日时被汇划至债权人的账户。债务的到期日，不预先确定，而以对待给付的履行、发票的填发、支付催告或类似事项予以确定者，债务人应在导致债务到期日确定的事项发生后，及时作出汇划委托。贷方凭证迟延记入或未记入债权人账户的危险，由债务人承担，但迟延记入或未计入的原因存在于债权人账户所在之金融机构者，不在此限。

第907*b*条 （1）以外国货币表示的货币之债，在国内支付者，得以本国货币支付，但明示须以外国货币支付者，不在此限。

（2）外币与本币的换算，依支付时支付地的标准市价为之。债务人迟延支付者，债权人得在债务到期日和实际支付日的标准市价中作出选择。

（四）定金

第908条 契约成立时预先给付的一定数额的金钱，除另有特别约定外，仅作为契约成立的标志，或者作为履行契约的担保，称为定金。契约因一方当事人过错而未被履行者，无过错的一方当事人得不返还其所受领的定金，或者请求双倍返还其给付的定金。无过错的一方当事人不以此为满足者，得请求继续履行；继续履行已不再可能者，得请求赔偿。

（五）解约金

第909条 当事人在订约时约定，当事人一方如欲在履行前解除契约，须支付一定数额之金钱者，其契约的订立附有解约金。于此情形，当事人须履行契约或支付解约金。当事人一方已部分履行契约，或者已自他方受领部分给付者，不得再以支付解约金为代价解除契约。

第910条 除预先给付定金外，当事人同时在契约中约定契约解除权，但未规定解除契约须支付特定数额之解约金者，定金代替解约金。给付定金的一方当事人解除契约时，不得收回定金；受领定金的一方当事人解除契约时，应双倍返还定金。

第 911 条 契约当事人一方非因纯粹的偶然事件，而因其过错，使契约发生履行障碍者，亦须支付解约金。

（六）从债务

第 912 条 除主债务外，债权人有时尚得请求债务人履行从债务。得请求履行的从债务，包括主物的添附[1]、主物的孳息、约定的利息或迟延利息、所致损害的赔偿、因契约相对人未适当履行债务而发生的损害赔偿、当事人未适当履行债务时按约定应给付的金额。

第 913 条 对添附的权利或对孳息的权利，在何种情形下与物权相联系，由第二篇第一章和第四章规定之。[2] 如为纯粹的对人权，其权利人尚不享有请求履行从债务的权利。权利人在何种情形下享有请求履行从债务的权利，一方面取决于契约的类型和规定，另一方面取决于损害赔偿法一章的规定。[3]

契约的解释规则

第 914 条 解释契约，不应拘泥于所用词句的字义，而应探求当事人的真意，对契约的理解，应符合诚意交易之习惯。

第 915 条 契约中仅一方当事人负有义务者，在有疑义时，应认为：义务人仅同意负较轻的义务，而非较重的义务；契约中双方当事人均负有义务者，对于有疑义的词句，应作不利于表示人的解释（第 869 条）。

第 916 条 （1）通谋虚伪的意思表示，无效。被通谋虚伪的意思表示所掩盖的另一行为，其效力，依其性质判断之。

（2）基于通谋虚伪行为而发生的抗辩权，不得对抗因信赖其意思表示而取得权利的第三人。

---

〔1〕 关于添附的含义，参见第 404 条及以下。

〔2〕 第二编第一章，见第 309 条及以下；第二编第四章，见第 404 条及以下。

〔3〕 关于损害赔偿法的专章规定，见第 1293 条及以下。

关于有偿契约和法律行为的一般规定

第 917 条　有偿契约，得为物与物的交换或行为与行为的交换，亦得为物与行为的交换；不作为，亦属于行为。

第 917*a* 条　法律为保护契约当事人，规定当事人约定的价格不得高于或低于法定价格时，当事人约定的价格高于法定上限或低于法定下限的部分，无效。当事人约定的价格低于法定下限者，法定的最低价格视为约定的价格。

第 918 条　（1）有偿契约的一方当事人未在适当的时间、适当的地点，或者未依约定的方式履行其义务时，他方当事人得请求履行并请求因迟延履行的损害赔偿，或者请求在合理期限内采取补救措施，未在合理期限内采取补救措施时，得声明解除契约。

（2）给付对于双方当事人而言为可分者，如因部分给付的迟延而解除契约，仅就个别的给付或尚未履行的各部分给付，得声明解除。

第 919 条　依约定，一方当事人未在特定时间或特定期限内履行契约，他方当事人得解除契约者，享有解除权的一方当事人，如要求履行，应在该特定期限届满后即时通知他方当事人；怠于通知者，不得嗣后再要求履行。依交易性质或债务人明知的给付目的，可推知，迟延履行，或者部分迟延履行时其他部分的履行，对于给付受领人无利益者，亦同。

第 920 条　因债务人的过错或可归责于债务人的偶然事件而致履行不能者，债权人得请求不履行债务的损害赔偿或解除契约。部分履行不能时，如依交易性质或债务人明知的给付目的，可推知部分履行对于债权人无利益者，债权人得解除契约。

第 921 条　契约当事人之一方，因他方过错不履行契约而发生损害时，其赔偿请求权，不因解除契约而受影响。已受领的给付，应向相对人返还或补偿，任何一方不得使他方受损害而使自己获得利益。

瑕疵担保

第 922 条　（1）一方向他方有偿让与其物者，应担保其物符合契约的规定。让与人应负以下担保责任：让与物具有约定的或通常的品质，符合其关于让与物的描述、试用物或样品物，能够依交易性质或约定而被使用。

（2）受让人基于让与人或生产者关于让与物的公开描述，特别是，受让人基于广告中或让与物所附说明书中的公开描述而产生的合理期待，亦得作为让与物是否符合契约规定的判断依据；将物进口到欧洲经济区的人，或者将自己的名称、商标或其他标识标示于物上以表明自己为该物的生产者的人，对其物有公开描述者，其公开描述，亦同。但此种描述，为让与人所不知或不可能为让与人所知，或者在订立契约时已被更正，或者对于契约的订立不可能产生影响者，对于让与人无约束力。

瑕疵担保的情形

第 923 条 让与人有下列情形之一者，应负责任：让与物不具有某种品质，但声明具有该品质，且明示或依交易性质可认为默示以该品质订立契约者；隐瞒让与物的非通常瑕疵或非通常负担者；让与并不存在的物，或者将他人之物作为自己的物而为让与者；虚假声明让与物适于特定使用目的，或者虚假声明让与物无通常瑕疵或通常负担者。

瑕疵的推定

第 924 条 让与人对于交付时存在的瑕疵负担保责任。物交付后六个月内出现瑕疵者，除有反证外，推定物在交付时存在瑕疵。如该推定不符合物的性质或瑕疵的种类，不适用推定。

第 925 条 对于动物在交付后一定期间内出现的某些疾病或瑕疵，在何种程度上得推定其在被交付前已患有疾病，由法令规定之。

第 926 条 动物的受让人，未将其所发现的瑕疵，立即通知让与人，或者在无法通知让与人时通知乡镇首长，或者将动物交由专家检验，或者向法院申请为保全证据之证据调查者，不得主张关于动物在被交付前已存在瑕疵的法律推定。

第 927 条 受让人怠于采取前条措施者，应证明动物在交付前已存在瑕疵。但让与人在任何时候均得证明，受让人所主张的瑕疵系发生于交付之后。

第928条　物的瑕疵显而易见，或者物上负担依公共登记簿即可知悉者，除让与人恶意隐瞒其瑕疵或明示承诺除去其瑕疵或负担外，让与人不负瑕疵担保责任（第443条）。存在于物上的债务及尚未清偿的债务，始终由让与人承担。

第929条　受让人明知所受领之物为他人之物而仍为受领者，与明示放弃瑕疵担保请求权的人一样，不享有瑕疵担保请求权。

第930条　物以整体，亦即按其自然状态而不论其数量、大小和重量，为交付者，物的让与人，对于该物在交付时已发现的瑕疵，不负责任，但该物欠缺让与人所保证或受让人所要求之品质者，不在此限。

瑕疵担保的条件

第931条　受让人，因第三人对物提出的诉讼，而欲对让与人主张瑕疵担保责任者，应将第三人提出的诉讼告知让与人。受让人怠于告知者，虽不丧失其对于让与人的损害赔偿请求权，但让与人得以其本可对第三人行使但因未受诉讼告知而未能行使的一切抗辩对抗受让人，从而，让与人本可对第三人行使的一切抗辩，如能在诉讼中得到恰当的行使，就会促使法院对第三人作出不同的判决时，让与人得主张在此范围内不负损害赔偿责任。

基于瑕疵担保而产生的权利

第932条　（1）受让人得因物的瑕疵，而请求改善（修理或补足短缺）、更换给付物、适当减少对价（减价）或废止契约（解约）。

（2）受让人应先请求改善或更换给付物，但改善或更换为不可能，或者让与人为改善或更换需要支出的费用，显著高于其他补救措施所需费用者，不在此限。改善或更换所需费用是否明显高于其他补救措施所需费用，应依物无瑕疵时的价值、瑕疵的严重程度，以及其他补救措施对让与人可能造成的不便，判断之。

（3）改善或更换，应在合理期限内为之，且应尽可能降低给受让人造成的不便，于此，应顾及物的性质及其使用目的。

（4）改善或更换为不可能，或者让与人为改善或更换需要支出的费用，显著高于其他补救措施所需费用者，受让人得请求减价，如瑕疵并非无足轻重，受让人得解除契约。让与人拒绝改善或更换，或者让与人未在合理期限内为改善或更换，或者改善或更换会造成受让人重大不便，或者受让人因让与人的个人原因有充分理由认为改善或更换已为不可期待者，亦同。

第932*a*条 在因牲畜存在瑕疵而提起的解约诉讼期间，如有一方当事人提出声请，且对该牲畜无再为检查之必要者，法院应命令假处分，对该牲畜实行司法变卖[1]，并将变卖所得价金提存于法院。

诉讼时效

第933条 (1) 对不动产的瑕疵担保请求权，须在三年内，对动产的瑕疵担保请求权，须在两年内，向法院行使之。该时效期间，自物交付之日起算，但如为权利瑕疵，自受让人知有瑕疵之日起算。当事人得约定缩短或延长该时效期间。

(2) 对牲畜的瑕疵担保请求权的时效期间为六个星期。对于瑕疵，存在推定期间者，该时效期间，自该推定期间届满时起算。

(3) 受让人在时效期间内将瑕疵通知让与人者，在任何情形均得以抗辩权的方式，主张其瑕疵担保请求权。

损害赔偿

第933*a*条 (1) 让与人对瑕疵存在过错者，受让人尚得请求损害赔偿。

(2) 对于物之瑕疵本身，作为损害赔偿的方法，受让人仅得首先请求改善和更换。但如改善或更换为不可能，或者让与人需为改善或更换支付过巨费用者，受让人得请求金钱赔偿。让与人拒绝改善或更换，或者未在合理期限内为改善或更换，或者改善或更换会造成受让人重大不便，或者受让人因让与人的个人原因有充分理由认为改善或更换已为不可期待者，亦同。

(3) 自物交付时起届满十年后，受让人如主张瑕疵的损害赔偿和因瑕疵所致其他损害的赔偿，应证明让与人对瑕疵存在过错。

---

〔1〕 译文“司法变卖”，原文 gerichtlicher Verkauf，亦译司法拍卖，指依法院的判决或命令而进行的变卖或拍卖。

特别求偿权

第933*b*条 （1）经营者已向消费者承担瑕疵担保责任者，第933条规定的期间虽已届满，仍得请求同为经营者的前手承担瑕疵担保责任。因物的最后买受人行使瑕疵担保权，前手让与人对其后手承担瑕疵担保责任后，在前手让与人与更前手让与人的关系上，亦适用第1句的规定。后手对前手的请求权，以后手本人所支出的费用为限。

（2）第1款规定的请求权，请求权人应在其承担瑕疵担保责任后两个月内，以诉讼方式行使之。无论如何，求偿义务人的责任，自求偿权利人承担责任时起已经过五年者，罹于诉讼时效。该时效期间，因告知诉讼而中止，并自诉讼结束时继续进行。

利益短少逾半时的补偿

第934条 在双方均有义务的法律行为中，一方当事人自他方当事人所受给付，依通常价值，不及其向他方当事人所为给付之半数者，受损害的一方当事人得请求废止其法律行为，并得请求回复原状。但他方当事人得按通常价值补足差额，以保持其法律行为的效力。其差额，依法律行为成立时的价值确定之。

第935条 不得以契约排除第934条的适用；但第934条不适用于下列情形：买受人声明以非常价格买受其物系出于特别偏爱者；买受人明知物之真实价值而仍同意不等价交易者；基于交易当事人间之关系，可推定双方愿意订立兼含有偿和无偿双重性质之混合契约者；不能查明物之真实价值者；物系由法院所拍卖者。

关于将来契约的约定

第936条 约定将来订立一定契约者，应就将来契约的订立时间和必要之点达成合意；预约订立后，本约订立前，如因情事变更，致明示规定的目的或依情事可推知的目的落空，或者一方对他方丧失信赖时，其约定失其拘束力。所约定的将来契约，通常应在作出约定后一年内订立，逾此期限者，请求订立契约的权利消灭。

抗辩的放弃

第 937 条 对契约有效性之抗辩，以一般的、非特定的方式表示放弃者，其放弃无效。

第十八章　赠　与

赠与的定义

第 938 条　双方约定将物由一方无偿移转于他方所有的契约，称为赠与。

何种程度的放弃成立赠与

第 939 条　权利人放弃其有希望取得的权利、已实际取得的权利或不确定的权利，而未正式让与他人以权利，或者未经义务人同意而免除其义务者，不视为赠与人。

酬谢赠与

第 940 条　赠与，不论系出于谢忱，或者念及受赠人的劳绩，或者作为对受赠人的特别回报而为之者，均不改变赠与的本质；惟受赠人自始不享有请求履行赠与的诉权。

第 941 条　受赠人基于双方当事人的约定或法律的规定而享有请求给付报酬之诉权者，其法律行为非为赠与，而应视为有偿契约。

互为赠与

第 942 条　约定赠与人应受回赠的赠与，非其整体成立真正的赠与，而仅就超过回赠的价值成立真正的赠与。

赠与契约的形式

第 943 条　单纯以口头方式订立，而没有现实交付的赠与契约，不产生受赠人的诉权。成立受赠人的诉权，须以书面证书为之。

赠与的限度

第944条 不受限制的所有权人[1]得在不违反法律规定的限度内，将其现有的全部财产赠与他人。就将来取得的财产而订立赠与契约者，仅对不超过将来取得的财产的半数部分，为有效。

赠与人对于赠与物应负的责任

第945条 赠与人明知他人之物而为赠与，并对受赠人隐瞒该事实者，对因此而发生的不利后果，应负责任。

赠与之不可撤销性

第946条 赠与契约一般不得被撤销。

不可撤销性之例外

（一）因赠与人陷于穷困而撤销

第947条 赠与人在赠与后陷于穷困，并因此缺乏必要生计费用者，得请求受赠人每年按赠与金额给付法定利息，但以赠与物或其价值仍存在、赠与人所缺少的必要生计费用与受赠人未处于相同程度之穷困为限。受赠人有数人者，前受赠人仅在后受赠人的给付不足以维持赠与人生计的范围内，负其义务。

（二）因受赠人忘恩行为而撤销

第948条 受赠人对于赠与人有重大的忘恩行为且有过错者，赠与得被撤销。重大的忘恩行为，指侵害身体、名誉或财产，且依其性质，加害人有可能因公诉或受害人自诉而被追究刑法责任的行为。

第949条 忘恩人因其忘恩行为而成为非善意的占有人；被害人的继承人，得基于忘恩行为，对加害人的继承人提起撤销之诉，但被害人已对忘恩行为表示宥恕，或者赠与物在实体上或价值上已不存在者，不在此限。

---

〔1〕译文“不受限制的所有权人”，原文 unbeschränkter Eigenthümer。

（三）因应支付的抚养费被减少而撤销

第 950 条　有扶养义务的人向第三人为赠与，不得损害被扶养人的权利。因赠与而受损害的被扶养人，得诉请受赠人补充给付赠与人因赠与而不能给足的扶养费。受赠人有数人者，适用前述（第 947 条的）规定。

（四）因特留份被侵害而撤销

第 951 条　（1）赠与财产在确定特留份时应被算入特留份者（第 785 条），如遗产不足以支付特留份，受损害的必然继承人得请求受赠人返还赠与财产，以补足差额。受赠人得支付其差额，以免于返还赠与财产。

（2）受赠人本身为特留份权利人者，仅就其所受之赠与财产算入特留份后仍逾其应得之特留份的部分，对其他的特留份权利人，负其责任。

（3）受赠人有数人者，前受赠人仅在后受赠人无返还义务或不能返还的范围内，负其责任。有返还义务的数受赠人，按比例负其责任。

第 952 条　受赠人不再占有赠与物或其价值者，仅就其非善意丧失占有之情形，负其责任。

（五）因债权受损害而撤销

第 953 条　赠与时已存在的债权因赠与而受损害者，在前条（第 952 条）的限制范围内，债权人亦得请求返还赠与。债权的发生后于赠与者，仅在受赠人基于恶意通谋而受赠与时，债权人始得请求返还赠与。[1]

（六）因嗣后出生的子女而撤销

第 954 条　无子女的赠与人在订立赠与契约后生育子女者，赠与人及其嗣后出生的子女，均不因此而享有撤销赠与的权利。但赠与人或其嗣后出生的子女陷于穷困时，有请求受赠人或其继承人给付前述规定的赠与金额之法定利息的权利（第 947 条）。

---

〔1〕 第 953 条因《支付不能法》第 29 条和《撤销法》第 3 条关于赠与之撤销的规定已实质上失效。《支付不能法》（Insolvenzordnung）和《撤销法》（Anfechtungsordnung）均见于《帝国法律公报》1914 年第 337 号。——原注

不得移转于继承人的赠与

第955条 赠与人允诺受赠人在一定期间内提供资助者，双方当事人的继承人均不因此享有权利或负担义务；为使此种赠与契约对其继承人发生效力，须在赠与契约中明示约定之。

死因赠与

第956条 赠与人死亡后开始履行的赠与，如符合前述关于遗嘱有效要件的规定，作为遗赠发生效力。仅在受赠人已接受赠与，赠与人明示放弃撤销权，且已将书面的赠与文书交与受赠人之情形，其赠与始被视为契约。

第十九章　保管契约

保管契约的定义

第 957 条　保管他人之物者，成立保管契约。承诺保管他人之物，但其物尚未交付者，承诺人虽应受其承诺之拘束，但尚不成立保管契约。

第 958 条　保管人不因保管契约而取得所有权、占有或使用权；保管人，为单纯的持有人，对于委托其保管的物，负有使之免受损害的义务。

保管契约之变更为消费借贷契约或使用借贷契约

第 959 条　因保管人的请求或寄托人的主动提议，保管人被允许使用保管物者，在第一种情形，自寄托人表示同意时起，在第二种情形，自保管人接受提议或实际使用保管物时起，其契约不再被作为保管契约；保管物为消费物者，保管契约变更为消费借贷契约，保管物为非消费物者，保管契约变更为使用借贷契约，并相应产生消费借贷契约或使用借贷契约的权利和义务。

或者变更为代理

第 960 条　保管物，得为动产或不动产。但保管人同时被委任实施与保管物有关之其他法律行为者，应被视为代理人。

保管人的义务和权利

第 961 条　保管人的主要义务是：在约定的期间内，谨慎保管委托其保管的物；在保管期限届满后，将保管物依其受领时的状态，连同所有的添附，返还于寄托人。

第962条 保管期限虽未届满，而寄托人请求返还保管物者，保管人亦应返还之，且仅得请求赔偿因此所受之损害。保管人不得提前返还保管物，但因不可预见的事由，保管人无法继续安全保管，或者继续保管有致保管人自身损害之虞者，不在此限。

第963条 关于保管期限，既无明示之约定，亦无法依有关情事予以推知者，当事人得任意终止保管契约。

第964条 保管人对于因其未尽谨慎保管义务而发生的损害，应向寄托人负赔偿责任，但对于因偶然事件而发生的损害不负赔偿责任；纵然保管人得通过牺牲自己的财产使保管物免于偶然事件的损害，对于因此而发生的损害仍不负赔偿责任，保管物为贵重物品者，亦同。

第965条 保管人使用保管物，或者保管人并无急迫事由或未经寄托人允许而将物交由第三人保管者，对于保管物的损害，保管人不得以偶然事件为抗辩而拒绝承担赔偿责任；保管人迟延返还保管物，因而发生如将保管物及时返还于寄托人所不可能发生之损害者，亦同。

第966条 物在交付保管时被上锁或被封缄，嗣后该锁或封缄物被损坏，保管人因此声称保管物丢失，而依保管人的身份、职业、财产及其他情况，其声称极有可能为真实者，得依法院法的规定，允许寄托人就其损害起誓；但保管人能证明锁或封缄物的损坏非其过错所致者，不在此限。以此方式交由保管的物全部丢失者，亦同。[1]

寄托人的义务和权利

第967条 寄托人，对因其过错所致保管人之损害、保管人为保存保管物或为改良保管物之持续使用所支出之费用，应负责任。保管人因急迫事件，以牺牲自己之物为代价，使保管物免于毁损者，得请求适当补偿。保管物为动产时，保管人或寄托人相互间的债权，须在保管物返还后三十日内行使之。

---

〔1〕 因《民事诉讼法》（Zivilprozeßordnung，《帝国法律公报》1895年第113号）不再承认《普通法院法》（Allgemeine Gerichtsordnung）程式性的证据誓言，第966条已实质上失效。——原注

暂时保管人

第 968 条　保管人所保管的物，为诉讼当事人或法院委托保管的诉争标的物时，该保管人称为暂时保管人。[1] 暂时保管人的权利和义务，依本法所规定的原则确定之。

保管人的报酬

第 969 条　仅在明示约定或依保管人的身份可推知契约双方默示约定有偿保管时，保管人始得请求给付报酬。

客人的携入物

第 970 条　（1）对外提供膳宿的旅店主人，对于住店客人的携入物，应负与保管人相同的责任，但能证明损害，非因其本人或其使用人过错所致，亦非由出入于旅店之他人所致者，不在此限。被害人对于损害的发生亦有过错者，就被害人应否受到赔偿及应受赔偿的数额，法官得依具体情形裁判之。

（2）住店客人移交于旅店主人或其使用人的物，或者住店客人携置于旅店主人或其使用人所指示之处所或确定作为客人放置携带物之场所的物，视为携入物。动物厩棚和保管场所的经营者，对于放置于其处所的动物或车辆，以及放置于保管场所内的物，亦应负责。

（3）浴场的占有人，对于浴客通常携入之物，负与旅店主人相同的责任。

第 970*a* 条　旅店以公告的方式声明对携入物不负赔偿责任者，其声明无法律上的效力。对于贵重物品、金钱或有价证券，旅店主人应负的最高赔偿额为五百五十欧元，但旅店主人在接受保管时知其性质，或者毁损丢失系因其本人或其使用人过失所致者，不在此限。

---

〔1〕 标题及法条译文“暂时保管人”，原文 Sequester，专指接受诉讼当事人或法院交付的诉争标的物而为保管的人。

第970*b* 条 被害人知其物品毁损丢失后，应及时通知主人，怠于通知者，丧失损害赔偿请求权。但其物交由主人保管者，不适用本条规定。

第970*c* 条 第970条所称之人，就住宿饮食而发生的债权或其为客人所支付之垫款，在受清偿前，对客人的携入物有留置的权利。

第二十章　使用借贷契约

使用借贷契约的定义

第971条　一方将非消费物完全交与他方在特定期限内无偿使用者，成立使用借贷契约。一方承诺将非消费物借用于他方但未交付者，虽已成立有约束力的契约[1]，但该契约尚非使用借贷契约。

借用人的权利和义务

（一）关于借用物的使用

第972条　借用人取得依通常方法使用借用物的权利，就借用物的使用有具体约定者，依其约定。借用期限届满后，借用人应返还原物。

（二）关于借用物的返还

第973条　关于借用物，虽未约定返还期限，但有确定的使用目的者，借用人应及时使用，并应在使用后尽快返还。

第974条　使用期限和使用目的均不确定者，不成立真正的契约，而仅成立不受拘束的好意借用[2]，出借人得任意请求返还借用物。

第975条　关于使用期限存在争议时，借用人如主张有更长期限的使用权利，应证明之。

---

〔1〕“有约束力的契约”（verbindlicher Vertrag），指预约。

〔2〕译文“不受拘束的好意借用”，原文 ein unverbindliches Bittleihen（Precarium），指得由出借人任意撤回的无偿的使用借贷。另请参阅史尚宽：《债法各论》，荣泰印书馆股份有限公司1981年印本，第250页。

第 976 条 使用期限届满前或借用人结束使用前，除有明示约定外，借用物虽为出借人所必需，出借人亦不得提前取回之。

第 977 条 虽在一般情况下，借用人得提前返还借用物，但如提前返还会导致出借人不便，借用人不得违反出借人的意思而提前返还。

（三）关于借用物的损害

第 978 条 借用人不按约定使用借用物或擅自准许第三人使用借用物者，应向出借人负责，出借人有权要求立即返还借用物。

第 979 条 借用物毁损或灭失时，借用人不仅对因其过错所致的损害，而且对因其不法行为所促成的意外损害，负与物的保管人相同的赔偿责任（第 965 条）。

第 980 条 借用物被遗失，借用人为此赔偿其价值后，如借用物被找回，而其所有权人愿意返还所受领的赔偿金，借用人不得违反所有权人之意思而保有借用物。

（四）关于借用物的维持费用

第 981 条 因借用物通常使用而支出的费用，由借用人本人承担。在借用人不能或不愿将借用物交由出借人维护之期间发生的非通常的维持费用，借用人应垫付之，但借用人享有与善意占有人相同的偿还请求权。

相互诉讼之限制

第 982 条 出借人未在取回借用物后三十日内主张借用物被滥用或被过度损耗，或者借用人未在返还借用物后三十日内就其为借用物所支出的非通常费用为通知者，其诉权消灭。

第二十一章　消费借贷契约

消费借贷契约的定义

第983条　基于消费借贷契约，贷与人有依约定将代替物交付借贷人，并由借贷人任意处分该物的义务。借贷人有至迟在契约终止后以数量、种类和品质相同之物返还贷与人的义务。

消费借贷契约的种类

第984条　（1）消费借贷契约的标的物，得为金钱或其他代替物。消费借贷，得为有偿或无偿。双方当事人未就消费借贷是否有偿为约定者，在有疑义时，视为有偿的消费借贷契约。

（2）无偿的消费借贷契约，在交付借贷物前，仅在贷与人以书面表示承诺时发生效力。

借贷物价值的增减

第985条　除另有约定外，在返还借贷物时，借贷人对借贷期间发生的借贷物价值的减损，不负补偿义务。同样，借贷人亦不得以借贷物增值为由主张减轻其返还义务。

消费借贷契约的期限与终止

第986条　（1）消费借贷契约，得以预定期限或不定期限的方式订立。

（2）不定期限的消费借贷契约，任何一方当事人得以一个月的预告期，通知终止契约。

（3）预定期限的消费借贷契约，因期限届满而终止。

消费借贷契约的特别终止

第 987 条 契约的任何一方当事人，因有重大事由而使继续履行消费借贷契约成为不可期待时，得随时通知立即终止契约。

借款契约

第 988 条 以金钱为标的物的、有偿的消费借贷契约，称为借款契约；一方向他方承诺，他方得随时提取一定数额之金钱并得自由处分的契约，亦属于借款契约。借款契约的双方当事人称为贷与人和借用人。其对价，一般表现为借用人所支付的利息；关于利息，适用第 1000 条第 1 款的规定。

借款契约的期限与终止

第 989 条 （1）借款契约的确切期限，得依表明终止日期的年月日确定之，亦得依当事人关于贷款金额、还款方式和应支付利息的约定确定之。

（2）借款契约终止后，借用人应偿还贷款金额及尚应支付的利息。

关于贷与人终止权的约定无效的情形

第 990 条 依约定，贷与人虽无实质性的正当理由，对于确定期限且已履行完毕的借款契约，仍有提前终止之权利者，其约定无效。

拒绝放贷

第 991 条 契约订立后，有事实表明，借用人财产状况之恶化，或者担保物之价值减损，已达到虽变卖担保物亦不足偿还贷款或支付利息之程度者，贷与人得拒绝放贷。

第 992 条至第 999 条（已废止）

利息与复利

第 1000 条 （1）当事人未约定或法律未规定利率者，利息按百分之四的年利率支付，法律另有规定者，不在此限。

（2）双方当事人就复利有约定者，金钱债权的债权人得请求复利。未约定复利者，在对于已届清偿期的利息提起诉讼的情况下，债权人得就该利息，请求自诉讼系属发生之日起的复利。双方当事人未约定复利之利率者，按百分之四的年利率计算复利。

（3）双方当事人未约定利息之支付期限者，应在返还本金时支付利息，契约期限为数年者，应每年支付利息。

第 1001 条（已废止）

第二十二章　委任和其他形态的事务管理

委任契约的定义

第1002条　一方接受他方委任，以他方名义处理其事务的契约，称为委任契约。

第1003条　委任人以公开方式委任特定人处理特定事务者，受任人应及时向委任人明确表示是否接受委任；怠于表示者，对于委任人因此所受之损害，应负责任。

委任之区分为无偿委任和有偿委任

第1004条　就他人事务之管理，明示约定有报酬者，或者依管理人之身份可推知双方默示约定有报酬者，为有偿的委任契约，除此之外，为无偿的委任契约。

委任之区分为口头委任和书面委任

第1005条　委任契约，得以口头或书面方式订立。授权人为此而向被授权人作成的书面文件，称为委托书。

委任之区分为概括委任或特别委任

第1006条　委任，依所授受之处理事务为全部事务或仅为特定事务，分为概括委任和特别委任。特别委任，得以单纯的诉讼上的事务或单纯的诉讼外的事务为内容，或者以某一类事务中的某项特定事务为内容。

委任之区分为不受限制的委任和受限制的委任

第1007条　代理权，得以处理事务的自由不受限制或受限制的方式，授与之。在前者，代理人得依其最佳的知识和最大的善意处理所委任的事务；在后者，代理人须在被代理人所限定的范围内，并须依被代理人所指示的方式，处理所委任的事务。

第1008条　代理下列事务，须有特别代理权，并表明所代理事务的种类：以他人名义而为物之让与或物之有偿受让；订立使用借贷契约或消费借贷契约；收取金钱或金钱以外的财产〔1〕；提起诉讼；接受委任而代为宣誓，接受或拒绝他人的宣誓；与他人和解。代理下列事务，须有特别代理权，并表明所代理的具体事务：无条件接受或放弃继承；订立合伙契约；作出赠与；授与选任仲裁人的权利；无偿放弃权利。对于上述事务，如授与概括、无限制的代理权，仅须在代理权证书中表明其所代理事务的种类。

代理人的权利和义务

第1009条　代理人，应依其承诺及所取得的代理权，勤勉及善意地处理事务，并应将因处理事务而产生的一切利益，移交于被代理人。凡在性质上属于处理事务所必要的或符合授权人所明示之意旨的管理方法，代理人均得采用。但代理人逾越代理权者，应对其后果负责。

第1010条　代理人无急迫情事而将事务转委任于第三人者，应单独对其后果负完全责任。但被代理人在代理证书中明示允许代理人再委任代理人，或者因客观情事而不得不再委任代理人者，代理人仅在选任再代理人有过错时，负其责任。

第1011条　就同一法律行为向数人授与代理权者，为使法律行为有效和使被代理人负担义务，应由全体代理人共同为代理行为，但被代理人在代理证书中明示数代理人中之一人或数人有完全的代理权限者，不在此限。

---

〔1〕译文“金钱以外的财产”，原文 Geldeswerth。

第 1012 条 受任人对因其过错所致之损害，应向委任人负赔偿责任；受任人应按委任人的要求，报告处理事务过程中发生的账目。

第 1013 条 除第 1004 条规定的情形外，受任人不得就其劳烦[1]请求报酬。未经委任人同意，受任人不得就事务管理接受第三人的赠与。已受领者，应收归济贫财团所有。

委任人的权利和义务

第 1014 条 受任人为管理事务所支出的必要或有益的费用，委任人应偿还之，受任人管理事务有无效果，在所不问；受任人就管理费用请求预付一定现金者，委任人有预付的义务；此外，委任人尚须对因其过错所造成的损害或与事务管理有关的损害，负赔偿责任。

第 1015 条 受任人无偿接受委任而处理他人事务者，因处理事务所受之意外损害，得在有偿契约应得的最高报酬额的限度内，请求赔偿。

第 1016 条 受任人逾越代理权者，委任人仅在其对于受任人所实施的法律行为表示追认或接受基于该法律行为所生之利益的范围内，受其约束。

第三人的权利和义务

第 1017 条 受任人在代理权证书范围内为委任人实施法律行为者，委任人得取得基于该法律行为所产生的权利，并承担基于该法律行为所产生的义务。受任人在公开的委托书范围内与第三人订立契约者，基于该契约而产生的权利和义务归属于委任人和第三人，而不归属于受任人。向受任人作成的秘密的委托书，对于第三人的权利不发生影响。

第 1018 条 在受任人对于委任人授权实施的法律行为并无行为能力之情形，受任人在代理权范围内所实施的法律行为，仍约束委任人和第三人。

---

〔1〕 译文“劳烦”，原文 Bemühung。

第1019条　受任人无代理权或逾越代理权而实施法律行为者，如委任人既未追认该法律行为，亦未接受基于该法律行为所产生的利益（第1016条），受任人对于信赖其有代理权的相对人所受之损害，应负赔偿责任。但受任人应负的赔偿责任，不超过法律行为有效时相对人可得到的利益。

委任契约因代理权之撤回而解销

第1020条　委任人得任意撤回其所授与的代理权，但其不仅对于受任人在被授与代理权期间已支出的费用和所蒙受的损害应负赔偿责任，而且对于受任人为处理事务已付出的劳务应支付合理报酬。所委任的事务因偶然事件而不能完成者，亦同。

通知终止

第1021条　对于已被接受的授权，委任人亦得通知终止。但在受任人对于特别授权的事务或概括授权的事务已开始处理但尚未完成前，委任人通知终止者，对于因通知终止而发生的一切损害，应负赔偿责任，但因不可预见和不可避免的事由而通知终止者，不在此限。

当事人死亡

第1022条　代理权通常因委任人或受任人的死亡而终止。但如不停止已开始处理的事务对于继承人并无明显不利益，或者代理权本身包括委任人死亡所涉及之事项者，受任人有继续完成处理事务的权利和义务。

第1023条　由团体（共同体）授与或承受的代理权，因团体解散而终止。

当事人的财产被开始实行支付不能程序

第1024条　委任人的财产被开始实行支付不能程序者，受任人在支付不能程序公告后所实施的代理行为，不发生法律效力。受任人的财产被开始实行支付不能程序，导致受任人的代理权消灭。

受任人在何种范围内负有继续处理事务的义务

第1025条 代理权因撤回、通知终止，或者因委任人或受任人的死亡而终止者，对于不能拖延的事务，在委任人或其继承人作出或能合理作出其他处分前，受任人应继续处理。

第1026条 第三人无过错不知代理权已终止而与受任人订立的契约，对委任人有约束力，委任人仅得请求隐瞒代理权已终止之事实的受任人赔偿其损害。

代理权之被默示授与受雇人

第1027条 商店、船舶、店铺或其他营业的所有权人，授与经理人、船长、店员或其他事务执行人以事务管理权者，亦适用本章的规定。

第1028条 前条事务执行人的权利，首先依委任文书判断；此种委任文书，在商人中视为以适当方式公告的对签字（商号）的授权。[1]

第1029条 （1）代理权的授与，未采用书面形式者，其范围，依事务的内容和性质判断。一方委任他方处理事务者，应推定已授与他方处理该事务所必要的权限（第1009条）。

（2）收据的提示人，视为已被授与受领给付的权利，但给付人明知该授权与已知的受领情形不相符者，不在此限。

第1030条 商店或营业的所有权人准许其受雇人或学徒在店内或店外出卖商品者，应推定其受雇人或学徒已被授与收取价金和填发收据的权利。

第1031条 得以所有权人之名义卖出商品的代理权，不包括得以所有权人之名义买入商品的权利；运货人对于委托其运送的货物，除运货单有明示记载外，既不得收取价金，亦不得以其作为金钱借贷的担保。

---

〔1〕 本条后段文义殊难确定，特附原文如下：Die Rechte solcher Geschäftsführer sind vorzüglich aus der Urkunde ihrer Bestellung，dergleichen unter Handelsleuten das ordentlich kundgemachte Befugniß der Unterzeichnung（Firma）ist，zu beurtheilen.

第1032条　雇用人和家长，对于受雇人或其他家庭成员以其名义而为之借贷，不负偿还义务。于此情形，借用人须证明其已受委任。

第1033条　在赊购人与赊售人间如有记载赊购商品的正式账册，应推定账册的提示人已被授与赊购商品的权利。

由法院和法律授与代理权

第1034条　祖父母、外祖父母、寄养父母、其他被委以照护权的人、财产管理人和保佐人对被照管人事务的管理权，由法院确定之。父母（父或母）对其未成年子女的代理权，直接由法律授与；第207条、第208条和第211条第1款第3句所称的青少年福利机构和第284b条至第284e条所称的近亲属，对被照管人事务的管理权，亦同。

无因管理

第1035条　对于他人事务，如既无明示或默示契约的委任，亦无法院或法律的授权，一般不得干涉。妄加干涉他人事务者，应就其一切后果承担责任。

急迫情事下的无因管理

第1036条　管理人虽未受委任，但为使他人免受急迫发生的损害而管理他人事务者，被管理人对于管理人为管理其事务所支出的必要和合理的费用，有偿还义务；管理人的管理未取得积极效果时，如管理人不存在过错，被管理人仍有偿还义务（第403条）。

为他人利益而为管理

第1037条　管理人管理他人事务，纯粹为增加他人利益者，应取得他人的同意。管理人管理他人事务虽未取得他人同意，但其自己负担费用，且他人因其管理获得明显高于所支出费用之利益者，管理人有权请求被管理人偿还其因管理事务所支出的费用。

第1038条 因管理事务而产生的利益未明显高于管理费用，或者管理人对他人之物擅自施以重大变更，以致他人不能继续按原来之使用目的使用其物者，被管理人对管理费用不负偿还义务，相反，被管理人得请求管理人自己负担费用使物回复原状，不能回复原状者，得请求完全赔偿。

第1039条 未受委任而管理他人事务的人，应继续管理事务直至完成，并应如同受任人一样，就事务之管理，详细报告其颠末。

违反他人意思而为管理

第1040条 管理人，违反所有权人有效表示的意思而干涉他人事务，或者以此种干涉方法妨碍合法的受任人管理事务者，应赔偿因此而发生的损害和利益损失，且不得请求返还已支出的费用，但其费用依性质可被取回者，不在此限。

为他人利益而对物为使用

第1041条 非在管理他人的事务中，为他人利益而被使用的物，其所有权人得请求返还原物，不能返还原物时，得请求返还该物被使用时所具有的价值，他人嗣后虽未因物的使用获得实际利益，亦同。

第1042条 为他人支出费用的人，对依法律规定必须负担该费用的人，有费用偿还请求权。

第1043条 在急迫情事下，为使自己和他人免受重大损害而牺牲自己财产的人，对于所有的受益人，得按其受益比例请求补偿。此项规定在海难救助情形中的适用，由海商法详细规定之。

第1044条 战争所致之损害的分配，由政治性机关[1]特别规定之。

---

〔1〕 译文“政治性机关”，原文 politische Behörde。

第二十三章　互易契约

互易契约的定义

第 1045 条　互易契约，指一物与另一物相互交换的契约。物的实际交付，非为互易契约成立的要件，但互易契约的履行和所有权的取得，以物的实际交付为必要。

第 1046 条　金钱不是互易契约的客体；但金和银得作为商品而互易，金币和银币相互间亦得互易，即得以金币交换银币，以大额金银币交换小额金银币。

互易当事人的权利和义务

第 1047 条　互易当事人，基于互易契约，负有如下义务：依约定，将互易物，连同其成分与所有附属物，在适当的时间、适当的地点，依订立契约时所具有的状态，交由他方自由占有，并取得对于他方互易物的自由占有。

关于危险的特别规定

第 1048 条　互易当事人已约定物的交付时间，但在交付时间届至前，互易物被禁止交易，或者因偶然事件完全灭失或毁损超过其价值之半数者，视为互易契约未订立。

第 1049 条　互易物在交付时间届至前因偶然事件而发生的其他毁损，以及互易物的负担，由占有人承担。互易物为数物之集合时，如单个物的意外毁损或灭失，未使互易物的整体价值减损过半者，单个物的意外毁损或灭失，由受让人承担。

互易物交付前的收益

第 1050 条 约定的交付时间届至前，互易物的收益归属占有人。约定的交付时间届至后，互易物虽未交付，其收益连同添附亦归属受让人。

第 1051 条 互易物为特定物，且未约定交付时间者，如双方当事人均无过错，应适用前述关于危险和收益在交付时发生移转的规定（第 1048 条至第 1050 条），但当事人另有约定者，不在此限。

第 1052 条 当事人一方，未履行其义务或未提出给付前，不得请求他方为给付。当事人一方应向他方先为给付者，如他方财产状况恶化，有难为对待给付之虞，在他方未为对待给付或就对待给付提出担保前，得拒绝自己之给付，但当事人一方在订立契约时可得而知他方之不良财产状况者，不在此限。

第二十四章 买卖契约

买卖契约的定义

第 1053 条 基于买卖契约，一方将物让与他方，他方为此支付一定数额的金钱。买卖契约，与互易契约相同，为取得所有权的权原。买卖标的物非经交付，不发生所有权移转。标的物交付前，所有权属于出卖人。

买卖契约的要件

第 1054 条 买受人与出卖人应如何达成其合意，以及何种物得为买卖，应依关于契约的一般规定确定之。〔1〕买卖价金，须以现金形式予以表现，且应为确定和不违反法律。〔2〕

关于买卖价金的要件

1. 须以现金形式表现

第 1055 条 物的出卖，部分以金钱为对价，部分以其他物为对价者，依作为对价的金钱的价值高于或低于给付物的通常价值，而确定其契约为买卖或为互易，作为对价的金钱的价值与给付物的价值相同者，其契约，以买卖论。

2. 须为确定

第 1056 条 买受人和出卖人亦得委任第三人确定价金。第三人未在约定期限内确定价金，或者在未对确定价金的期限作出约定之情形，一方当事人在价金确定前撤回其意思表示者，应视为未订立买卖契约。

---

〔1〕 关于契约的一般规定，见第 861 条及以下各条。

〔2〕 第 2 句规定，在买卖契约中，“买卖价金，须以现金形式予以表现”，旨在区别于互易契约。

第 1057 条 价金的确定被委于数人时，依多数决确定价金。如表决意见各不相同，以致事实上无法依多数决确定价金时，应视为未订立买卖契约。

第 1058 条 亦得将前次买卖约定的价金，确定为本次买卖的价金。当事人约定以通常市价为标准者，指契约的履行地和履行时的平均价格。

3. 须不违反法律

第 1059 条（已废止）[1]

第 1060 条 除前条情形外，买受人或出卖人，仅在价金不足通常价值之半数时，始得对买卖契约提出异议（第 934 条和第 935 条）。买卖价金被委于第三人确定者，亦同。

出卖人的义务

第 1061 条 出卖人在交付前，应谨慎保管标的物，并应依前述关于互易契约（第 1047 条）的规定，交付标的物于买受人。

买受人的义务

第 1062 条 买受人应即时或按约定的时间受领标的物，并应以现金支付买卖价金；否则，出卖人有权拒绝交付标的物。

第 1063 条 出卖人虽未取得买卖价金，而仍交付标的物于买受人者，以赊售论，于此情形，标的物所有权仍因交付而移转于买受人。

第 1063*a* 条 买卖标的物的交付费用，特别是标的物的测量费用和称重费用，由出卖人负担，但标的物的受领费用，以及将标的物运送至履行地以外之地点所需支付的费用，由买受人负担。

第 1063*b* 条 在动产买受中，关于动产的形态、大小或类似事项，买受人保留作出具体决定之权利者，应就其所保留的事项作出决定。此外，参照适用第 906 条第 2 款的规定。

---

〔1〕 第 1059 条因 1979 年《联邦法律公报》第 140 号第 33 条第 7 项而废止。——原注。

买卖标的物的危险和收益

第 1064 条　已被买受但尚未交付的标的物，其危险和收益，适用与互易契约相同的规定（第 1048 条至第 1051 条）。

期待物的买卖

第 1065 条　以仍处于期待产生中的物为买卖标的物者，适用射幸行为一章中的相关规定。[1]

一般规定

第 1066 条　关于买卖契约，法律未明确规定者，适用关于契约的一般规定和关于互易契约的规定。[2]

买卖契约的特殊类型或买卖契约的从契约

第 1067 条　买卖契约的特殊类型，或者买卖契约的从契约，包括保留买回权的买卖、保留卖回权的买卖、保留先买权的买卖、试用买卖、保留出卖于更优买受人的买卖、出卖委任。

保留买回权的出卖

第 1068 条　得将已出卖之物买回的权利，称为买回权。仅一般地约定出卖人有买回权，而未就买回权作出详细规定者，在买回时，买卖标的物应以未恶化之状态返还于出卖人，已支付的价金应返还于买受人；双方当事人在此期间由价金和买卖标的物中取得的收益，互为抵充。

第 1069 条　买受人，以自己之费用对买卖标的物为改良，或者为保存标的物而支出特别费用者，得如同善意占有人请求偿还；但买受人过错导致标的物价值减损或不能返还者，应负其责任。

---

〔1〕 条文所称“射幸行为一章”（Hauptstück von gewagten Geschäften），指第二十九章关于射幸契约（Glücksverträge）的规定。与本条有关的规定，主要是第 1275 条和第 1276 条。

〔2〕 关于契约的一般规定，见第十七章（第 859 条及以下）；关于互易契约的规定，见第二十三章（第 1045 条及以下）。

第1070条 买回权的保留，仅适用于不动产，且出卖人仅在其生存期间享有买回权。出卖人不得将其买回权移转于其继承人或第三人。买回权已登记于公共登记簿者，出卖人亦得向第三人追索其物，而关于第三人，依其为善意占有或恶意占有分别论处。

保留卖回权的买受

第1071条 因买受人的要求而约定的将买卖标的物卖回于出卖人的权利，与买回权受有相同的限制；关于买回的规定，亦适用于卖回。但卖回或买回之约定系虚伪意思表示，而其真实意思，旨在以标的物用于担保或取得贷款者，适用第916条的规定。

先买权的保留

第1072条 出卖人在出卖其物时约定，买受人如转卖其物，应向出卖人发出购买要约者，出卖人有先买权。

第1073条 先买权原则上为对人权。关于不动产的先买权，得依登记于公共登记簿而转化为物权。

第1074条 先买权既不得让与第三人，亦不得移转于先买权人的继承人。

第1075条 先买权的客体为动产者，先买权人应在买受人发出要约后二十四小时内实际购买；先买权的客体为不动产者，先买权人应在买受人发出要约后三十日内实际购买。期限届满后，先买权消灭。

第1076条 附有先买权的物被法院公开拍卖时，该物上的先买权仅具有以下效力：应特别通知登记于公共登记簿的先买权人参与公开拍卖。

第1077条 除另有约定外，先买权人如行使先买权，应支付第三人为买受其物而约定支付的全部价金。先买权人，对于买卖当事人约定的通常价金以外的附加条件，不能履行且不能依估价方式实行补偿者，不得行使先买权。

第1078条 如无特约，先买权不得扩及于其他方式的让与。

第 1079 条　占有人未通知先买权人行使先买权者，对于先买权人因此所受之一切损害，应负责任。先买权具有物权效力时，先买权人得向第三人追索买卖标的物，而关于第三人，依其为善意占有或恶意占有分别论处。

试用买卖

第 1080 条　买卖契约，附以买受人得任意决定是否购买为条件者，为试用买卖。所附条件，在有疑义时，为延缓条件；买受人在表示购买前，不受试用买卖的约束，试用期间届满而买受人仍未表示购买者，出卖人不再受试用买卖的约束。

第 1081 条　为检验或试用之目的而将物交付于买受人者，买受人至试用期间届满时仍沉默而不为表示[1]者，视为同意购买。

第 1082 条　就试用买卖未约定试用期间者，出卖人得为买受人确定合理的试用期间。

保留出卖于更优买受人的出卖

第 1083 条　买卖契约中约定，在特定期间内有更优买受人表示购买标的物时，出卖人有权出卖标的物于该买受人者，如买卖标的物未交付于买受人，在条件成就前，买卖契约不生效力。

第 1084 条　买卖标的物已交付者，买卖契约已有效订立；但该买卖契约因条件成就而解销。未明示约定期间者，应推定适用关于试用买卖的期间。[2]

第 1085 条　新买受人是否更优，由出卖人判断。第一买受人愿意支付更多价金时，出卖人仍得出卖标的物于第二买受人。在买卖契约解销之情形，买卖标的物产生的收益与买卖价金产生的收益，互为抵充。在买卖标的物改良或恶化之情形，关于买受人，依其为善意占有或恶意占有分别论处。

---

〔1〕 条文所称“沉默而不为表示”（Stillschweigen），指买受人在试用期间届满后，既未返还试用物，亦未表示购买。

〔2〕 即适用第 1082 条的规定。

出卖委托

第 1086 条 一方以特定价格，将动产交由他方出卖，并附以他方在约定的期限届满前支付约定的价金或返还标的物为条件者，委交人在该约定的期限届满前不得请求返还标的物，受交人在该约定的期限届满后须支付特定价金。

第 1087 条 在约定的期限内，委交人仍为所有权人；受交人对于因其过错所致之损害，应负责任；在返还标的物之情形，受交人为标的物所支出的费用，仅得在委交人受有利益的范围内，请求偿还。

第 1088 条 物为不动产时，或者价金或其支付期限不确定时，受交人视为受任人。委交出卖的物，如因受交人的处分而由善意第三人取得，无论如何均不得追索之（第 367 条）。

第 1089 条 在司法变卖之情形，本法关于契约的一般规定，特别是关于互易契约和买卖契约的规定，亦适用之，但本法或法院法另有规定者，不在此限。

第二十五章　租赁契约、永佃权契约和公簿保有地产权契约〔1〕

租赁契约的定义

第 1090 条　一方在一定期间内取得非消费物的使用，并支付一定租金的契约，统称为租赁契约。

一、使用租赁契约和用益租赁契约

第 1091 条　承租人无需为租赁物的使用付出劳作的租赁契约，为使用租赁契约；承租人需为租赁物的使用付出勤勉和辛劳的租赁契约，为用益租赁契约。兼有第一种和第二种租赁物的租赁契约，依主要租赁物的性质，认定其为使用租赁契约或用益租赁契约。

租赁契约的要件

第 1092 条　物，得为买卖契约之标的物者，亦得为使用租赁契约和用益租赁契约的标的物，使用租赁契约和用益租赁契约的订立方式，亦与买卖契约相同。除另有约定外，租金的支付，以与买卖价金相同的支付方式为之。

第 1093 条　所有权人，得作为其动产、不动产及权利的出租人，亦得作为属于自己所有但已由第三人取得使用权之物的承租人。

---

〔1〕 标题“租赁契约、永佃权契约和公簿保有地产权契约”，原文 Bestand- Erbpacht- und Erbzins-Verträgen。本章原来的内容，除第 1090 条外，包括以下四部分：使用租赁契约和用益租赁契约（Miet- und Pachtvertrag）；永佃权契约（Erbpachtvertrag，第 1122 条）；公簿保有地产权契约（Erbzinsvertrag，第 1123 条和第 1124 条）；地租（Bodenzins，第 1125 条至第 1150 条）。现行《奥地利普通民法典》中，除第一部分外，其他三部分均已废止。

租赁契约的效力

第 1094 条 契约当事人已就租赁契约必要之点，即租赁物和租金，达成合意者，租赁契约因而订立，且完全有效，而租赁物的使用权应被看作已由承租人买受。

第 1095 条 租赁契约已登记于公共登记簿者，承租人的权利视为物权〔1〕，在租赁关系存续期间，租赁物的占有承继人须容忍承租人继续行使其权利。

当事人相互间的权利

（一）关于租赁物的交付、维护和使用

第 1096 条 （1）使用租赁和用益租赁的出租人，应以自己之费用，将适于使用的租赁物交付于承租人，保持租赁物适于使用状态，并不得妨害承租人按约定使用和收益租赁物。租赁物在交付时存在瑕疵，或者在租赁关系存续期间出现非因承租人过错所致之瑕疵，因而不适于约定之使用时，承租人得在租赁物不适于使用的期间和范围内免付租金。在不动产使用租赁之情形，承租人不得预先放弃其免付租金的权利。

（2）用益租赁的承租人，对于附属于田庄的建筑物，仅在田庄中的材料，以及依田庄的状态承租人有权请求提供的劳务，足以供给修缮的范围内，负有自为通常修缮的义务。

第 1097 条 租赁物有修缮之必要，且应由出租人为修缮者，承租人应及时通知出租人，怠于通知者，应负损害赔偿责任。承租人，就其为租赁物所支出的本应由出租人支付的费用（第 1036 条），或者就其为租赁物所支出的有益费用（第 1037 条），视为无因管理人；承租人至迟应在租赁物返还后六个月内诉请偿还，否则，诉权消灭。

〔1〕 译文“物权”，原文 ein dingliches Recht，亦译“对世权”。

第 1098 条　在约定的期间内，使用租赁和用益租赁的承租人得依契约使用租赁物，如转租不会损害所有权人的利益，且契约未明示禁止转租者，承租人有转租的权利。

（二）负担

第 1099 条　在使用租赁之情形，租赁物上的一切负担和税捐，由出租人承担。在田庄的用益租赁之情形，如租赁物为集合物，租赁物上的一切负担，除已登记的抵押权外，由承租人承担；但田庄的用益租赁依估价而订立者，承租人应承担已由收益中扣除的负担，或者须由孳息中而非由土地中支付的负担。

（三）租金

第 1100 条　除另有约定或另有地方习惯外，租赁期限为一年或一年以上者，应每半年支付一次租金，租赁期限短于一年者，应在租赁期限届满时支付租金。在住房的使用租赁之情形，应每月支付一次租金，且应在每月的第十五日支付。

第 1101 条　（1）不动产使用租赁的出租人为担保其租金债权，对于承租人或其同住的家庭成员携入的、属其所有的各种家具和动产，除不得扣押者外，享有担保物权。家具和动产在作为担保物记录在案之前被搬离者，担保物权消灭，但其搬离依法院的命令而为之，且出租人在搬离后三日内向法院声请登记其权利者，不在此限。

（2）使用租赁的承租人不支付租金或不提供担保，而搬走或带走其携入物者，出租人得自负危险留置其物，但须在三日内声请将其登记为担保物，或者返还其物。

（3）土地用益租赁的出租人，对于租赁土地内的牲畜、农具设备和仍存放于租赁土地内的孳息，在与前二款相同的范围内和效力上，享有担保物权。

第 1102 条　出租人得约定预付租金。但承租人预付的租金超过一期者，仅在预付的租金登记于公共登记簿时，始得对抗嗣后登记的债权人或租赁物的新所有权人。

以孳息支付租金

第1103条 所有权人依约定，将物交付于受领人，供其经营农事，而受领人依约定，以其全部收益的一部分，例如孳息的三分之一或半数，给与所有权人者，不成立用益租赁契约，而成立合伙契约，从而应适用关于合伙契约的规定。

减免租金的情形和条件

第1104条 租赁物，因诸如火灾、战争、瘟疫、特大洪水、暴风雨等特殊的偶然事件，或者因绝收，而根本无法使用或完全没有收益者，出租人不负回复原状的义务，承租人亦不负支付使用租赁租金或用益租赁租金的义务。

第1105条 使用租赁的承租人，因前条所称之偶然事件而仅得有限使用租赁物时，得请求按比例免除租金。对于租赁期间仅为一年的用益租赁，租赁物因特殊的偶然事件而减少的收益超过通常收益的半数时，承租人得请求免除租金。用益租赁的出租人应免除的租金额，为承租人因收益减少而无法支付的部分。

第1106条 仅一般性约定由承租人承担一切风险，而未具体指明风险种类者，风险仅指火灾、水灾和暴风雨。其他的特殊的不幸事件不属于承租人承担的风险。承租人明确表示承担其他的特殊的不幸事件之风险者，仍不得推定承租人同意对于整个用益租赁物的偶然灭失承担责任。

第1107条 租赁物非因其损坏或其他形态的不适用性，而因承租人存在障碍或遭遇不幸事件而致不能使用或收益，或者孳息在租赁物毁损时已与土地分离者，其不利后果，完全由承租人承受。承租人仍应支付租金。但出租人因此而节省费用，或者因以其他方式利用租赁物而取得利益者，其租金应作相应扣减。

第1108条 用益租赁的承租人，基于租赁契约或法律规定，主张免除全部或部分租金者，应将所发生的不幸事件及时通知出租人，如所发生的事件并非众所周知者，尚应请求法院或至少两名专业人员查明并确定其事实和原因；承租人怠于为之者，其主张应被驳回。

（四）租赁物的返还

第 1109 条　租赁契约终止后，承租人应依所作成的财产目录，或者以其受领时物所具有的状态返还租赁物；在土地的用益租赁之情形，应考虑用益租赁终止时的季节，以符合通常的农业耕作的状态返还土地。承租人不得以留置权、抵销的抗辩或在先所有权的抗辩而拒绝返还租赁物。

第 1110 条　租赁契约中未附财产目录者，适用与用益权相同的推定（第 518 条）。

第 1111 条　使用租赁或用益租赁的租赁物被损坏，或者因滥用而发生不应有之损耗者，承租人不仅应对自己的过失，而且应对转承租人的过错承担责任，但对偶然事件不承担责任。出租人基于此种责任而请求赔偿者，至迟应在租赁物返还后一年内诉请之，否则，其权利消灭。

（五）租赁契约的终止

1. 因租赁物灭失而终止

第 1112 条　租赁契约，因租赁物灭失而当然终止。租赁物的灭失，因一方当事人的过错所致者，他方当事人享有赔偿请求权；租赁物因不幸事件而灭失者，任何一方当事人均无须向他方当事人承担责任。

2. 因租赁期限届满而终止

第 1113 条　租赁契约因租赁期限届满而终止；租赁期限，得以明示或默示的方式约定之；当事人以一定期间计算其租金者，例如在日常所称的日租房、周租房或月租房之情形，应认为已默示约定租赁期限；当事人虽未明示租赁期限，但承租人明确表示租赁目的，或者基于有关情事可得而知承租人之租赁目的者，亦应认为已默示约定租赁期限。

未明示更新租赁期限时

第 1114 条　租赁契约的期限更新，得明示为之，亦得默示为之。契约中约定以预告通知方式终止契约者，如当事人未以适当方式通知终止契约，租赁契约因而默示更新其期限。契约中未约定以预告通知方式终止契约，承租人在租赁期限届满后仍继续使用租赁物，而出租人不为反对之表示者，发生租赁期限的默示更新。

第 1115 条 默示更新期限后的租赁契约，应按原租赁契约所约定的条件履行。如为用益租赁，默示更新的期限，以一年为限；但通常的收益周期长于一年者，为确保承租人取得其收益，默示更新的期限应延展至该收益周期所必要的时间。如为使用租赁，且其租金通常在届满一整年或半年后支付者，默示更新的期限为半年；租赁期限短于半年的使用租赁，默示更新后的期限，仍为原租赁契约所约定的期限。重复更新期限者，适用本条关于第一次更新的规定。

3. 因预告通知而终止

第 1116 条 租赁契约的期限，不能依当事人明示或默示的约定或法律的特别规定确定者，一方当事人如欲废止租赁契约，须预告通知他方当事人；用益租赁的预告期为六个月，不动产使用租赁的预告期为十四日，动产使用租赁的预告期为二十四小时。

第 1116*a* 条 租赁契约不因一方当事人的死亡而废止。但在住房的使用租赁之情形，如承租人死亡，不论所约定的租赁期限之长短，承租人的继承人和出租人均得在遵守法定预告期的前提下，通知终止租赁契约。

第 1117 条 租赁物在交付时不适于约定之使用，或者在交付后非因承租人的过错而不适于约定之使用，或者租赁物的主要部分因偶然事件而毁坏或无法使用者，承租人有权在约定的租赁期限届满前，不经预告通知而终止租赁契约。使用租赁的住房有害健康者，承租人享有相同的权利；承租人在契约中放弃其权利或在订立契约时明知住房有害健康者，亦同。

第 1118 条 承租人的使用行为明显有害于租赁物，或者承租人怠于支付租金，经催告后，仍未在催告期内支付全部租金，或者使用租赁的建筑物有重建之必要者，出租人得请求提前废止租赁契约。使用租赁的承租人，对于害及其利益的建筑物改良工程，不负必须同意的义务，但对于建筑物的必要修缮，应同意之。

第 1119 条　使用租赁的出租人在订立契约时应当知道出租的建筑物有重建之必要，或者出租的建筑物须经较长时间的修缮系因疏于较小的修缮所致者，承租人就其无法使用，得请求合理赔偿。

4. 因租赁物的让与而终止

第 1120 条　承租人的权利未登记于公共登记簿者（第 1095 条），如租赁物的所有权人将租赁物让与并交付于第三人，经以合法方式通知承租人终止契约后，承租人不得对抗新的占有人。但承租人就其所受之损害和所失之收益，得请求出租人完全赔偿。

第 1121 条　租赁权，已登记于公共登记簿者，在租赁物依法院强制执行程序而让与时，与役权同论。如拍定人不承担租赁权，经以合法方式通知承租人终止契约后，承租人不得对抗新的占有人。

二、永佃权契约

第 1122 条（已废止）

三、公簿保有地产权契约

第 1123 条和第 1124 条（已废止）

四、地租

第 1125 条至第 1150 条（已废止）

第二十六章　提供劳务的契约

雇佣契约和承揽契约

第1151条　（1）一方有义务在一定期间内为他方提供劳务者，成立雇佣契约；一方为他方完成一定工作并收取报酬者，成立承揽契约。

（2）在雇佣契约和承揽契约中，凡涉及事务管理（第1002条）者，适用本法关于委任契约的规定。〔1〕

第1152条　契约中虽未约定报酬，但亦未约定无偿者，视为约定给付合理报酬。

一、雇佣契约

第1153条　除由雇佣契约或有关情事可得出相反意思外，受雇人应亲自提供劳务，雇用人不得让与其劳务请求权。未约定劳务的种类和范围者，受雇人应依具体情事提供适当的劳务。〔2〕

报酬请求权

第1154条　（1）除另有约定或另有关于此类劳务的报酬给付习惯外，应在劳务结束后支付报酬。

（2）按月或按更短时段计算报酬者，应在每个时段结束时支付报酬；按长于一个月的时段计算报酬者，应在历法上的每月结束时支付报酬。按小时、

〔1〕 关于委任契约的规定，见第1002条及以下。

〔2〕 对于大多数的雇佣契约，现已适用特别规定。本法第1153条至第1164条的规定，有些内容已有补充性规定，而有些内容已实质上失其效力。——原注

按件或按次计算的报酬，对于已完成的劳务，应在历法上的每周结束时支付，但对于专业性较强的劳务，应在历法上的每月结束时支付。

（3）无论情形如何，受雇人应得的报酬，在雇佣关系终止时，均应支付。

第 1154*a* 条　按件或按次给付劳务报酬者，受雇人得在报酬支付日届至前，请求预付与其已提供的劳务和已支出的费用相当的报酬。

第 1154*b* 条　（1）受雇人开始提供劳务后，因疾病或不幸事件而不能提供劳务，且对此不存在故意或重大过失者，得请求六周的报酬。雇佣关系已持续五年者，得请求报酬的期限延长为八周，已持续十五年者，延长为十周，已持续二十五年者，延长为十二周。在其后的四周，受雇人得请求一半的报酬。

（2）在一个劳务年度内重复出现因疾病（不幸事件）不能提供劳务之情形，仅在前款规定的报酬请求权期限未用尽的范围内，得请求继续支付报酬。

（3）受雇人，因法定的事故保险意义上的劳动事故或职业病而不能提供劳务，且其对于不能提供劳务不存在故意或重大过失者，得请求八周的报酬，因其他原因而不能提供劳务的时间，不作为考虑的因素。雇佣关系已持续十五年者，得请求报酬的期限延长为十周。受雇人在一个劳务年度内多次发生不能提供劳务，且均与劳动事故或职业病有直接因果关系者，仅在本款第 1 句和第 2 句规定的报酬请求权期限未用尽的范围内，得请求继续支付报酬。受雇人同时受雇于数个雇用人者，本款规定的报酬请求权，仅得向本款意义上的不能提供劳务发生时的雇用人行使之，而对于其他雇用人，得行使本条第 1 款规定的报酬请求权。

（4）受雇人因劳动事故或职业病，由社会保险的保险人或联邦社会安全及世代部〔1〕依《受害人救济法》第 12 条第 4 款，或者由负责社会事务和残疾人事务的联邦局或州政府依《残疾人保障法》作出同意或指示并为其支付费用，而在疗养所、护理机构、康复中心或康复院接受治疗和休养者，其在疗养所、护理机构、康复中心或康复院接受治疗和休养期间，与本条第 3 款规定的不能提供劳务同视。

---

〔1〕 译文“联邦社会安全及世代部”，原文 Bundesministerium für soziale Sicherheit und Generationen。

(5) 此外，受雇人因其他与其个人有关的重大原因，短期不能提供劳务，且对此不存在过错者，其报酬请求权不受影响。

(6) 第5款的规定，得由集体契约变更之。已订立的集体契约，视为对第5款规定的变更。

第1155条 (1) 受雇人已准备提供劳务，但因雇用人单方面的情事而不能提供劳务者，受雇人虽未实际提供该劳务，仍得就该劳务请求报酬；但受雇人因停止提供劳务而节省的费用，或者因此而以其他方式取得的报酬，或者故意怠于取得本可取得的报酬，应扣除之。

(2) 受雇人在提供劳务过程中，因雇用人单方面的情事而受有时间上的损失，并因此导致收入减少者，得请求适当赔偿。

报酬请求权的消灭

第1156条 雇佣关系，因约定的期限届满，或者因提前通知终止，或者因受雇人被解雇而终止时，雇用人依第1154*b*条规定应负的义务消灭，但雇佣关系之提前通知终止或受雇人之被解雇，系因疾病或其他与受雇人本人无关的重大原因所致者，不在此限。受雇人因不能提供劳务而被解雇，或者在不能提供劳务期间被通知终止雇佣关系者，其雇佣关系的终止，对于前述报酬请求权，不发生影响。

第1156*a*条（已废止）

雇用人的照护义务

第1157条 (1) 雇用人应制定工作守则，对于将要提供或已提供的劳动场所或器械设备，应自负费用，加以切实的维护和照管，以使受雇人的生命健康在符合劳务性质的可能范围内受到保护。

(2) 受雇人与雇用人共同生活时，雇用人应考虑受雇人的健康状况、合乎社会伦理的习俗和宗教信仰，在起居室、卧室、膳食、劳动时间和休养时间方面作出必要的安排。

雇佣契约的终止

第1158条　（1）当事人约定的期限届满，雇佣契约终止。

（2）具有试用性质的雇佣契约或在临时用工需求期间订立的雇佣契约，任何一方当事人在订立契约后第一个月内，均得随时通知终止。

（3）以受雇人终生为期限或期限长于五年的雇佣契约，雇用人得在届满五年后，以六个月为预告期通知终止。

（4）订约或续约时未明定雇佣期限者，得依下列规定通知终止雇佣契约。

通知终止的预告期

第1159条　雇佣关系，非以专业性较强的劳务为内容，且按小时或按日、按件数或按次数计算报酬者，得随时通知终止，并于次日生效；雇佣关系，为受雇人的主要职业活动，且已持续三个月或按周计算报酬者，至迟应在历法上的每周的第一个工作日通知终止，并于当周结束时生效。按件数或次数计算报酬者，通知终止时如尚有正在进行的劳务，在该劳务完成前，雇佣契约无论如何均不发生终止的效力。

第1159*a*条　（1）雇佣关系，以专业性较强的劳务为内容者，如为受雇人的主要职业活动，且已持续三个月者，不论何种计酬方式，通知终止的预告期不得少于四个月。

（2）前款规定，原则上亦适用于按年计算报酬的雇佣契约。

第1159*b*条　对于所有的其他雇佣关系，通知终止的预告期不得少于十四日。

第1159*c*条　双方当事人应遵守的通知终止的预告期，须相同。约定不同预告期者，双方当事人均应遵守其中较长的预告期。

预告期中的休闲时间

第1160条　（1）雇用人通知终止雇佣关系者，在预告期中，因受雇人的请求，每周应至少给与受雇人相当于每周工作时间的五分之一的休闲时间，且不得减少其报酬。

(2) 受雇人基于法定的养老金保险享有养老金请求权，且养老金保险的保险人已就临时的疾病保险出具书面证明者，受雇人不享有前款规定的请求权。

(3) 受雇人依《关于社会保险的一般法律》第253*c*条的规定声请领取弹性养老金〔1〕，并因此终止雇佣关系者，第2款规定不适用之。

(4) 上述规定，得由集体契约变更之。

支付不能程序

第1161条 雇用人财产之被开始支付不能程序，对于雇佣关系所具有的效力，由支付不能法规定之。

提前解销

第1162条 雇佣关系虽定有期限，任何一方当事人仍得基于重大原因通知终止，且无须遵守关于预告期的规定。

第1162*a*条 受雇人无重大原因提前退职者，雇用人得请求继续提供劳务和损害赔偿，或者请求不履行契约的损害赔偿。受雇人因过错而被提前解职者，应负不履行契约的损害赔偿。已提供的劳务的报酬尚未届至支付日者，受雇人得请求相应部分的报酬，但受雇人所提供的劳务，因雇佣关系的提前终止，对于雇用人全无价值或大部分无价值者，不在此限。

第1162*b*条 雇用人无重大原因提前解雇受雇人，或者因其过错导致受雇人提前退职者，受雇人除得请求损害赔偿外，尚得请求契约上的报酬；得请求报酬的期间，计算至雇佣关系因约定的雇佣期限届满时，或者计算至雇佣关系依预告通知终止之规定被终止时；但受雇人因停止提供劳务而节省的费用，或者因此而以其他方式取得的报酬，或者故意怠于取得本可取得的报酬，应扣除之。受雇人得请求报酬的期间不足三个月者，雇用人应向受雇人即时支付该期间内应得的全部报酬，且不得扣除。

---

〔1〕 译文“弹性养老金”，原文Gleitpension。弹性养老金指满足提前退休条件但未完全退出劳动力市场的人所领取的一种养老金。

第 1162*c* 条　双方当事人对于雇佣关系的提前终止均有过错者，法官得自由裁量各方是否应负赔偿责任以及赔偿的具体数额。

第 1162*d* 条　第 1162*a* 条和第 1162*b* 条意义上的基于提前退职或提前解雇而产生的请求权，自其能行使之日起，因权利人未在六个月内向法院行使而消灭。

雇佣关系证明书

第 1163 条　（1）雇佣关系终止时，受雇人得请求给与雇佣关系证明书，证明书应记载提供劳务的期限和所提供劳务的种类。受雇人在雇佣关系存续期间请求给与证明书者，应负担其费用。证明书中不得有使受雇人难以获得新职位的记载和说明。

（2）保存在雇用人处的证明书，受雇人得随时请求返还。

强行性规定

第 1164 条　（1）受雇人基于第 1154 条第 3 款、第 1154*b* 条第 1 款至第 4 款、第 1156 条至第 1159*b* 条、第 1160 条和第 1162*a* 条至第 1163 条而享有的权利，不得由雇佣契约或集体契约排除或限制之。

（2）本法因 2000 年《联邦法律公报》第一部分第 44 号联邦法律所作修正的第 1154*b* 条、第 1156 条和第 1164 条，适用于 2000 年 12 月 31 日之后开始的劳务年度发生的不能提供劳务。

（3）本法因 2000 年《联邦法律公报》第一部分第 44 号联邦法律所作修正的第 1154*b* 条第 1 款关于延长报酬请求权期限的规定，对于集体契约或雇佣契约已规定的较长报酬请求权期限，不发生影响。集体契约或雇佣契约在第 1154*b* 条第 1 款规定的报酬请求权之外又规定补充性报酬请求权者，其报酬请求权的总期限不得因此被延长。

（4）2000 年《联邦法律公报》第一部分第 44 号联邦法律生效时，雇佣契约或集体契约中已订定的有利于受雇人的条款，不因该法的新规定而受影响。

自由的雇佣关系中的工作卡

第 1164*a* 条　（1）雇用人与受雇人间为自由的雇佣关系（1995 年《联邦法律公报》第 189 号《关于社会保险的一般法律》第 4 条第 4 款，当时有效的文本）者，雇用人应在此种雇佣关系开始后及时向自由受雇人交付一份书面记录册（工作卡），该书面记录册应载明基于自由的雇佣契约所产生的基本权利义务。该书面记录册，应免收盖章费和直接费[1]。工作卡应记载以下内容：

1. 雇用人的姓名和通讯地址，
2. 自由受雇人的姓名和通讯地址，
3. 自由的雇佣关系开始的时间，
4. 自由的雇佣关系定有期限时，其终止的时间，
5. 通知终止的预告期、契约终止的日期，
6. 所约定的雇佣活动，
7. 报酬额、报酬的支付日。

（2）自由受雇人须在国外从事雇佣活动超过一个月者，在接受国外的雇佣活动前，尚须在雇用人所交付的工作卡或书面的自由雇佣契约中记载以下事项：

1. 预定在国外从事雇佣活动的期限，
2. 报酬，非以欧元支付者，以何种货币支付，
3. 必要时返回奥地利的条件，
4. 对在国外从事雇佣活动可能给与的附加津贴。

（3）有下列情形之一者，雇用人不负交付工作卡的义务：

1. 自由雇佣关系的期限不超过一个月者，
2. 交付于受雇人的书面的自由雇佣契约已载明第 1 款和第 2 款规定的应载明事项者，
3. 在国外从事雇佣活动之情形，第 2 款所列事项已载明于其他书面文件者。

（4）对第 1 款和第 2 款规定的应载明事项的任何变更，均应及时书面通知自由受雇人，至迟应在该变更生效后一个月内通知，但因法律的修正而进行的变更，不在此限。

（5）自由雇佣关系在 2004 年 7 月 1 日已存在者，自由受雇人得请求依第 1 款规定交付工作卡。此前已交付的工作卡或就自由雇佣关系而订立的书面契

---

〔1〕 译文“盖章费和直接费”，原文 Stempel- und unmittelbaren Gebühren。

约已包含本法所规定的必要记载事项者，雇用人不负依第 1 款规定交付工作卡的义务。

（6）不得通过自由雇佣契约排除或限制第 1 款至第 5 款的规定。

二、承揽契约

第 1165 条 承揽人应亲自完成工作，或者在其亲自负责下由他人完成工作。

第 1166 条 约定由承担制造对象的人提供材料的契约，在有疑义时，视为买卖契约；反之，约定由定作人提供材料的契约，在有疑义时，视为承揽契约。

瑕疵担保责任

第 1167 条 工作有瑕疵者，适用关于有偿契约的一般规定（第 922 条至第 933*b* 条）。

工作之不能完成

第 1168 条 （1）承揽人已准备提供劳务以完成工作，但因定作人方面的原因而不能完成工作者，定作人应支付约定的报酬；但受雇人因停止提供劳务而节省的费用，或者因此而以其他方式取得的报酬，或者故意怠于取得本可取得的报酬，应扣除之。承揽人在完成工作过程中，因雇用人单方面的原因而受有时间上的损失，并因此导致收入减少者，得请求适当赔偿。

（2）定作人对于工作的完成应提供必要的协力而不提供者，承揽人得催告定作人在相当期限内履行协力义务，并声明，如定作人未在催告期内履行协力义务，得废止承揽契约。

第 1168*a* 条 工作在定作人受领前因纯粹的偶然事件而灭失者，承揽人不得请求报酬。材料的损失，由提供材料的一方承受。定作人提供的材料明显不适合或定作人作出的指示明显不正确，而承揽人不告知定作人，从而导致工作不能完成者，承揽人对因此所致之损害，应负责任。

照管义务

第 1169 条 关于承揽契约，得参照适用第 1157 条的规定，但与劳务提供、工作时间和休养时间有关的内容，不在此限。

报酬的支付

第 1170 条 报酬通常应在工作完成后支付。但工作分为几部分完成，或者承揽人不同意垫付与工作有关的费用时，承揽人得在工作完成前，请求按比例给付一部分报酬或偿还其所支付的费用。

第 1170*a* 条 （1）契约以成本概算为基础而订立，且其成本概算的正确性经明示保证者，实际所需的工作量或费用虽显著超过概算，承揽人仍不得请求增加报酬。

（2）契约所依据的成本概算未经保证，且有事实表明显著超过概算已不可避免者，定作人得解除契约，但对于承揽人已完成的工作，应支付适当的报酬。承揽人发现显著超过概算为不可避免时，应及时通知定作人，怠于通知者，对于其后增加的工作，丧失任何请求权。

建筑承揽契约情形下的担保

第 1170*b* 条 （1）承揽人在契约订立后，就其所承建的建筑物、建筑物的外部设施或建筑物的一部分，得请求定作人为尚未支付的报酬提供担保，最高担保额得为约定报酬的五分之一，但契约应在三个月内履行完毕者，最高担保额得为约定报酬的五分之三。此项权利，不得以特约排除之。担保方式得为现金、存款、储蓄存折、银行担保或保险。担保费用由被担保人〔1〕承担，但年担保费用超过担保额百分之二者，不在此限。定作人对报酬请求权提出抗辩，因而仅为实现该报酬请求权而使担保继续存在者，如定作人的抗辩被证明不成立，被担保人不承担担保费用。

（2）前款担保，应在承揽人规定的合理期限内提供。定作人未依承揽人的请求提供担保，或者所提供的担保不充分，或者提供担保不及时者，承揽

〔1〕 译文“被担保人”，原文 Sicherungsnehmer，亦译“担保权人”，于此，指承揽人。

人得拒绝给付，经催告后，定作人仍未在催告期内提供担保者，承揽人得废止契约（第1168条第2款）。

（3）定作人为公法人，或者为《消费者保护法》第1条第1款第2项和第3款意义上的消费者时，不适用第1款和第2款的规定。

承揽契约因承揽人死亡而终止

第1171条 承揽契约所约定的工作，以承揽人所具有的特殊的个人性质为要素者，如承揽人死亡，承揽契约终止，其继承人仅得就已使用的适量材料请求价金，并就已完成部分的工作，请求与其价值相当的报酬。定作人死亡者，其继承人仍受契约的约束。

三、出版契约

第1172条 基于出版契约，文学、音乐、工艺美术等作品的作者或其权利的承继人，有将作品交与出版人复制和发行的义务，出版人有复制作品和发行出版物的义务。

第1173条 出版契约未规定出版次数者，出版人仅得出版一次。一个版次结束前，作者仅在向出版人给付合理的损害赔偿后，始得以其他方式处分其作品。

四、基于不法目的而为之给付

第1174条 （1）任何人为作成一项不可能或不合法的行为而为给付者，不得请求返还。是否应由国库没收，由政治性法令规定之。他人意图实施不法行为，为阻止该行为而为之给付，得请求返还。

（2）为被禁止的赌博提供借贷者，不得请求返还。

第二十七章　民事合伙

第一节　一般规定

民事合伙的定义与法律性质

第 1175 条　（1）两个或两个以上的人，因契约而结合，以一定的活动，谋求共同目的者，成立合伙。如未选择采用其他形态的合伙，即为本章所称之民事合伙。

（2）民事合伙不具有权利能力。

（3）民事合伙得谋求任何合法目的，并得从事任何合法活动。

（4）本章关于民事合伙的规定，对于其他形态的合伙，在无特别规定时，亦适用之，但其适用，与该形态的合伙所适用的原则相抵触者，不在此限。

内部合伙和外部合伙

第 1176 条　（1）合伙人得将其合伙限制在合伙人间之相互关系内（内部合伙），亦得共同出现在法律交易中（外部合伙）。[1]合伙以经营企业为客体，或者全体合伙人以一个共同的合伙名称从事活动（第 1177 条）者，推定全体合伙人约定成立外部合伙。

（2）在第 1 款第 2 句之情形，全体合伙人在合伙契约中明确约定非为外部合伙者，其约定，仅在第三人知悉或可得而知其为内部合伙时，始得对抗第三人。

---

〔1〕　内部合伙（Innengesellschaft），不对外表现其为合伙的合伙。例如，在数个同事的共同乘车关系中，负责开车的同事（驾驶员）通常以自己的名义而非以合伙的名义购买燃料；驾驶员只是将费用分派于同乘人。外部合伙（Außengesellschaft），对外表现其为合伙的合伙。

合伙的名称

第 1177 条 （1）全体合伙人以一个共同的名称从事活动者，其名称，须能表明该合伙存在，且适合作为合伙的字号和具有区别力。合伙的名称，须不会导致发生关于合伙关系的错误。

（2）代表全体合伙人而共同在合伙事务中出现的人，应向任何对此有法律上利益的人，披露全体合伙人的身份和地址。

合伙的财产

第 1178 条 （1）投入到合伙的所有权、其他与合伙有关的物权[1]、与合伙有关的契约关系、债权和债务、与合伙有关的无体财产权，以及由这些财产所产生的收益、所获得的孳息和现有财产的任何代替物，均属于合伙的财产。

（2）合伙财产区别于各合伙人的个人财产。债务人不得以其对各合伙人个人所享有的债权与属于合伙财产的债权为抵销。

使财产成为合伙财产

第 1179 条 （1）合伙契约，为形成和取得合伙财产的权原。为使财产成为合伙财产，应依一般规定，为必要的交付行为或处分行为。

（2）依合伙契约，以全部财产投入合伙者，其全部财产，在理解上仅指目前财产。依合伙契约，投入合伙的财产尚包括未来财产者，其未来财产，在理解上不包括因继承或接受赠与而取得的财产。

关于合伙财产的规则

第 1180 条 （1）除另有约定外，合伙人投入合伙的财产，或者合伙积累的财产（第 1178 条第 1 款），如为有体物，由全体合伙人按份共有；如为无体物，特别是债法上的请求权，由全体合伙人共同共有。

（2）得在合伙契约中约定，交付于合伙的物仅供合伙使用，或者在内部关系上属于全体合伙人共同共有。

---

〔1〕 译文“其他与合伙有关的物权”，原文 die sonstigen gesellschaftsbezogenen Sachenrechte。

第二节　合伙人相互间的法律关系

形成自由

第 1181 条　合伙人相互间的法律关系，依合伙契约确定之。本节的规定，仅在合伙契约无明文规定时，适用之。

合伙股份与合伙人的出资

第 1182 条　（1）合伙股份，指单个合伙人基于合伙契约而对于全体其他合伙人所具有的权利和义务的总和。各合伙人未经其他合伙人的全体同意，不得处分其合伙股份。

（2）各合伙人向合伙出资的数额，依约定的出资比例确定之（出资额）。有疑义时，各合伙人按均等份额出资。除另有约定外，各合伙人应以相同程度的努力，共同促进合伙目的的实现。

（3）合伙人亦得仅以提供劳务作为出资（劳务合伙人）。对于劳务合伙人，得在合伙契约中，视同其已提供一定的出资额，而给与一定数额的合伙股份。未给与股份者，应依其对合伙的贡献，向其分配合理数额的年度盈余（第 1195 条第 5 款）。

支付利息的义务

第 1183 条　（1）合伙人，不及时缴付金钱出资，或者不及时将所收取的合伙金钱归入合伙财产，或者未经许可从合伙财产中取走金钱者，须自其应缴付金钱出资之日，或者自其应将所收取的合伙金钱归入合伙财产之日，或者自其从合伙财产取走金钱之日起，支付利息。

（2）其他损害的赔偿请求权，不受影响。

增加出资

第 1184 条　（1）除在契约中承诺的出资外，合伙人不负增加出资的义务。

（2）如不增加出资合伙将难以为继时，合伙契约虽未就增加出资订定协议，仍得依全体合伙人多数票（第1192条第2款）的同意，决议各合伙人应按其出资比例负增加出资的义务。不同意此项决议且不履行增加出资义务的合伙人，得在合理期限内退出合伙，或者由其他合伙人在合理期限内诉请法院将其开除。退伙的权利，不得预先抛弃。关于因合伙人退伙或被开除而进行的合伙财产清算，以及关于退伙或被开除的合伙人对于尚未了结事务所享有的份额，以增加出资的决议通过时为准。

对费用和损失的补偿、返还义务

第1185条 （1）合伙人为合伙事务支出依情事可认为必要的费用时，或者直接因执行合伙事务或在执行合伙事务过程中因不可避免的危险而遭受财产损害时，如不能立即从合伙财产中取得补偿，其他合伙人有按其股份比例给付补偿的义务。所支出的金钱，自支付时起计算利息。

（2）执行合伙事务所必要的费用，不能从合伙财产中支付时，合伙人得要求其他合伙人按其股份比例预付。

（3）合伙人应将其为执行合伙事务或因执行合伙事务而取得的一切利益，缴入伙财产。

共同参与合伙事务、利益维护和平等对待

第1186条 （1）全体合伙人应共同参与合伙事务的决策，各尽其所能，并以必要的注意采取适当的措施，善意促成合伙目的的实现，不为任何有害于合伙利益的行为。

（2）全体合伙人在同等条件下应受平等对待。

禁止兼营有害于合伙的事务

第1187条 合伙人不得兼营任何有害于合伙的事务。此外，对于经营性合伙，适用企业法上关于竞业禁止及其法律后果的规定。

合伙请求权的行使

第1188条 对于合伙人中之一人应向合伙履行的义务，其他任何合伙人均得为全体合伙人的共同利益，催告其履行。与此不同的约定，无效。

合伙事务的执行

第1189条 （1）全体合伙人均有执行合伙事务的权利和义务。

（2）合伙契约将合伙事务委付合伙人中之一人或数人执行者，其他合伙人不得执行合伙事务。

（3）合伙事务，应按合伙的性质和范围所提出的要求，审慎执行之。执行事务的合伙人，对于合伙财产，特别是对于合伙的收入和支出，应做必要的记录，并在必要的范围内编制会计账簿。

（4）有疑义时，合伙人不得将合伙事务的执行委付于第三人。合伙人经允许将合伙事务的执行委付于第三人者，仅在其对委付存在过错时，负其责任。对于辅助人的过错，合伙人应负与自己过错相同的责任。

数合伙人执行合伙事务、指示的约束力

第1190条 （1）合伙事务由全体合伙人或合伙人中之数人执行者，以通常事务为限，各合伙人得单独执行之；对于事务执行人实施的行为，其他有事务执行权的合伙人中有一人表示异议者，事务执行人应停止其行为。

（2）合伙契约规定执行事务的合伙人仅得共同执行合伙事务者，各项合伙事务的执行，均须取得全体执行事务的合伙人的同意，但情事急迫者，不在此限。

（3）合伙人中之一人，应受其他合伙人指示之约束者，如依情事有理由相信，其他合伙人如知悉具体情况将会同意其背离指示时，得背离合伙人指示。合伙人应将其背离通知其他合伙人，如非情事急迫，应等待其他合伙人的决定。

事务执行权的范围

第1191条 （1）合伙事务的执行权，包括与合伙的通常营业有关的一切行为。

（2）前款所称行为以外的行为（非通常的营业行为），非经合伙人全体同意，不得为之。

（3）第1008条意义上的代理权的授与，须经有权执行事务的合伙人全体同意，但情事急迫者，不在此限。此项代理权，得由有权授与代理权的合伙人或在授与代理权时共同作出决定的合伙人撤回之。

合伙人的决议

第 1192 条 （1）合伙人的决议，须经参与形成决议的合伙人全体同意，始得通过。

（2）合伙契约规定以多数票同意通过决议者，其多数，按所投有效票计算。各合伙人拥有表决票的票数，依其出资比例确定。并非全体合伙人均以资本出资者，其多数，按人数计算。劳务合伙人的劳务价值，依合伙契约被估定为出资额者，视为以资本出资。

事务执行权的剥夺和辞任

第 1193 条 （1）合伙人中之一人对于合伙事务的执行权，在有重大原因时，得由全体其他合伙人诉请法院剥夺之；所称重大原因，特别是指严重违反义务或不具有通常的执行合伙事务的能力。

（2）合伙人中之一人在有重大原因时，得辞去其事务执行权。辞任权不得抛弃。仅在其他合伙人对于事务之执行能采取恰当措施时，始得辞去事务执行权，但据以辞去事务执行权的重大原因同时表明不合时宜的辞任具有正当性者，不在此限。

合伙人的检查权

第 1194 条 （1）执行事务的合伙人有向其他合伙人报告必要事项的义务，其他合伙人要求查阅合伙营业状况时，有予以答复和说明的义务。合伙人，无论其是否为事务执行人，均有权了解合伙事务，查阅合伙文件，并依此编制合伙账目，或者要求提供合伙账目。

（2）排除或限制前款权利的约定，无效。

盈余和亏损

第 1195 条 （1）每届营业年度结束时，依年度决算确定合伙的损益，并按各合伙人的股份计算其损益份额。

（2）全体合伙人均有在相同程度上参与合伙事务之义务者，每届营业年度的损益，应按各合伙人在合伙中所享有的股份比例分配之（第 1182 条第 2 款）。合伙契约仅就盈余份额或仅就亏损份额，设有与此不同之规定者，在有疑义时，其规定，视为同时为盈余份额和亏损份额而作出的规定。

（3）全体合伙人无在相同程度上参与合伙事务之义务者，对此情况，在分配盈余时，应予适当考虑。

（4）劳务合伙人的劳务，未被额定为合伙股份者，应依具体情况，向其分配合理数额的年度盈余。超过此数额的年度盈余，在合伙人中，按其股份比例分配之。

（5）合伙人的地位，不得与关于合伙劳务报酬的约定相抵触。

盈余的分配与提取

第 1196 条　（1）合伙人有权请求分配应得的盈余。但分配盈余会导致合伙重大损害，或者经全体合伙人决议不分配盈余者，不得请求分配盈余；合伙人，违反约定不履行出资义务者，不得请求分配盈余。

（2）合伙人，非经其他合伙人同意，不得为其他方面的提取。

第三节　与第三人的法律关系

代表

第 1197 条　（1）在外部合伙之情形，除合伙契约另有约定外，全体合伙人对于合伙事务的代表权，与事务执行权一致。

（2）在经营性的外部合伙之情形，以合伙名义而实施行为的合伙人，虽无代表权、无单独代表权或仅具有受限制的代表权，基于该行为而产生的权利和义务，仍由全体合伙人承受，但第三人明知或可得而知行为人无代表权者，不在此限。在非经营性的外部合伙之情形，合伙人作为企业主对合伙进行出资者，适用相同的规定。

（3）在共同代表之情形，事涉合伙的意思表示，以向有代表权的合伙人中之一人作出为已足（消极的单独代表）。

（4）非合伙人，因受委任而对合伙事务有代表权者，在代表权范围内，代表全体合伙人。

代表权的剥夺

第 1198 条 合伙人中之一人的代表权，在有重大事由时，得由全体其他合伙人诉请法院剥夺之；所称重大事由，特别是指严重违反义务或不能正常行使合伙代表权。

合伙人的责任

第 1199 条 （1）合伙对第三人所负之债务，由合伙人作为连带债务人承担责任，但合伙人与第三人另有约定者，不在此限。

（2）合伙人为合伙之计算，但以自己之名义缔结法律行为者，基于该法律行为而产生的权利和义务，由行为人个人承受。

合伙人的抗辩

第 1200 条 （1）合伙人中之一人，被请求履行合伙债务时，非专属于其本人的抗辩，须经全体合伙人共同提出，始得主张之。

（2）有下列情形之一者，合伙人得拒绝向债权人清偿债务：对于合伙债务所由发生之法律行为，全体合伙人均得主张撤销者；对于合伙债务，全体合伙人均得以已到期之债权与之抵销作为清偿者。

第四节 合伙人之继任

权利的移转

第 1201 条 （1）除另有约定外，因生前法律行为，非专属性的合伙法律关系及合伙股份，在合伙人入伙或退伙时，或者在合伙人变更时，由原合伙人移转于入伙的合伙人，或者由退伙的合伙人移转于继续合伙的合伙人，或者在合伙人变更时，由退伙的合伙人移转于入伙的合伙人（合伙人之继任）。为合伙债务而设定的担保继续担保该债务。已退伙的合伙人，依第 1202 条第 2 款继续对合伙债务承担责任。

（2）作为合伙财产且为合伙人共有的物，在合伙人入伙、退伙或变更生效时，视为已完成交付。登记于登记簿的权利，应按关于此类权利移转的规定进行移转。

（3）第三人，对在合伙人继任之情形基于法律规定而发生的契约关系的承受，得在合伙人中之一人就此承受作出通知后三个月内，向退伙的合伙人、入伙的合伙人或其他基于契约关系而具有合伙人地位的人，提出异议；在关于契约关系之承受的通知中，应提醒第三人得行使异议权。此项规定，亦适用于为合伙债务提供担保的担保人。异议有效时，其契约关系，对于已退伙的合伙人，仍继续存在。

（4）第三人，未得到关于契约关系已由取得人承受的肯定性通知，或者对该契约关系的承受仍可提出异议者，得基于契约关系，向已退伙的合伙人和继任的合伙人，作出相关的意思表示并履行其债务。此项规定，亦适用于为合伙债务提供担保的担保人。

入伙人和退伙人的责任

第 1202 条　（1）加入合伙的合伙人，对于在其入伙前发生的合伙债务，仅在该债务系基于其所加入的合伙法律关系所发生的限度内，负其责任。

（2）退出合伙的合伙人，对于在其退伙前发生的合伙债务，仍应向第三人负责，其已退出法律关系者（第 1201 条第 3 款），亦同。第三人不同意免除退伙人责任者，退伙人仅对在其退伙后五年内到期的债务，负其责任。第三人对退伙人的请求权，在法律为各项债务规定的诉讼时效期间内罹于诉讼时效，但最长不超过三年。

与退伙人实行清算

第 1203 条　（1）合伙人退伙时，合伙应返还该合伙人交由合伙使用的物。物因意外事件灭失或毁损者，退伙人不得请求补偿。

（2）合伙因合伙人退伙而解散时，对于退伙人在清算时应分得的财产，以金钱支付之。必要时，应对合伙财产实行估价。

（3）合伙人退伙后，其应向债权人负责的债务，应被免除。如债务尚未到期，其他合伙人得不免除其债务，而为其提供担保。

（4）退伙人，对于因合伙关系而发生的债务仍有余额未清偿者，应向合伙人支付相应数额的补偿。

退伙人对于尚未了解事务的参与

第 1204 条　（1）退伙人承受因在其退伙时尚未了结的合伙事务而产生的盈余或亏损。其他合伙人有权以对自己最有利的方式了结合伙事务。

（2）退伙人得在每届营业年度结束时，请求核算该年度内了结的事务，支付应得的数额，并报告尚未了结事务的情况。

与继承人继续合伙

第 1205 条　（1）合伙契约规定，合伙人中之一人死亡时，合伙应由其继承人与其他合伙人继续者，如某一合伙人死亡，其在合伙中的地位作为其遗产，在该遗产交付后，合伙继续存在。各继承人得提出以下要求作为继续留在合伙的条件：保留原有的盈余份额不变，其在新成立的有限合伙（第 1206 条）中被赋予有限责任合伙人的地位，其对被继承人出资的应继份作为对有限合伙的出资。

（2）如其他合伙人不接受继承人的要求，继承人得不遵守关于通知期限的规定，声明退出合伙。

（3）第 1 款和第 2 款的权利，继承人应在遗产移转后三个月内主张之。如继承人无行为能力且又未为其指定法定代理人，该三个月的期限，自为继承人指定法定代理人或继承人取得行为能力时起算。

（4）继承人在第 3 款规定的期限内退出合伙，或者合伙在该期限内解散，或者继承人被赋予有限责任合伙人之地位者，对于在此之前发生的合伙债务，依关于继承人对遗产债务之责任的规定，负其责任。

（5）不得通过合伙契约排除第 1 款至第 4 款的适用；但在继承人因被赋予有限责任合伙人之地位而继续留在合伙之情形，得为该继承人确定不同于被继承人的盈余份额。

第五节　合伙的转换

转换为普通合伙或有限合伙

第 1206 条　（1）合伙人得决议成立普通合伙或有限合伙，并同时将原先投入民事合伙的财产归入普通合伙或有限合伙。于此情形，原先投入民事合伙的财产，包括民事合伙的一切权利和义务，在普通合伙或有限合伙登记于商事登记簿时，依概括承受的方式，移转于该合伙。登记于登记簿的权利，应按关于此类权利移转的规定进行移转。

（2）民事合伙转换为普通合伙或有限合伙，须以合伙人全体一致的决议为之。民事合伙之转换为普通合伙或有限合伙，应由全体合伙人明订之。全体合伙人应订明，转换后的合伙须在商事登记簿中登记的内容。

（3）转换决议，应附录执行合伙事务的合伙人所提交的合伙财产目录（第1178条第1款）。未记载于财产目录的财产，仍如既往，属于合伙人的个人财产。

对第三人的效力

第1207条 （1）合伙转换后，合伙人仍作为民事合伙意义上的合伙人，对转换前发生的债务，负其责任。

（2）未将转换通知第三人，第三人亦未以其他方式知悉合伙之转换者，第三人对债务的履行，如同民事合伙继续存在，发生债务清偿的法律效果。

第六节 合伙的解散

解散事由

第1208条 合伙因下列事由而解散：

1. 预定的合伙期间届满；
2. 合伙人决议解散合伙；
3. 对合伙人财产开始破产程序的裁决发生既判力，重整程序变更为破产程序，或者因财产不足支付费用而作出的不开始或终止支付不能程序的裁决发生既判力；
4. 通知终止合伙或法院裁判；
5. 合伙人中之一人死亡，但合伙契约规定合伙不因合伙人死亡而解散者，不在此限。

合伙人通知终止合伙

第 1209 条 （1）合伙未定存续期间者，合伙人之通知终止，在营业年度结束时发生效力；合伙人之通知终止，至迟应在营业年度结束前六个月为之。

（2）排除终止权的约定、加重终止权行使困难的约定，无效，但适当延长通知期限的约定，不在此限。

法院判决解散合伙

第 1210 条 （1）合伙定有存续期间者，如有重大事由，合伙人得在期间届满前诉请法院解散合伙；合伙未定存续期间者，如有重大事由，合伙人得不通知终止，而诉请法院解散合伙。

（2）特别是，其他合伙人故意或重大过失违反依合伙契约应负的实质性义务或不可能履行此种义务者，应认为具有重大事由。

（3）对于合伙人请求解散合伙的权利，通过约定加以排除，或者违反上述规定，通过约定加以限制者，其约定无效。

以合伙人中之一人的终身为存续期间的合伙，期间的确定

第 1211 条 合伙，以合伙人中之一人的终身为存续期间，或者在所定存续期间届满后默示继续者，视同第 1209 条和第 1210 条意义上的未定存续期间的合伙。

由合伙人个人的债权人通知终止合伙

第 1212 条 合伙人个人的债权人，在最近六个月内，对该合伙人的动产实行强制执行而无效果后，基于非仅具有假执行力的执行名义，对合伙人在清算时的应得财产实行扣押，并基于转付命令对该应得财产取得请求权时，该债权人得不考虑合伙是否定有存续期间，而在营业年度结束前六个月内通知终止合伙。

以开除代替解散

第 1213 条 （1）第 1210 条规定的产生合伙人请求解散合伙之权利的事由，如存在于合伙人中之一人者，其他合伙人得全体诉请法院开除该合伙人，而不解散合伙。开除合伙人之结果，为仅余一名合伙人者，不妨碍提起开除之诉。

（2）继续合伙的合伙人与被开除的合伙人间的清算，以提起开除之诉时的合伙财产状态为准。

继续合伙的决议

第 1214 条 （1）合伙人得在合伙解散时决议继续合伙。在 1208 条第 3 项、第 4 项或第 5 项之情形，以及在合伙人个人的债权人通知终止合伙（第 1212 条）和裁判解散合伙（第 1210 条）之情形，其他合伙人有此项权利。在上述情形，因其个人事由导致合伙解散的合伙人，因其他合伙人决议继续合伙而退出合伙。

（2）在合伙人个人的债权人通知终止合伙之情形，该合伙人在营业年度结束时退出合伙；在其他情形，被涉及的合伙人在决议生效时退出合伙。

（3）在合伙人中之一人的财产被开始破产程序之情形，适用第 1 款的规定，其他合伙人继续合伙的声明对破产管理人发生效力，债务人视为在破产程序开始时退出合伙。

合伙财产的移转

第 1215 条 （1）合伙，因仅余一名合伙人而消灭，且无须进行清算。合伙财产概括移转于该合伙人。登记于登记簿的权利，应按关于此类权利移转的规定进行移转。

（2）退出合伙的合伙人，依第 1203 条和第 1204 条，取得补偿。

解散外部合伙的公告

第 1216 条 外部合伙解散后，应尽可能将合伙解散通知契约当事人、债权人和债务人，并以符合交易习惯的方式进行公告。

第七节 清 算

合伙契约的后续效力

第 1216*a* 条 （1）合伙解散后，合伙人相互间基于合伙契约而发生的权利和义务，在清算所必要的范围内仍继续存在，但从以下各条的规定中可得出相反结论者，不在此限。合伙人与第三人间之法律关系，在合伙解散和清算后消灭，但与第三人约定存续者，不在此限。

（2）合伙人得约定不对合伙进行清算，而以其他方式分割合伙财产。合伙因合伙人个人的债权人通知终止而解散，或者因合伙人中之一人的财产被开始破产程序而解散者，仅在取得债权人或破产管理人同意的情况下，始得不进行清算。

清算人的指定

第1216*b*条 （1）除合伙契约另有约定外，合伙解散后，合伙人应作为清算人，对合伙财产进行清算。合伙人的继承人有数人者，该数人应指定其中一人作为共同的代表人。合伙人的财产被开始破产程序或重整程序，或者合伙人被剥夺财产管理权时，由破产管理人代替合伙人。

（2）当事人得基于重大事由，向合伙人中之一人住所地的法院，声请任命清算人。于此情形，法院得任命合伙人以外的人担任清算人。除合伙人外，通知终止合伙的债权人，亦视为当事人。

（3）全体当事人得一致决议解任清算人。当事人中之一人，亦得基于重大事由声请法院解任清算人。

（4）合伙人应在可能的范围内，将清算和清算人通知契约当事人、债权人和债务人，并以符合当地习惯的方式进行公告。

清算人的权利和义务

第1216*c*条 （1）清算人应负责了结现务，收取合伙债权，向合伙债权人清偿债务。为了结现务，清算人得缔结新的法律行为。

（2）合伙人交由合伙使用的物，应返还于合伙人。物因意外事件灭失或毁损者，该合伙人对其他合伙人无补偿请求权。

清算人的行为

第1216*d*条 全体清算人，作为共同代表人，在诉讼中和诉讼外，代表全体合伙人，但经合伙人全体一致而另有约定者，不在此限。全体清算人得授权清算人中之一人从事某项事务或某类事务。各清算人得单独受领对合伙作出的意思表示。

合伙人间的财产分配与补偿

第1216*e*条 （1）合伙财产在清偿债务后，如有剩余，应按合伙人的股份，并核算各合伙人基于合伙关系所具有的债权和债务后，在合伙人中分配。

（2）对于合伙清算而言非为必要的金钱，得先行分配于合伙人。为清偿尚未到期或有争议的债务，以及为担保合伙人在分配破产财产时应得的金额，须保留必要数额的合伙财产。第1196条第1款在清算期间不适用。

（3）合伙人对分配合伙财产有争议者，在争议解决前，清算人不得分配合伙财产。

（4）合伙财产不足支付合伙人基于合伙关系而享有的债权时，其他合伙人应按各自基于合伙关系所负债务之比例，向享有债权的合伙人为补偿。负有补偿义务的合伙人中之一人不能履行义务时，其不能履行的部分，视同亏损，由其他合伙人分担之。

第二十八章　夫妻财产契约与婚嫁财产请求权

夫妻财产契约

第 1217 条　（1）夫妻财产契约，指基于婚姻关系之事实，以确定婚姻财产关系为目的而订立的契约。夫妻财产契约主要涉及夫妻财产共同制和继承契约。

（2）本章规定，准用于登记的同性伴侣。

第 1218 条和第 1219 条（已废止）

婚嫁财产

第 1220 条　子女、孙子女或外孙子女结婚时自己无充足财产使婚嫁财产达于适当程度者，父母、祖父母或外祖父母，应依其抚养子女的顺位和原则，给与必要的婚嫁财产或与该婚嫁财产相当的金钱。

第 1221 条　父母、祖父母或外祖父母表示无力给与婚嫁财产者，婚嫁财产权利人得请求法院决定之；法院无须严格审查义务人的财产状况。

第 1222 条　子女结婚而父母事前不知者，或者子女违背父母意愿而结婚，且经法院查明父母有正当理由反对其结婚者，父母虽事后同意该婚姻，亦无给与婚嫁财产的义务。

第 1223 条　已取得婚嫁财产的子女，嗣后丧失婚嫁财产者，虽无过失，亦不得再另外请求婚嫁财产，第二次结婚者，亦同。

第 1224 条至第 1232 条（已废止）

财产共有关系

第 1233 条 婚姻关系本身并不使夫妻间成立财产共有关系。为成立夫妻财产共有关系，须订立特别的契约，契约应包括的内容，以及应采用的法律形式，适用前一章第 1177 条和第 1178 条的规定。

第 1234 条 夫妻间的财产共有关系通常仅在一方死亡时发生效力。基于夫妻财产共有关系，夫妻之一方，对于夫妻双方相互约定为共有财产且在他方死亡后尚存在的财产，有权取得其半数。

第 1235 条 在夫妻共有财产包括全部财产之情形，财产分割前，应一律扣除全部债务，但在夫妻共有财产仅包括目前财产或仅包括未来财产之情形，财产分割前，应仅扣除为取得共有财产之收益而发生的债务。

第 1236 条 夫妻之一方有不动产，他方基于该不动产约定为共有而享有的权利被登记于公共登记簿者，后者基于登记而对该不动产一半的实体享有物权〔1〕，因此之故，前者对此一半的实体不得再为处分，但在婚姻关系存续期间，后者不因登记而对该不动产的收益享有请求权。夫妻一方死亡后，尚生存的一方就其应得的部分立即取得自由的所有权〔2〕。但其取得所有权的登记，不得有害于此前就该不动产已登记的债权人的利益。

法定的夫妻财产制

第 1237 条 夫妻双方就其财产的使用无特别约定者，任何一方均保有其原有的所有权，但对于夫妻一方在夫妻关系存续期间取得的财产和以任何方式取得的财产，他方在婚姻关系解销前不享有任何请求权。

第 1238 条至 1245 条（已废止）

---

〔1〕 译文“物权”，原文 ein dingliches Recht，亦译“对物权”或“对世权”。

〔2〕 译文“自由的所有权”，原文 das freye Eigenthum。

夫妻间的赠与、订婚人间的赠与

第 1246 条　夫妻间赠与的有效与无效，依适用于一般赠与的法律，认定之。[1]

第 1247 条　夫给与妻之任何首饰、宝石和其他贵重物品，在有疑义时，不视为借用，而视为赠与。但为未来之婚姻，婚约当事人之一方允诺或赠与礼物于他方，或者第三人允诺或赠与礼物于婚约当事人之一方者，如婚姻非因赠与人之过错而未缔结，其赠与得被撤回。

相互指定继承人的遗嘱

第 1248 条　夫妻双方得在同一份遗嘱中相互指定对方为继承人，亦得指定第三人为继承人。此种遗嘱亦得撤回；但一方撤回不得推论他方亦撤回（第 583 条）。

继承契约、继承契约的有效要件

第 1249 条　夫妻双方得订立继承契约，就未来遗产或其一部分的继承，作出允诺和接受允诺（第 602 条）。继承契约，为使其有效，须采用书面形式，并须具备书面遗嘱的有效要件。

第 1250 条　受照管的夫妻一方[2]，虽得接受经承诺不会致其损害的遗产，但对于自己遗产的处分，如未取得法院的同意，仅在其遗嘱有效的范围内具有法律效力。

关于附条件的规定

第 1251 条　关于契约之附条件的一般规定[3]，亦须适用于夫妻间的继承契约。

---

〔1〕 关于一般赠与的规定，见第十八章第 938 条以下。

〔2〕 译文“受照管的夫妻一方”，原文 ein pflegebefohlener Ehegatte，亦译“受监护的夫妻一方”。

〔3〕 关于契约附条件的规定，见第 897 条以下，并见第 695 条以下。

继承契约的效力

第 1252 条 继承契约，虽已登记于公共登记簿，仍不妨碍夫妻一方在生前任意处分其财产。继承契约上的权利，以被继承人死亡为要件；被继承人死亡前，继承契约的继承人，既不得以其权利让与他人，亦不得就将来之继承要求提供担保。

第 1253 条 夫妻一方不得因订有继承契约而完全放弃订立遗嘱的权利。须为被继承人保留四分之一的遗产，该四分之一的遗产，既不得用于支付特留份，亦不得用于清偿其他债务，而应由被继承人依法以遗嘱自由处分。该四分之一的遗产，被继承人未对其作出处分者，应归属法定继承人，而不归属继承契约的继承人，继承契约明定其取得全部遗产者，亦同。

继承契约的终止

第 1254 条 继承契约之撤回，导致与之订立契约的配偶受损害者，不得为之；仅得依法律规定，使继承契约丧失效力。必然继承人的权利，与在其他终意处分之情形一样，不受影响。

第 1255 条至第 1261 条（已废止）

第 1262 条 夫妻双方约定财产共有者，其财产共有关系因夫妻一方被宣告破产而终止，且如同在死亡之情形分割共有财产。

第 1263 条和第 1264 条（已废止）

婚姻之宣告无效

第 1265 条 婚姻如被宣告无效，夫妻财产契约亦因此终止；尚存在的财产回复其原有状态。但有过错的一方，对于无过错的一方，应负赔偿责任。

离婚或婚姻的废止

第 1266 条 夫妻双方对于离婚或婚姻的废止具有相同程度的过错或均无过错，或者夫妻双方协议离婚者，夫妻财产契约终止，但当事人另有约定者，不在此限。在其他情形，无过错的一方或过错程度较轻的一方，不仅有权请求完全的赔偿，且有权自离婚时起请求在夫妻财产契约中约定的、在他方死亡时能够获得的一切财产。夫妻共有财产，如同在死亡之情形进行分割；无过错或过错程度较轻的一方基于继承契约而在他方死亡时享有的权利，不受影响。夫妻已离婚者，一方虽无过错或过错程度较轻，亦不得主张对他方的法定继承权（第 757 条至第 759 条）。

第二十九章 射幸契约

射幸契约的定义

第 1267 条 就当前尚不能确定未来必然获得但有希望获得的利益，一方作出要约，而他方为承诺者，成立射幸契约。射幸契约，得因他方是否承诺给付对价，而为有偿契约或无偿契约。

第 1268 条 关于价值短少逾半的法律救济手段[1]，不适用于射幸契约。

射幸契约的种类

第 1269 条 射幸契约包括：打赌；赌博和抽彩；为取得有希望取得的权利，或者为未来取得当前尚不能确定未来必然取得的物，而订立的买卖契约或其他契约；终身定期金契约；成立社会性扶养机构的契约；保险契约；船舶或船运货物担保借款契约。

（一）打赌

第 1270 条 双方当事人约定，就其所不知悉之事，如其中一方作出的断言与结果相符，他方应给与一定金额者，成立打赌。获胜的一方当事人事先知悉其事，而对他方当事人保守秘密者，成立恶意欺诈，打赌无效。失败的一方当事人事先知悉其事者，视为赠与人。

第 1271 条 公平的打赌，以及其他被允许的打赌，如其所约定的金额不仅已被允诺，且已被实际支付或被提存者，具有约束力。但此项金额，不得在法院诉请之。

---

〔1〕 关于价值短少逾半时的法律救济手段，见第 934 条。

（二）赌博

第 1272 条 各种赌博，均为打赌的一种类型。关于打赌的法律规定，亦适用于赌博。何种赌博应被完全禁止，或者何种赌博对于特殊的人群应被禁止，以及从事禁止赌博的人和为其提供场所的人应受何种处罚，由政治性法律规定之。

（三）抽彩

第 1273 条 私人间以打赌或赌博为目的的抽彩，适用关于打赌和赌博的规定。但以抽签方式决定分割、选择或争议者，适用与之相关的其他契约的规定。

第 1274 条 国家发行的彩票，不适用关于打赌和赌博的规定，而适用每次为发行该彩票而公布的规定。

（四）期待性买卖

第 1275 条 约定以相当的价格，买卖将来的出产物者，成立普通的买卖契约。

第 1276 条 就物之将来收益为整体买受者，或者以一定价格对物之将来收益机会为买受者，成立射幸契约；买受人承担期待利益完全落空的危险，而通常情况下所取得的收益亦全部归属买受人。

特别是矿业股份的买卖

第 1277 条 对矿业所享有的份额，称为矿业股份。矿业股份的买卖，属于买卖获利机会的契约。出卖人仅对矿业的正当性负责，买受人应依法采矿。

遗产的买卖

第 1278 条 （1）对于出卖人已接受继承的遗产，或者对于至少已归属出卖人的遗产，为买受者，不仅承受其权利，而且须承受出卖人作为继承人所应承担的义务，但其义务纯属应由继承人个人负责者，不在此限。遗产买卖，在买卖时无财产目录为其基础者，亦为买卖获利机会的行为。

（2）遗产买卖，非经作成公证书或由法院作成书面记录，不生效力。

第1279条 遗产的买受人，对于出卖人非基于继承而基于诸如先取遗赠、世袭的替补继承、普通的替补继承或债权等其他原因而应取得的物，以及出卖人虽无继承权亦应取得的物，无请求权。反之，继承份本身增加，或者因受遗赠人或共同继承人的退出或其他原因而增加时，在出卖人已取得请求权的范围内，增加部分由买受人取得。

第1280条 继承人基于继承权而取得的一切财产，例如所收取的孳息和债权，均应算入遗产；反之，为接受继承或为遗产利益而使用的、但属于继承人自有的一切财产，均应从遗产中扣除。应从遗产中扣除者，包括已清偿的债务、已交付的遗赠物、已缴纳的税捐及法院费用；除另有明示约定外，丧葬费用亦应从遗产中扣除。

第1281条 出卖人在交付前已管理遗产者，关于遗产，应如同其他受任人一样，对买受人负责。

第1282条 遗产债权人和受遗赠人，为使自己获得满足，得向遗产买受人和继承人本人，主张其权利。遗产债权人和受遗赠人的权利，以及遗产债务人的权利，不因遗产的出卖而变更；遗产买卖中一方当事人作出的接受继承的表示，对于他方亦生效力。

第1283条 遗产买卖以有财产目录为基础者，出卖人就此目录，负其责任。如无财产目录，出卖人应就其对继承权之正当性所为之说明，以及因其过错所致买受人之损害，负其责任。

（五）终身定期金契约

第1284条 一方向他方承诺，在他方生存期间，以金钱，或者以估价为金钱的财产，按年为一定给付者，成立定期金契约。

第1285条 定期金的支付期间，得以当事人任何一方或第三人的生存，确定之。在有疑义时，定期金应按季预付；以特定人的生存确定定期金支付期间者，该特定人死亡时，定期金契约终止。

第1286条　终身定期金设立人的债权人和子女，均无权撤销定期金契约。但前者得请求从定期金中获得清偿，后者得请求提存定期金的多余部分，以保障其依法应获得的扶养。

（六）设立社会性扶养机构的契约

第1287条　当事人通过订立契约，投入一定的金钱，设立社会性扶养基金，以扶养参与人、其妻子或孤儿者，其契约，应依管理此项基金的机构的性质和目的，以及为此项基金所设定的条件，判断之。

（七）保险契约

第1288条　一方以他方支付一定价金为对价，承担他方非因其过错而可能遭受损害的危险，并承诺在他方受有损害时给付约定金额之赔偿者，成立保险契约。基于保险契约，保险人应对意外损害负赔偿责任，被保险人应支付约定的价金。

第1289条　保险契约的标的，通常为水路或陆路运送中的货物。但对于其他物，例如房屋和土地，亦得就火灾、水灾和其他危险进行投保。

第1290条　依约定保险人应负赔偿责任的意外损害发生时，除有不可克服的障碍或当事人另有约定外，被保险人如与保险人同在一地，应在三日内通知保险人，如与保险人非同在一地，应在对非对话形式的要约作出承诺的通知期限内（第862条）通知保险人。被保险人怠于通知，或者不能证明有意外事件发生，或者保险人能证明损害系因被保险人的过错而发生者，被保险人无保险金请求权。

第1291条　订立契约时，被保险人知悉投保的财产已毁灭，或者保险人知悉投保的财产并无危险者，其契约无效。

（八）船舶或船运货物担保借款契约与海上保险契约

第1292条　海上危险的保险契约，以及关于船舶或船运货物的担保借款契约，由海商法规定之。

第三十章　损害赔偿法

损害的定义

第1293条　损害，指受害人在财产、权利或人身上所遭受的任何不利益。依事物之通常过程而可期待得到的利益之损失，非本条所称之损害。

损害的发生

第1294条　损害，因他人不法的作为或不作为，或者因偶然事件而发生。不法损害，或者为有意识所致，或者为无意识所致。[1]有意识的致人损害，或者由行为人故意为之，或者由行为人过失为之；前者指行为人明知会造成损害且希望发生损害的情形，后者指行为人不知会造成损害但对其不知存在过错，或者未尽适当的注意，或者未尽适当的勤勉等情形。故意和过失统称为过错。

损害赔偿责任

（一）过错所致之损害

第1295条　（1）任何人均得请求加害人赔偿因其过错行为所致之损害；损害，得因违反契约义务而发生，亦得因与契约无关的其他事由而发生。

（2）故意以违反善良风俗之方法加损害于他人者，应负赔偿责任，但行使权利所致之损害，仅在权利之行使明显以损害他人为目的时，始负赔偿责任。

第1296条　有疑义时，推定损害非因他人过错而发生。

---

〔1〕译文“有意识”，原文 willkührlich；译文“无意识”，原文 unwillkührlich。

第 1297 条　心智健全的人应被推定为：其勤勉和注意的能力，已达到正常能力之人所具有的程度。行为人在行为时因未尽此种程度的勤勉或注意而侵害他人权利者，构成过失，对其行为所致之损害，应负责任。

第 1298 条　主张自己对于未能履行契约义务或法定义务不存在过错的人，应负举证责任。依契约规定，当事人仅对重大过失承担责任时，主张免责的一方当事人，应证明自己不存在重大过失。

特别规定

1. 专家的损害赔偿责任

第 1299 条　公开表明自己具有某项专门职业能力或技术能力的人，或者公开表明自己从事某种营业或手工业的人，或者在非急迫情形下自愿承担需要特殊知识或异常勤勉才能处理的事务，且因此使他人相信其具有处理该项事务所必要的勤勉和特殊知识的人，如其欠缺相应的勤勉或知识，应负责任。委任其处理此项事务的人，如知悉或以通常之注意即可知悉受任人并无关于此项事务的经验者，对于自己之过失，亦应负责。

第 1300 条　专家就其技术或专业知识范围内的事务，为收取报酬而提供意见者，对于因过失而提供的不良意见，应负责任。在其他情形，提供意见的人，仅在其故意以提供意见加损害于他人时，始负赔偿责任。

2. 数人共同致人损害时的赔偿责任

第 1301 条　不法损害由数人共同参与所致者，该数人均应负其责任；数人的共同参与，得表现为直接的方式，亦得表现为间接的方式，后者如诱使、胁迫、指示、帮助他人实施不法侵害，或者为他人隐瞒不法侵害事实，或者负有阻止他人实施侵害行为的特别义务而不履行其义务。

第 1302 条　在前条情形，如损害系因过失所致，且各人对损害的过失程度能确定者，各人仅就因其过失所致之损害负赔偿责任。但如损害系因故意所致，或者各人对损害的过失程度不能确定者，数人应共同负连带责任；已承担损害赔偿的加害人，对其他加害人，有追偿权。

第 1303 条 数个共同债务人，就其契约上义务之不履行，该如何承担责任，依契约的性质确定之。

第 1304 条 受害人对损害的发生亦有过错者，与加害人按其过错程度分担责任；不能区别过错程度者，应平均分担责任。

（二）行使权利所致之损害

第 1305 条 行为人，在法律许可的范围内（第 1295 条第 2 款）行使权利致他人损害者，不负责任。

（三）无过错行为或无意识行为所致之损害

第 1306 条 行为人，对其无过错行为或无意识行为所致之损害，一般不负赔偿责任。

第 1306*a* 条 行为人在急迫情形下，为使自己或他人避免直接的急迫危险而造成损害者，法官在判决是否应负赔偿责任和赔偿额时应考虑以下事项：受害人本人对威胁他人的危险是否怠于采取预防措施，损害大小与危险程度间的比例关系，加害人和受害人的财产状况。

第 1307 条 因自己过错而使自己陷于心智混乱状态或急迫情形者，对因此所致之损害亦存在过错。第三人因其过错使加害人陷于前述状态或情形者，亦同。

第 1308 条 心智不健全的人或不满十四岁的未成年人致他人损害时，如受害人对损害的发生亦有过错，不得请求赔偿。

第 1309 条 除前条情形外，对心智不健全的人或不满十四岁的未成年人负有监督义务的人，怠于监督，因而发生损害者，应对受害人负赔偿责任。

第 1310 条 受害人不能依前条规定获得赔偿时，法官应判决全部赔偿或合理部分的赔偿；法官在判决时应考虑以下情况：加害人虽属一般心智上的不健全，但其在该特定情形下是否存在过错；受害人是否出于对加害人的爱护而没有实施防卫行为；加害人和受害人的财产状况。

（四）偶然事件所致之损害

第 1311 条 因纯粹的偶然事件而发生的财产上或人身上的损害，由受害人承受之。但过错引起偶然事件发生的人，或者其行为违反以防止偶然损害为目的之法律的人，或者非在急迫情形下干涉他人事务的人，对于本来不会发生但因其介入而发生的一切损害，应负责任。

第 1312 条 在急迫情形下为他人提供服务的人，对其未能防止的损害，不负责任，但其过错阻止第三人协助，因而导致不应有之损害者，不在此限。在后者之情形，提供服务的人得要求在计算损害额时扣除受害人所获得的利益。

（五）经由第三人行为所致之损害

第 1313 条 未参与他人不法行为的人，对该不法行为，通常不负责任。在法律有相反规定之情形，其有权向有过错的行为人追偿。

第 1313*a* 条 对他人负有给付义务的人，就其法定代理人及履行辅助人之过错，如同自己之过错，对该他人负责。

第 1314 条 接受无证明文件的人为受雇人，或者明知他人在身体上或精神上具有危险性而仍雇佣该他人或为该他人提供居住场所者，对于因该他人之危险性所致房屋所有权人及其同住人之损害，应负赔偿责任。

第 1315 条 使用不适合的人为自己处理事务，或者明知他人具有危险性而仍使用其为自己处理事务者，对于因被使用人之不适合性或危险性所致第三人之损害，应负赔偿责任。

第 1316 条 为他人提供住宿的旅店主人、第 970 条所提到的其他人〔1〕以及运送人，对其受雇人或其指派的受雇人导致客人或旅客携入或被接收而置放于其房屋、场所或运送工具内的物发生的损害，应负赔偿责任。

---

〔1〕 第 970 条提到的责任主体，除旅店主人外，还包括动物厩棚和保管场所的经营者、浴场的占有人。因此，第 1316 条中的“第 970 条所提到的其他人”应指动物厩棚和保管场所的经营者、浴场的占有人。

第 1317 条 公共运送机构的损害赔偿责任，由特别法规定之。

第 1318 条 危险悬挂或放置的物坠落，或者物自住屋内被抛出或倒出，致他人损害者，该物所由抛出、倒出或坠落之住屋的居住人，应负损害赔偿责任。

（六）建筑物所致之损害

第 1319 条 建筑物或其他营造于土地上的工作物倒塌或其一部分脱落，致他人损害者，该建筑物或工作物的占有人，应负赔偿责任，但以工作物的倒塌或其一部分的脱落系因工作物存在瑕疵所致，且占有人不能证明其已为防止危险尽到必要的注意为限。

道路所致之损害

第 1319*a* 条 （1）因道路存在瑕疵致他人死亡、身体受伤害、健康受损害或财产被毁损者，就道路具有符合规定之状态负管理之责的人，应负赔偿责任，但以其或其受雇人对道路之存在瑕疵具有故意或重大过失为限。以不准许使用的方式使用道路，特别是以违反其用途的方式使用道路，因而发生损害，且道路之不准许使用，依道路的类型，或者依设置于道路上的禁止性标示、拦道木或其他障碍物，能为道路使用人所认知者，受害人不得以道路存在瑕疵为理由请求赔偿。

（2）前款意义上的道路，指供人们在相同条件下以各种方式或特定方式通行的地面，其仅供有限范围的人通行者，亦同；存在于道路内并服务于道路通行的设施，特别是桥梁、挡土墙、护墙、出入口关卡、路边沟渠和路旁树木，亦为道路的组成部分。道路是否存在瑕疵，应依道路的类型，特别是应依道路的建造和维护是否符合预定的用途确定之。

（3）道路之存在瑕疵可归咎于责任人的受雇人者，受雇人仅在其具有故意或重大过失时，应负赔偿责任。

（七）动物所致之损害

第 1320 条 动物致人损害者，挑逗或激怒动物的人，或者对动物疏于管束的人，应负赔偿责任。动物的持有人，如不能证明其对动物已尽必要的照料和管束，应负赔偿责任。

第 1321 条　在自己土地上发现他人牲畜者，不得仅因此而屠杀之。但得以适当的强力进行驱赶，如因此受有损害，得对牲畜行使私人扣押权，其所能扣押的牲畜数量，以足够赔偿其损害为限。受害人应在八日内请求牲畜的所有权人赔偿，或者向法院提起诉讼；否则，应返还所扣押的牲畜。

第 1322 条　牲畜的所有权人如已提供其他适当的担保，受害人亦应返还所扣押的牲畜。

损害赔偿的方法

第 1323 条　损害赔偿，应使受害人回复至损害发生前之状态；回复原状有困难者，应按估定的价值赔偿之。仅赔偿实际所受之损害者，称为实际损害的赔偿；赔偿范围扩及至所失之利益和因侮辱诽谤所致之精神伤害者，称为完全赔偿。

第 1324 条　对于恶意或重大过失所致之损害，受害人得请求完全赔偿；在其他情形，仅得请求实际损害的赔偿。法律条文中仅一般地表达“赔偿”时，关于其赔偿方法，应依本条解释之。

关于特定情形的规定

（一）对身体的伤害

第 1325 条　伤害他人身体者，应负担受害人的医疗费，并赔偿受害人的劳动收入，受害人丧失劳动能力者，尚须赔偿将来丧失的收入，此外，如受害人请求给付慰抚金，尚须依具体情形给付合理的慰抚金。

第 1326 条　受害人因伤害行为造成容貌毁损，特别是受害人为女性时，如因此丧失获得更佳生活的可能性，在决定损害赔偿时，应将该情况考虑在内。

第 1327 条　伤害身体导致受害人死亡时，其赔偿范围，不仅应包括一切费用，且应包括死者依照法律规定应提供扶养的亲属因扶养人死亡而丧失的利益。

1. 对性自主权的侵害

第 1328 条 以应受刑事处罚之行为，或者以欺诈或胁迫之手段，或者利用从属关系或权威关系，使他人与其同居或发生其他性行为者，对于该他人所受之损害和所失之利益，应负赔偿责任，此外，尚应赔偿该他人所受精神上之损害。

2. 对私生活安宁权的侵害

第 1328*a* 条 （1）违法侵入他人私生活领域，或者违法公开或使用他人私生活领域的资讯，且有过错者，对于该他人因此所受之损害，应负赔偿责任。侵害他人私生活领域性质严重，例如该他人因其私生活资讯被使用而在公众中丧失颜面者，其赔偿范围尚应包括精神上之损害。

（2）法律对侵害私生活领域的行为有特别规定时，第 1 款规定不适用之。大众媒体侵害私生活领域的责任，完全适用现行《媒体法》（《联邦法律公报》1981 年第 314 号）的规定。

（二）对人身自由的侵害

第 1329 条 以暴力绑架、私人监禁，或者故意以违法拘捕，剥夺他人自由者，应回复受害人的本来自由，并应负完全赔偿的责任。侵害人如不能回复受害人的自由，对受害人的亲属，应负与致人死亡相同的赔偿责任。

（三）对名誉权的侵害

第 1330 条 （1）因名誉受他人侮辱或诽谤而受到实际损害或丧失利益者，得请求损害赔偿。

（2）前款规定，对于散布有害于他人信用、营业或事业发展之不实事项，且明知或可得而知其事项之不真实性者，亦适用之。于此情形，受害人尚得请求撤回不实之词并澄清真实情况。告知人以非公开的方式，就某事项为告知，但其不知所告知事项之不真实性，且告知人或被告知人就告知内容具有法律上之利益者，告知人不负责任。

（四）对财产权的侵害

第 1331 条　因他人故意或重大过失而受有财产上之损害者，得请求赔偿所失之利益，如损害系由刑法所禁止之行为，或者由恶意和恶毒之行为所致者，受害人尚得请求赔偿其对被损害财产特别偏爱意义上的价值[1]。

第 1332 条　损害系由较轻之过失或疏忽所致者，应赔偿物于损害发生时所具有的普通价值。

第 1332*a* 条　动物受侵害时，为治愈或尝试治愈动物而实际支出的费用，虽超过动物的价值，动物的持有人仍得请求赔偿，但以理智的动物持有人在该动物受侵害的情况下都会支出该费用为限。

因给付迟延所致之特别损害

法定利息和其他损害

第 1333 条　（1）债务人迟延履行金钱债务，致债权人损害者，应以法定利息（第 1000 条第 1 款）赔偿之。

（2）除法定利息外，债权人因债务人过错而受有其他损害者，亦得请求债务人赔偿，特别是债权人就其在诉讼外为追索债权所支出的必要费用，但以必要费用与被追索的债权存在合理关系为限。

第 1334 条　债务人未在法律或契约规定的清偿期内履行其债务者，成立债务人迟延。除当事人另有约定外，在债权人依约定及时履行其对待给付后，或者在当事人约定受领或检验程序之情形，债权人的给付被受领或被检验后，或者在债权的数额尚未确定之情形，账单或等值的支付请求经送达后，债务人应履行其给付。未定期限的债务，经诉讼上或诉讼外之催告，而债务人在催告期届满时仍未向债权人为给付者，应负给付迟延的责任。

---

〔1〕 财产在特定人特别偏爱意义上的价值，参见第 935 条。

第1335条 债权人不为诉讼上之催告，而听任利息累积至与本金等额者，不得再就本金请求利息。但自诉讼系属之日起，得再请求利息。

赔偿金契约的条件（违约金）[1]

第1336条 （1）契约当事人得订立特别协议，约定在完全不履行、不以适当方式履行或迟延履行契约之情形，应给付一定数额的金钱或其他财产（第912条）。无特别协议时，债务人不取得以给付违约金的方式免除履行契约义务的权利。就不遵守履行时间或履行地点而约定违约金者，得同时请求给付违约金和履行契约。

（2）违约金的数额经债务人证明过巨者，在任何情形下，均得由法官核减，必要时，法官应征询专家的意见。

（3）除得请求违约金外，对于超过违约金的损害，债权人亦得请求赔偿。债务人为《消费者保护法》第1条第1款第2项和第3款意义上的消费者时，须就此订立具体的协议。

继承人对损害的责任

第1337条 赔偿所受损害和所失利益的责任，或者支付约定违约金的责任，由加害人的财产承担，并得移转于其继承人。

损害赔偿的法律救济办法

第1338条 请求赔偿损害的权利，与任何其他的私权相同，一般应向普通法院的法官提出。加害人同时违反刑法者，亦应同时承担刑事责任。于此情形，关于损害赔偿，仍由民事法院审理，但依刑法规定应由刑事法院或行政机关审理者，不在此限。

第1339条（已废止）

第1340条 对赔偿能直接作出决定时，行政机关应依本章的规定，自行对赔偿作出决定。不能直接作出决定时，行政机关应在处分命令中载明受害

---

〔1〕 译文“赔偿金契约”，原文 Vergütungsvertrag；译文“违约金”，原文 Conventional-Strafe。

人保留向民事法院起诉请求赔偿的权利。刑事案件中的受害人，以及其他案件中的双方当事人，如对于刑事法院作出的赔偿决定不满意，同样保留向民事法院起诉请求赔偿的权利。

第 1341 条　因法官过错而主张损害赔偿者，其诉讼，应向上级法院提出。上级法院依职权进行调查并作出判决。

第三编　关于人法和物法的共同规定

第一章　权利和义务的强化

关于权利的共同性规定

第 1342 条　人身权和财产权，以及由此而产生的义务，均得以相同的方式，予以加强、变更和废止。

强化权利的方法

第 1343 条　对义务提供担保和使权利得以强化的法律上之方法，包括由第三人为债务人承担债务和以物提供担保；基于此法律上之方法，权利人取得一项新的权利。

一、第三人负担义务

第 1344 条　第三人得以下列三种方式，为债务人，向债权人负担债务：首先，经债权人同意，承担全部债务；其次，作为共同债务人加入债务；最后，仅在原债务人不履行债务时，向债权人清偿债务。

第 1345 条　经债权人同意，承担他人全部债务者，乃债务的变更，而非债务的加强，关于债务的变更，由下一章规定之。

1. 作为保证人

第 1346 条　（1）使自己负担在原债务人不履行债务时向债权人为清偿之义务者，称为保证人，保证人与债权人订立的协议，称为保证契约。于此情形，原债务人仍为主债务人，而保证人仅作为附从债务人负其责任。

（2）为使保证契约有效，保证人负担保证义务的意思表示，须以书面为之。

2. 作为共同债务人

第1347条 不享有作为保证人而享有的优惠条件，而作为共同债务人加入债务者，成立共同债务人间的共同关系；其法律后果，依关于契约的一般规定一章中的规定（第888条至第896条）确定之。

求偿保证

第1348条 对保证人因保证所受之损害，承诺给与赔偿者，称为求偿保证。

可作为保证人的人

第1349条 任何人，不论其性别，凡得依自己之意思管理其财产者，均得承担他人的债务。

可被保证的债务

第1350条 保证，不仅得就金钱之债和财物之债，亦得就合法的作为之债和不作为之债，为之；其作为和不作为，对于受保证担保的人，为有利或不利，在所不问。

第1351条 在法律上未曾发生的债务或已废止的债务，不得被承担或加强。

第1352条 保证人，为因人之资格而不受债务关系约束的人提供保证者，虽不知其情事，仍应负与共同债务人（第896条）相同的责任。

保证的范围

第1353条 保证，不得扩及于保证人明确表示担保的范围之外。对附有利息的本金债权为保证者，仅对债权人此前尚不得请求支付而被拖欠的利息，负其责任。

第1354条 债务人依法有权请求保留部分财产以供维持生计的抗辩，保证人不得援用之。[1]

---

[1] 目前《强制执行法》（Exekutionsrecht）已为保证人提供此种有利的保护，因此，第1354条已失其意义。——原注

效力

第 1355 条　一般情况下，仅在债权人对主债务人为诉讼上或诉讼外之催告，而债务人仍不履行债务时，保证人始得被起诉。

第 1356 条　保证人虽明确表示仅在主债务人无财产可供清偿债务时保证付款，但在主债务人的财产已被开始支付不能程序，或者主债务人在应为付款时居所不明，且债权人不存在过失之情形，债权人仍得首先起诉保证人。

第 1357 条　以保证人和清偿人双重身份承担债务者，应作为共同债务人，对全部债务负其责任；债权人得任意决定首先起诉主债务人，或者首先起诉保证人，或者同时起诉主债务人和保证人（第 891 条）。

第 1358 条　因对他人债务负个人责任，或者因以特定财产对他人债务负责任，而为他人清偿债务者，代位取得债权人的权利，并在其为债务人清偿债务的范围内，得向债务人求偿。为便于清偿人行使其权利，已受清偿的债权人应将一切现有的法律措施及担保手段移交于清偿人。

第 1359 条　数人对同一债务之全部为保证者，其中任何一人，对全部债务均负有全部清偿的责任。但其中一人就全部债务为清偿者，与共同债务人（第 896 条）相同，对其他保证人有求偿权。

第 1360 条　债权人，在其被提供保证前，或者在被提供保证时，又有主债务人或第三人为其提供物的担保者，仍得依第 1355 条规定的顺序，选择起诉保证人；但债权人不得放弃物的担保，以致损害保证人的利益。

第 1361 条　保证人或清偿人未事先与主债务人达成协议，而对债权人为清偿者，主债务人所得对抗债权人的一切抗辩，亦得对抗保证人或清偿人。

第 1362 条　保证人仅在非因自己过错而受损害时，始得对求偿保证人请求赔偿。

保证消灭的事由

第 1363 条 保证人的债务，随债务人的债务减少而相应减少。保证人仅在一定期间内负有保证义务者，仅在该期间内承担保证责任。共同保证人中之一人被免除保证责任时，其仅得对债权人主张免责，而不得对其他共同保证人主张免责。

第 1364 条 保证人不因债务人履行债务的期限届满而免责，债权人未在债务履行期限届满前为催告者，亦同；但保证人经债务人同意而提供保证者，得要求债务人为自己提供担保。债权人怠于追索债务，致保证人因追偿不能而遭受损失者，应对保证人负责。

第 1365 条 有确实迹象表明债务人无支付能力或欲离开本法典所适用之世袭邦土〔1〕者，保证人有权要求债务人为其因保证而负担的债务提供担保。

第 1366 条 保证人所担保的营业终结时，保证人得请求最终财务结算与废止保证关系。

第 1366 条 被保证的事项〔2〕终了时，保证人得请求清账并废止保证。

第 1367 条 保证契约未由抵押和质押而得到加强者，如保证人死亡，债权人应在保证人死亡后三年内，就其已届清偿期的债务，以诉讼上的请求或诉讼外的请求，催告其继承人清偿，债权人怠于在该期限内为催告者，保证契约因该期限届满而消灭。

二、担保物权契约

第 1368 条 债务人或第三人在其所有物上，现实地为债权人设定担保物权，为此而将作为担保物的动产交付债权人，或者将作为担保物的不动产为债权人办理登记于担保物权登记簿，由此而订立的契约，称为担保物权契约。仅表示同意交付担保物的契约，尚不成立担保物权契约。

---

〔1〕 译文“世袭邦土”，原文 Erbländer。

〔2〕 译文“事项”，原文 Geschäft。

担保物权契约的效力

第 1369 条　关于契约的一般规定，亦适用于担保物权契约；担保物权契约对双方当事人均有约束力。担保权人应妥善保管担保物，并在担保人清偿债务后返还担保物于担保人。如为抵押，已受清偿的债权人，应确保担保人能够涂销其基于抵押权登记簿而负担的义务。因担保物的占有而产生的担保人和担保权人的权利和义务，已规定于第二编第六章。[1]

第 1370 条　动产担保权人应向担保人出具担保凭证，并应在担保凭证中载明担保物的显著特征。担保物权契约的主要内容，亦得记载于担保凭证中。

不合法的约定

第 1371 条　凡与担保物权契约和消费借贷契约的性质相抵触的约定或从契约，均为无效。属于此种约定者，有：债务清偿期届满后，担保物归债权人所有；债权人得任意决定将担保物按照事先约定的价格出卖或自己保留担保物；债务人永久不得赎回担保物；债务人不得将不动产让与他人；债权人在债务清偿期届满后不得请求出卖担保物。

第 1372 条　约定担保物的用益权属于债权人的从契约，无法律效力。债权人经准许得使用作为担保物的动产时（第 459 条），其使用，不得有害于债务人的利益。

提供担保的一般原则

第 1373 条　有义务提供担保的人，应以动产质押或不动产抵押，履行其义务。仅在不能以物提供的情况下，始应接受合格的保证人。

第 1374 条　对于供作担保的物，以高于其交易价值一半的金额，提供担保者，债权人无接受其为担保物的义务。凡拥有适当财产且能在国内被诉的人，均为合格的保证人。

---

〔1〕 第二编第六章的规定，见第 447 条至第 471 条。

第二章　权利和义务的变更

权利和义务的变更方式

第1375条　债权人与债务人相互间可自由处分的权利和义务，得依其双方的共同意思，变更之。其变更，既可有第三人的介入，亦可无第三人的介入，且既可出现新的债权人，亦可出现新的债务人。

（一）更改

第1376条　法律原因或债权的主要客体被替换，从而使原债务变为新债务者，发生无第三人介入的变更。

第1377条　前条情形的变更，称为更新契约（更改）。基于此项契约，原来的主债务消灭，并同时发生新的主债务。

第1378条　除当事人以特别协议另行约定外，与原来的主债务相联系的保证、担保物权及其他权利，因更新契约而消灭。

第1379条　原来的债务中关于债务履行的地点、时间和方式等具体的规定，以及其他从属性规定，虽有变更，但不导致原来的债务中的主要客体或法律上之原因发生改变者，其变更不视为更新契约，同样，对于债务单纯出具新的证书，或者出具其他与债务有关的文件，亦不视为更新契约。就从属性规定作出变更时，对于未参与该变更的第三人，不得强加新义务。在有疑义时，如旧债务与新债务能同时合理存在，应认为旧债务未消灭。

（二）和解

第1380条　当事人约定相互作出某种让步，为一定行为，或者不为一定行为，以决定有争议或有疑义的权利，因此而订立更新契约者，称为和解。和解属于双务契约，应适用关于双务契约的规定。

第1381条 权利人就其无争议或无疑义的权利，对义务人为放弃之表示者，成立赠与（第939条）。

和解因其内容[1]而无效

第1382条 有些争议，不得以和解方式解决。夫妻间关于婚姻有效与否的争议，即属于此种情况。此种争议，仅得由依法律规定有管辖权的法院裁判之。

第1383条 遗嘱开视前，对于遗嘱的内容，不得订立和解契约。对遗嘱内容的打赌，适用关于射幸契约的规定。

第1384条 就违法行为订立和解契约者，仅其关于私人间赔偿方面的内容有效；违法行为，仅在其属于不告不理之类型时，始得因和解而免于法律上的调查和处罚。

和解因其他瑕疵而无效

第1385条 仅在关于人之资格或客体之性质发生错误时，始得以错误为理由而使和解无效[2]。

第1386条 对于善意所为之和解，不得以价值短少逾半为理由而主张撤销。

第1387条 新发现的文件，纵其表明一方当事人全然不享有权利，亦不使善意所为之和解无效。

第1388条 明显的计算错误，或者在订立和解契约时发生的统计或减除错误，不得损害任何一方当事人。

---

〔1〕 译文“内容”，原文Gegenstand，亦译“标的”。

〔2〕 条文中“使和解无效”，依奥地利民法通说，指“得撤销和解”。Vgl.，Heinz Barta，Zivilrecht：Grundriss und Einführung in das Rechtsdenken，2004 Facultas Verlags- und Buchhandels AG，S. 440. 此外，比较法上关于错误对于和解效力的影响，可参见《德国民法典》第779条、《意大利民法典》第1969条以及我国台湾地区“民法”第738条。

和解的范围

第1389条 就特定争议所为之和解，不及于其他事项。就全部争议所为之一般性和解，不及于被故意隐瞒的权利，亦不及于和解当事人不能预见的权利。

对从义务的效力

第1390条 保证人和担保人，为担保争议权利之全部而设定保证和担保物权者，对于和解所确定的部分，仍应负责。但保证人和物上保证人[1]，对于和解，未表示同意者，仍得对债权人主张在未订立和解契约情形下可对抗债权的一切抗辩。

第1391条 当事人为解决其有争议的权利，以契约指定仲裁员者，其契约，由法院法规定之。

（三）让与

第1392条 债权由一方移转于他方，而他方接受者，成立有新债权人介入的权利变更。此种行为，称为转让（让与），得有偿或无偿为之。

让与的客体

第1393条 所有可让与的权利，均得被让与。具有人身专属性的权利，与权利人共存亡，不得被让与。不记名的债务证书，依交付而让与，且其让与，完全以占有为据，而无需其他证明。

效力

第1394条 受让人基于被让与的权利而具有的权利，与让与人的权利完全相同。

第1395条 基于让与契约，仅在债权的转让人（让与人）和承受人（受让人）间，而不在受让人和债务人间发生新债务。因此，债务人知有受让人前，得向第一债权人为给付，或者以其他方式清偿债务。

---

〔1〕 译文“物上保证人”，原文 ein dritter Verpfänder。

第 1396 条 债务人在得到关于受让人的通知后，不得再以前条规定的方式清偿债务；但其对于债权所得主张之抗辩，仍得主张之。债务人向善意的受让人承认其债权为正当者，应以该受让人为债权人，向该受让人清偿债务。

让与之禁止

第 1396*a* 条 （1）经营者间关于基于营业行为而发生的金钱债权不得让与（禁止让与）的约定，仅在其经特别商定，且依各相关情事而为衡量，禁止让与不会严重损害债权人之利益时，始具有约束力。但此种禁止让与，不影响让与的效力；债权让与的事实和受让人经通知债务人后，债务人仍对让与人为给付者，不发生免除其责任的后果，但债务人仅因轻过失而不知债权让与者，不在此限。

（2）债务人因让与人违反有约束力的让与禁止而享有的权利，不因前款规定而受影响，但其权利，无对抗债权的效力。受让人不因明知让与禁止而对债务人负责。

（3）第 1 款和第 2 款的规定，对于公法法人或由公法法人所设立的机构与受捐助人间约定的禁止让与，不适用之。

让与人的责任

第 1397 条 让与人无偿让与其债权者，成立赠与，对该债权不负任何责任。但债权让与如为有偿，让与人应就债权之正当性和可实现性，对受让人负责，但以其由受让人处所受之利益为限。

第 1398 条 对于债权能否得到清偿，可通过审阅公共的担保物权登记簿查知者，受让人不得就债权无法得到清偿而主张赔偿。让与人，对于让与时能得到清偿，但后来因纯粹的偶然事件或因受让人的过失而成为无法得到清偿的债权，不负责任。

第 1399 条 在下列情形，受让人具有过失：债权能行使而不行使，或者债权已届清偿期而不请求债务人履行债务；听任债务人不履行债务；本有可能取得的担保，而怠于在适当的时间取得；怠于声请法院强制执行。

（四）指示（给付之指示）

第1400条 基于向第三人为给付的指示，领取人（给付的受领人）有权请求被指示人为给付，而被指示人有权以指示人之计算，向领取人为给付。仅在被指示人对领取人表示接受指示时，领取人始取得对于被指示人的直接请求权。

第1401条 （1）在被指示人对指示人负有给付义务的范围内，被指示人有义务接受指示人的指示，为指示人向第三人为给付。被指示人就其债务，应依指示向领取人清偿者，领取人如已接受指示所给与的利益，应请求被指示人履行给付。

（2）领取人不欲取得指示所给与的利益，或者被指示人拒绝接受指示或拒绝给付者，领取人应及时通知指示人。

（3）除另有约定外，基于指示而产生的债务，仅因给付而发生清偿的效果。

第1402条 被指示人已对领取人表示接受指示者，对于领取人，仅得主张以下抗辩：涉及接受之有效性的抗辩，基于指示内容而产生的抗辩，基于被指示人与领取人间的个人关系而产生的抗辩。

第1403条 （1）指示人得在被指示人向领取人表示接受指示前撤回指示。指示人与被指示人间如无其他法律原因，其相互间之法律关系，适用关于委任契约的规定[1]；但指示不因指示人或被指示人死亡而失其效力。指示的废止，在何种程度上对于领取人亦生效力，依领取人与指示人间之法律关系决定之。

（2）领取人对被指示人的请求权，经过三年而罹于诉讼时效。

（五）债务承担

第1404条 对债务人承诺代其向债权人为给付者（履行承担），应确保债权人不向债务人请求给付，否则，应对债务人负责。不因此直接产生债权人的任何权利。

---

〔1〕关于委任契约的规定，见第1002条以下。

第 1405 条　对债务人表示承担其债务者（债务承担），经债权人同意后，代替债务人而成为新债务人。债权人同意前，以及在债权人不同意之情形，承担人应如同在履行承担（第 1404 条）之情形，对债务人负责。债权人的同意，得对债务人或承担人为之。

第 1406 条　（1）第三人亦得不与债务人约定，而直接与债权人订立债务承担契约。

（2）对债权人表示的债务承担，于有疑义时，应认为系与原债务人共同负责，而非代替原债务人。

第 1407 条　（1）对于被承担的债务，承担人的责任与原债务人的责任相同。基于债权人与原债务人的法律关系而产生的抗辩，承担人亦得以之对抗债权人。

（2）附属于债权的从权利，不因债务人的变更而受影响。但保证人或物上保证人，仅在其对债务人的变更表示同意时，继续对变更后的债务负责。

第 1408 条　在不动产让与之情形，受让人承担设定于该不动产上之抵押权者，于有疑义时，应认为成立债务承担。在办理所有权移转登记后，让与人得书面催告债权人接受由受让人代替自己的地位而成为新债务人，并表示以下后果：如其未在六个月内为确答，视为同意债务承担。让与人应在催告中明示载明此项后果。

第 1409 条　（1）在财产或企业的概括承受之情形，对于因财产或企业而产生的债务，除让与人应继续负责外，受让人以其在交付时明知或可得而知为限，直接向债权人负责。但受让人清偿债务的总额已相当于所承受财产或企业之价值者，得免于责任。

（2）让与人的近亲属（《支付不能法》第 32 条）作为受让人时，对于前款债务，仍应负责，但其能证明在交付时不知且不得而知者，不在此限。

（3）让与人与受让人间之相反约定，有害于债权人之利益者，对债权人不生效力。

第 1409*a* 条 基于强制执行程序、支付不能程序或在债务人的监督下经由债权人的信托管理人而取得财产或企业的人，不负第 1409 条第 1 款和第 2 款规定的责任。

第 1410 条 新债务人代替原债务人，系以如下方式约定，即新债务人以独立的法律原因，或者以变更债权主要客体的方式，承担一项新债务，从而代替被废止的债务关系者，不发生债务承担的效力，而发生更改的效力（第 1377 条和第 1378 条）。

第三章　权利和义务的废止

权利和义务之废止的意义

第 1411 条　权利与义务存在如下关系：权利消灭时，义务亦消灭，义务消灭时，权利亦消灭。

（一）因清偿而消灭

第 1412 条　义务通常因清偿而消灭，即因负有给付义务的人履行给付而消灭（第 469 条）。

清偿方法

第 1413 条　不得违反债权人的意愿而强迫其接受非其有权请求的给付，亦不得违反债务人的意愿而强迫其履行非其应履行的给付。此项原则亦适用于履行义务的时间、地点和方式。

第 1414 条　因债权人和债务人达成协议，或者因给付本身为不可能，而以他种给付代替原定给付者，其行为，视为有偿行为。

第 1415 条　就一项债务，债权人不负接受部分履行或分期履行的义务。但应履行的债务有数项时，如债务人明确表示意欲逐项清偿，经债权人同意后，该债务视为分期履行。

第 1416 条　债务人的意思不能被确定，或者为债权人所异议者，应先抵充利息债务，后抵充本金债务，本金债务有数项时，应先抵充已由债权人请求给付的本金债务，或者已届清偿期的本金债务，然后抵充债务人负担最重的本金债务。

清偿期

第 1417 条 债务未确定清偿期者，仅自请求给付之日起，始负清偿义务（第 904 条）。以银行汇划方式履行的货币之债，其清偿期，适用第 907*a* 条第 2 款的规定。[1]

第 1418 条 在有些情形，清偿期依事物的本质确定之。扶养费应至少提前一个月支付。被扶养人虽在该期间内死亡，其继承人对于提前支付的扶养费，仍不负返还义务。

第 1419 条 债权人迟延受领给付者，应承担其损害后果。

第 1420 条 给付的地点和方式未确定者，适用第 905 条第 1 款和第 2 款、第 906 条、第 907*a* 条第 1 款及第 907*b* 条的规定。

清偿人

第 1421 条 债务人纵无管理其财产之能力，仍得依法清偿正当且已届清偿期的债务，从而使自己免于责任。但其对尚不确定或未届清偿期的债务为清偿者，因受委任而享有照护权的人、管理人或保佐人得请求返还给付物。

第 1422 条 对他人的债务无清偿责任（第 1358 条）而为清偿者，得在清偿前或清偿时，请求债权人让与其权利；请求后而为之清偿，发生债权让与的效力。

第 1423 条 经债务人同意而为清偿者，债权人不得拒绝其清偿；但除欺诈外，债权人对其债权的可实现性和正当性，不负责任。未经债务人同意者，第三人原则上（第 462 条）不得强迫债权人接受其清偿。

受清偿人

第 1424 条 债务清偿，应向债权人或有权受领清偿的代理人或法院裁判认定的债权所有人为之。向不能管理其财产的人为清偿者，在所为之给付事实上不存在或未使受领人取得利益的范围内，应再为清偿。

---

〔1〕 本条第 2 句为 2013 年第 50 号联邦法律增订。

债务之提存于法院

第 1425 条　债务人因不能确知谁为债权人，或者因不知债权人之所在，或者因债权人对所提出的给付不满意，或者因其他重大原因而无法清偿债务者，得将其给付物提存于法院；给付物不适宜提存者，得声请法院保管。债务人依法为上述行为，并通知债权人后，免于债务；给付物的危险，移转于债权人。

清偿证书

第 1426 条　债务的清偿人在任何情形均得请求受清偿人出具清偿证书，即用于证明已清偿债务的书面文件。清偿证书应载明债务人和债权人的姓名、清偿债务的地点、时间和标的物，并应由债权人或其代理人签名。除另有约定外，清偿证书的制作费用，由债权人负担。

第 1427 条　清偿证书载明已清偿本金者，得推定其利息亦已被清偿。

第 1428 条　债权人持有对于债务人的债务证书时，除应出具清偿证书外，尚应返还该债务证书，如为分期给付，应在债务证书中载明其已受领的部分给付。债务人虽未取得清偿证书但已受债务证书之返还者，得为如下有利于债务人的法律上之推定：债务人已清偿其债务，但不得因此排除相反的证据。应予以返还的债务证书遗失时，债务的清偿人得请求提供担保，或者将给付物提存于法院，并得请求债权人依程序法对该债务证书予以除权。

第 1429 条　债权人就较近日期的一项债务因已被清偿而向债务人出具的清偿证书，虽不能证明其他较早日期的各项债务亦被清偿；但如为分期履行的债务、定期金债务或诸如金钱利息、土地租金、房屋租金或资本股息等基于同一原因行为且应定期给付的债务，能提出清偿证书证明已就较后日期到期的债务为清偿者，应推定其亦已清偿此前到期的各期债务。

第 1430 条　同样，习惯上定期与其顾客结算账目的商人和手工业者，就较迟时期的账目出具清偿证书者，应推定此前各时期的账目亦已被结清。

非债清偿

第 1431 条 给付人因错误，甚至可能因法律认识错误[1]，向对自己并不享有权利的人为给付者，在一般情况下，给付的客体为物时，得请求返还其物，给付的客体为行为时，得依受领人因其行为所获利益的情况，请求给付合理的报酬。

第 1432 条 但对于已罹于时效的债务，或者仅因欠缺形式要件而无效的债务，或者法律仅未赋予诉请履行效力的债务为给付者，不得请求返还，同样，明知无债务而仍为给付者，不得请求返还。

第 1433 条 前条规定，对于被照护人[2]或其他不能自由处分其财产的人为给付之情形，不适用之。

第 1434 条 对于无论以何种方式均尚不能确定的债权或所附条件尚未成就的债权为给付者，得请求返还。对于正当且未附任何条件的债务为给付者，不得以该债务未届清偿期而请求返还。

第 1435 条 基于真实债务而为物之给付，但保有给付之法律原因嗣后消灭者，给付人得请求受领人返还其物。

第 1436 条 有义务在两个物中任意选择其一为给付者，如因错误而将二者均予给付，得任意选择返还其中一物。

第 1437 条 非债清偿的受领人，依其对于清偿人的错误是否知情，或者依相关情事是否应当知情，而认定其为善意占有人或恶意占有人。

（二）抵销

第 1438 条 当事人间相互享有正当债权，且种类相同，从而一方作为债

---

〔1〕译文“法律认识错误”，原文 Rechtsirrtum，亦译“法律错误”。依法学理论，错误区分为事实错误（Tatsachenirrtum）和法律错误，前者指对事实问题的认识偏差，后者指对法律问题的认识偏差。

〔2〕译文“被照护人”，原文 Pflegebefohlener，亦译“被监护人”。

权人应受给付之物，亦得由该方作为债务人给付于他方者，双方债权在等额范围内发生互为清偿的效果，同时，双方债务在互为清偿的范围内消灭（抵销）。

第 1439 条 正当与非正当的债权，以及已到期与未到期的债权，不发生抵销。支付不能程序下的财产在何种范围内发生抵销，由支付不能法规定之。

第 1440 条 同样，以不同种类的物为给付客体的债权之间、以特定物为给付客体的债权与以不特定物为给付客体的债权之间，不得互为抵销。占有脱离物、恶意巧取之物、借用物、保管物或租赁物，不得作为留置或抵销的客体。

第 1441 条 债务人不得以其对于债权人的债务，与债权人应向第三人，而该第三人应向债务人履行的债务为抵销。对此国库享有金钱债权的人，不得以此项金钱债权，与其对彼国库所负的金钱债务为抵销。

第 1442 条 债权经数次让与者，债务人得以在让与时其对于第一个让与人享有的债权，以及其对于最后一个受让人享有的债权，主张抵销，但不得以其对于中间受让人享有的债权，主张抵销。

第 1443 条 已登记于公共登记簿的债权被让与者，仅在反对债权亦已登记且其登记地与主动债权相同，或者在让与时已将反对债权通知受让人时，始得对受让人主张抵销的抗辩。

（三）放弃

第 1444 条 凡债权人得放弃其权利之情形，债权人亦得为债务人的利益而放弃其权利，且因其放弃，债务人的义务消灭。

（四）混同

第 1445 条 权利与义务，无论因何种原因，同归一人时，二者均消灭；但债权人得任意要求分离其权利而为独立请求（第 802 条和第 812 条），或者存在完全不同性质之关系者，不在此限。因此，遗产债权人的权利、共同继承人的权利或受遗赠人的权利不因债务人继承债权人的财产而发生改变，债权人的权利不因债务人成为保证人而发生改变。

第1446条 已登记于公共登记簿的权利和义务，在其由公共登记簿中被涂销前，不因混同而消灭（第526条）。已登记的担保物权，在被涂销前，得由所有权人或以强制执行的方式，移转于第三人（第469条至第470条）。

（五）物之灭失

第1447条 特定物因意外全部灭失时，一切义务，包括补偿其价值的义务均消灭。义务的履行或债务的清偿，因其他意外事件而成为不可能者，亦适用此项原则。但在任何情形下，债务人就其为履行义务而取得的利益，应以善意占有人的地位，负返还义务或偿还义务，以避免他人受损害而自己得利。

（六）死亡

第1448条 专属于死者本人的权利和义务，或者仅与死者本人行为发生联系的权利和义务，因死亡而消灭。

（七）期限届满

第1449条 由遗嘱、契约、法院判决或法律限定期间的权利和义务，因期间届满而消灭。权利和义务因罹于法律规定的时效而消灭的方式，由下一章规定之。

回复原状

第1450条 能依民事法律予以直接否定的不法行为和不法交易，纵未罹于诉讼时效，民事法律仍不准许其回复原状。回复原状，属于诉讼程序之情形者，由法院法规定之。

第四章　诉讼时效和取得时效

诉讼时效

第 1451 条　诉讼时效，指权利人因未在法律规定的期间内行使其权利而丧失权利。

取得时效

第 1452 条　罹于诉讼时效的权利，因法定占有而移转于他人者，其权利，称为因取得时效而取得的权利，其取得方式，称为时效取得。

何人得以诉讼时效和取得时效取得权利

第 1453 条　凡有能力依其他方式取得权利的人，亦得基于取得时效而取得所有权或其他权利。

诉讼时效和取得时效得对何人发生效力

第 1454 条　凡有能力行使其权利的私人，诉讼时效和取得时效均对其发生效力。对于被监护人和被照管人、教会、乡镇或其他法人、公共财产的管理人和非因其过错而不在当地的人，诉讼时效和取得时效仅在第 1494 条、第 1472 条和第 1475 条规定的范围内发生效力。

取得时效的客体

第 1455 条　凡属可取得的物，亦得因取得时效而取得。但因其本质属性或因法律规定而不得被占有的物，以及根本不能让与的物和权利，均非取得时效的客体。

第 1456 条 基于前条规定的理由，专属于国家元首的权利，例如海关设置权、铸币权、征税权和其他属于主权范围内的权利（经济特权）[1]，不因取得时效而取得，与这些权利相对应的义务，亦不罹于诉讼时效。

第 1457 条 其他属于但非专为国家元首保留的权利，例如林业权、狩猎权和渔业权等，一般得由其他国民依时效而取得，但其时效期间长于普通的时效期间（第 1472 条）。

第 1458 条 配偶间的权利、登记的同性伴侣间的权利、父母与子女间的权利和其他人身权，均非取得时效的客体。但善意行使此种性质之权利的人，得凭借其不知情且无过错，暂时主张和行使此种被误认为存在的权利。

第 1459 条 自然人关于其行为与其所有物的权利，例如在某时某地购买货物的权利，或者利用草地或水源的权利，不罹于诉讼时效，但法律明确规定权利人未在一定期限内行使即丧失其权利者，不在此限。但一方已禁止或阻止他方行使此种权利者，与后者之自由居于对立关系的禁止权的占有，自前者对后者施加禁止或阻止时开始，并在具备所有其他要件时，适用诉讼时效和取得时效（第 313 条和第 351 条）。

取得时效的要件

（一）占有

第 1460 条 取得时效的要件，除占有人和客体适格外，还包括：须占有人实际占有得依此项方式取得的物和权利；须为合法、善意和无瑕疵的占有（第 309 条、第 316 条、第 326 条和第 345 条）。

1. 须为合法占有

第 1461 条 凡占有，其所依据的权原足以使让与人的所有权移转于受让人者，均为合法占有，并可充足取得时效的要件。属于此种权原者，例如遗赠、赠与、消费借贷、买卖、互易、债务清偿，等等。

---

〔1〕 译文“其他属于主权范围内的权利（经济特权）”，原文 andere Hoheitsrechte（Regalien）。

第 1462 条　因设定担保、使用借贷、保管或设定用益权而交付的物，因欠缺合法权原，不得由债权人、借用人、保管人或用益权人依时效而取得。其地位由继承人承受时，继承人不取得优于被继承人的权原。仅第三人在其作为合法占有人时，得依时效而取得。

2. 须为善意占有

第 1463 条　作为取得时效要件的占有，须为善意占有。前占有人的非善意，对善意的后占有人或继承人不发生影响，善意的后占有人或继承人的取得时效，自其取得占有之日起算（第 1493 条）。

3. 须为无瑕疵的占有

第 1464 条　作为取得时效要件的占有，须为无瑕疵的占有。占有人以强力或欺诈，或者以秘密的方法，或者以请求方式，取得占有者，其本人及其继承人均不得主张取得时效。

（二）时间的经过

第 1465 条　取得时效和诉讼时效，均以法定期间届满为要件。除法律就若干特定情形而规定的期间外，所有其他一般情形的取得时效和诉讼时效的期间，由本法规定之。时效期间的长短，不仅与权利和物的性质有关，亦与人的性质有关。

取得时效的期间

普通期间

第 1466 条　合法占有〔1〕动产经过三年者，取得其所有权。

第 1467 条（已废止）

第 1468 条　正式的公共登记簿尚未建立，不动产的取得凭借法院的行为和其他文件证明时，或不动产并非以对该不动产行使占有权的人的名义被登记时，取得时效的完成，须经过三十年。

---

〔1〕 关于合法占有（ein rechtlicher Bezitz，ein rechtmäßiger Bezitz），见第 1461 条。

第 1469 条（已废止）

第 1470 条 正式的公共登记簿尚不存在，或者不动产上的权利未被登记者，善意占有人的时效取得，须经过三十年。

第 1471 条 对于非经常性行使的权利，例如任命受俸牧师的权利或请求为修建桥梁捐助的权利，主张取得时效的人，除须证明已经过三十年外，尚须证明，在此期间内行使该权利的机会至少有三次，且其每次均曾行使该权利。

特别期间

第 1472 条 对适用取得时效的国家财产〔1〕(第 287 条、第 289 条、第 1456 条和第 1457 条）向国库即国家财产的管理人，以及对教会财产、乡镇财产或其他合法团体财产向该财产的管理人主张取得时效者，仅届满普通的取得时效期间，尚为未足。在动产之情形，以及在以占有人的名义登记于公共登记簿的不动产、不动产上行使的役权或其他权利之情形，取得时效的完成，须经六年的继续占有。未以占有人的名义登记于公共登记簿的不动产、不动产役权或其他权利，以及其他可对于国库和本条上述特权人主张取得时效的权利，其取得时效的完成，须经四十年的继续占有。

第 1473 条 与依法就取得时效期间享有特权的人具有共同关系的人，得主张相同的特权。较长取得时效期间的利益，对于享有同样特权的其他人，亦生效力。

第 1474 条（已废止）

第 1475 条 所有权人不在其物所在地的省份居住者，他人对该物主张普通的取得时效和诉讼时效时，所有权人任意且无过错而离开其物的期间，仅得减半计算，即一年仅作六个月计算。但继续不中断离开其物的时间不足一年的短期离开，不减半计算，且在计算时效期间时，其实际离开的时间总量，

〔1〕 译文“国家财产”，原文 die Staatsgüter und das Staatsvermögen。

不应超过三十年。离开其物有过错时，对于普通的取得时效期间和诉讼时效期间，不适用上述特别的计算办法。

第1476条　占有人，直接自有瑕疵或非善意的占有人处取得动产，或者不能指出其前手者，仅在届满双倍的普通取得时效的期间时，因时效而取得。

第1477条　占有人，能证明基于届满三十年或四十年期间的取得时效而取得权利者，无须证明具有合法的权原。但其占有，经证明为非善意者，虽已届满此项较长期间，亦不成立取得时效。

诉讼时效期间

一般规定

第1478条　取得时效包含诉讼时效者，在具备规定的要件时，二者在同一期间完成。但纯粹的诉讼时效〔1〕，因三十年间不行使能行使的权利而完成。

第1479条　得对第三人行使的权利，无论其能否登记于公共登记簿，其最长时效期间，一般为三十年，因不行使或保持沉默而消灭。

第1480条　应每年定期给付但尚未付清的债权，特别是利息、定期金、扶养费、取自养老财产的定额给付，以及就本金的偿还而约定的应每年偿付的本金和利息，因三年不行使而消灭；此种定期给付所由发生的基础权利本身，因三十年不行使而罹于诉讼时效。

例外规定

第1481条　基于调整家庭关系的法律和规范人身权的一般法律而产生的义务，例如对子女提供维持生活必要费用的义务，以及与第1459条所列自由处分财产的权利相对应的义务，例如准许分割共有物或准许勘定疆界的义务，不罹于诉讼时效。

---

〔1〕译文“纯粹的诉讼时效”，原文 eigentliche Verjährung，指非包含在取得时效内或不与取得时效发生联系的诉讼时效。eigentliche Verjährung 亦表达为 bloße Verjährung。Vgl. Franz von Zeiller, Kommentar über das allgemeine bürgerliche Gesetzbuch, Bd. 4, 1813, S. 257.

第 1482 条 同样，对于他人土地，得就其整体行使的权利，或者得任意以各种方式行使的权利，不得仅因权利人长期只对土地的一部分或只以一种方式行使其权利而受限制；非有禁止权或阻止权的受让取得或时效取得，不产生权利的受限制（第 351 条）。对乡镇所有成员享有的权利，而权利人仅对部分成员行使者，亦适用此项原则。

第 1483 条 债权人占有担保物者，不得对债权人主张怠于行使担保物权的抗辩，且担保物权不罹于诉讼时效。债务人赎回担保物的权利，亦不罹于诉讼时效。但债权超过担保物价值者，其超过部分，得因诉讼时效而消灭。

第 1484 条 非经常性行使的权利，在三十年的诉讼时效期间内有三次行使的机会，而权利人未曾行使此项权利者（第 1471 条），罹于诉讼时效。

第 1485 条 （1）对于依第 1472 条规定享有特权的人，其诉讼时效，与取得时效一样，因经过四十年而完成。

（2）关于权利因三十年或四十年间不行使而丧失的一般规则，仅适用于法律未规定较短诉讼时效期间的情形（第 1465 条）。

特别的诉讼时效期间

第 1486 条 下列债权，因三年不行使而罹于诉讼时效：

1. 因手工业、商业或其他营业活动中供应商品、提供劳务或其他给付而产生的债权；
2. 因农林业中供应农林产品而产生的债权；
3. 受专门从事提供膳宿、照顾、医疗、教育或授课等服务之人的聘任，或者在为此目的而设立的机构中承担其目的的事务，因此而产生的债权；
4. 使用租赁和用益租赁中的租金债权；
5. 基于雇用人与帮工、临时工、佣人或其他为私人提供服务的人订立的雇佣契约，作为受雇人而享有的请求给付报酬和偿还垫款的债权，以及雇用人请求返还为上述债权提供的预付款而享有的债权；
6. 医生、兽医、助产士、私人教师、律师、公证人、专利律师以及所有其他经公共部门认定有资格提供特定服务的人，因其提供服务或支付垫款而享有的债权，以及服务接受人请求上述服务提供人返还预付款而享有的债权；

7. 因装潢而产生的债权。

第 1486*a* 条　夫妻一方为他方的职业活动提供协助，因此而享有的补偿请求权（第 98 条），自其提供协助的当月结束时起，经过六年而罹于诉讼时效。

第 1487 条　下列各项权利，须在三年内主张之：请求宣告遗嘱无效的权利；请求给付特留份或补足特留份差额的权利；因受赠人忘恩行为而撤销赠与的权利，或者因特留份被侵害而请求受赠人返还赠与财产的权利；在有偿契约之情形，因所受之对待给付，价值短少逾半，而主张撤销契约的权利，或者对于已实行的共有物分割提出异议的权利；契约当事人一方，因恐惧或因非由他方过错欺诈所致之错误而订立契约时，主张撤销契约的权利。三年期间届满后，上述权利罹于诉讼时效。

第 1488 条　役权的义务人反对役权人行使其役权，而役权人在随后的三年间未曾主张其权利者，役权因不行使而罹于诉讼时效。

第 1489 条　损害赔偿之诉，不论损害系因违反契约义务而发生或与契约无关，自受害人知悉损害和加害人时起，经过三年而罹于诉讼时效。受害人不知损害或加害人者，或者损害系因一项或数项故意实施的、应受刑事处罚且有可能被判处一年以上自由刑的行为而发生者，请求损害赔偿的诉权，仅在经过三十年后消灭。

第 1490 条　（1）关于单纯以语言、文字、动作姿势损害名誉的诉讼，经过一年后不得再提起。但名誉因暴力行为而受损害者，要求赔偿的诉权，经过三年而罹于诉讼时效。

（2）散布不实事项，损害他人的信用、获利能力或未来发展，因此而产生的损害赔偿诉讼，其诉讼时效，适用第 1489 条的规定。

第 1491 条　就若干权利，法律规定更短诉讼时效期间者，从其规定。适用更短诉讼时效期间的权利，由规范该项权利的法律规定之。

第1492条 汇票权利的诉讼时效期间，由汇票法规定之。[1]

时效期间的合并计算

第1493条 自合法且善意的占有人处善意承受其物的人，有权作为承继人，合并计算前手已经过的取得时效期间（第1463条）。此项规则，亦适用于诉讼时效期间的计算。在三十年或四十年期间的取得时效之情形，虽无合法权原，在纯粹的诉讼时效之情形，虽不存在善意或无过错的不知情，亦适用此项合并计算。

时效的停止

第1494条 取得时效期间或诉讼时效期间，对于因心神耗弱而不能管理其权利的人、未成年人或心智不健全的人，在为其指定法定代理人前，不开始进行。已开始进行的取得时效期间或诉讼时效期间，虽应继续进行，但自上述障碍消除时起两年内不完成。

第1495条 夫妻间或登记的同性伴侣间，以及未成年人或其他被照管人与照管人、财产管理人或保佐人间，其取得时效或诉讼时效，在婚姻关系、登记的同性伴侣关系，或者照管、管理、保佐关系存续期间，不开始进行，已开始者，停止进行。此项规定不适用于为职业活动提供协助而享有的补偿请求权，但夫妻双方或已登记的同性伴侣双方，就补偿请求权诉请法院裁判者，在诉讼程序正当继续期间，其诉讼时效停止进行。

第1496条 权利人因在公共部门担任职务或在军队中服兵役而不在当地，或者司法活动因诸如瘟疫或战争而完全停止者，在权利人不在当地期间或司法活动停止期间，取得时效或诉讼时效不开始进行，已开始者，停止进行。

时效的中断

第1497条 取得时效和诉讼时效的受益人，在时效期间届满前，以明示或默示的方式承认相对人的权利，或者权利人在时效期间届满前对义务人提

---

〔1〕 见《奥地利票据法》第70条和第71条。

起诉讼且其诉讼被正当继续者，取得时效或诉讼时效中断。但起诉为确定的裁判所驳回者，时效视为不中断。

取得时效和诉讼时效的效力

第 1498 条　依取得时效而取得物或权利的人，对于原所有权人，得诉请法院裁判确认其取得，经裁判确定取得的权利，如为公共登记簿所登记者，取得人得请求将其登记于公共登记簿。

第 1499 条　同样，诉讼时效完成后，义务人得请求涂销其登记于公共登记簿中的义务，或者请求宣告权利人原本享有的权利及为该权利而发行的证书无效。

第 1500 条　基于取得时效或诉讼时效而取得的权利，不得对在其被登记于公共登记簿前因信赖公共登记簿而取得其物或其物上权利的人造成损害。

第 1501 条　非经当事人援用，法院不得依职权适用诉讼时效。

诉讼时效利益的抛弃或诉讼时效期间的延长

第 1502 条　不得预先抛弃诉讼时效的利益，亦不得依约定加长法律规定的诉讼时效期间。

第五章　自2013年2月1日起生效的规定和过渡性规定

第1503条　（1）关于《关于儿童权利和姓名权利的2013年修正法案》（2013年《联邦法律公报》第一部分第15号）的生效，规定如下：

1. 《关于儿童权利和姓名权利的2013年修正法案》，除下列各项另有规定外，自2013年2月1日起生效。
2. 本法第93条至第93*c*条，适用于2013年3月31日后结婚的夫妻。
3. 本法第148条第3款和第152条，准用于在法院笔录中所表示的同意。
4. 本法第155条至第157条，适用于2013年3月31日以后出生的子女或被收养的子女。本法1995年文本的第139条（依1995年《关于姓名权的修正法案》而修正的条文，1995年《联邦法律公报》第25号）[1]，适用于2013年4月1前出生的子女。
5. 在2013年4月1日前结婚的夫妻，得在2013年9月1日后，依本法规定决定其姓氏。对于2013年4月1日前出生或被收养的子女，亦得在2013年9月1日后，依本法规定，为其决定姓氏。
6. 夫妻双方或父母双方或父母一方的姓氏变更，依登记，发生2013年3月1日之后者，应适用本法第93条第2款和第155条第2款。
7. 使用姓名的权利和义务，基于2013年4月1日前的姓名法意义上的事项而取得或发生者，不受影响。
8. 本法第142条及其标题，除在公告之次日前已开始的诉讼程序外，亦适用第142条生效前已声明的承认。第142条自本法公告于《联邦法律公报》之次日起生效。

---

[1] 1995年文本的《奥地利普通民法典》第139条规定如下：“（1）父母有共同姓氏者，其子女取得该家庭姓氏。（2）父母无共同姓氏者，子女取得其父母在结婚前或结婚时以官方出具的文书或经官方认证的文书的方式向民事身份官指定的婚生子女的姓氏。于此情形，父母仅得指定其中一方的姓氏为子女的姓氏。（3）无第2款指定者，子女取得父亲的姓氏。”

9. 本法的施行条例，得在本法公告于《联邦法律公报》之次日公布；该条例自2013年2月1日起生效。

（2）

1. 第905条、第907*a*条、第1417条和第1420条（依2013年《关于给付迟延的法律》而修正的条文，2013年《联邦法律公报》第一部分第50号），以及条文序号原为第905*a*条调整为第907*a*条的变更和原为第905*b*条调整为第905*a*条的变更（依2013年《关于给付迟延的法律》而变更的条文序号，2013年《联邦法律公报》第一部分第50号），自2013年3月16日起生效。第905条、第907*a*条、第1417条和第1420条（依2013年《关于给付迟延的法律》而修正的条文，2013年《联邦法律公报》第一部分第50号），适用于2013年3月16日以后成立的法律关系。对于2013年3月16日以前成立的法律关系，仍适用原来的规定；法律关系虽在2013年3月16日以前成立，但依该法律关系而应履行的定期性金钱给付，在2013年3月16日以后到期者，应适用新规定。
2. 第1100条（依2013年《关于给付迟延的法律》而修正的条文，2013年《联邦法律公报》第一部分第50号），自2013年3月16日起生效，该条亦适用于2013年3月16日前订立的契约。

（3）第197条和第201条（依2013年《关于收养法的修正法案》而修正的条文，2013年《联邦法律公报》第一部分第50号），自2013年8月1日起生效。该规定，亦适用于2013年7月31日前已订立书面契约的子女收养。

（4）依2014年《关于转化消费者权利指南的联邦法律》而修正的第429条、第905条和第1420条（2014年《联邦法律公报》第一部分第33号），自2014年6月13日起生效。

（5）关于《民事合伙改革法》（2014年《联邦法律公报》第一部分第83号）的生效，规定如下：

1. 依《民事合伙改革法》而修正的第826条、第1175条至第1216*e*条，自2015年1月1日起生效。除下述另有规定外，对于在2015年1月1日之前的事项，仍适用第二编第二十七章原来的规定。
2. 在合伙契约中的约定优先适用的原则（依《民事合伙改革法》而修正的第1181条）不受影响的前提下，依《民事合伙改革法》而修正的

第1182条至1196条、第1203条至第1205条、第1208条至第1211条、第1213条和第1214条第1款，自2016年7月1日起，适用于2015年1月1日之前成立的民事合伙，但合伙人中之一人在2016年6月30日前向其他合伙人表示仍欲适用此前生效之法律者，不在此限。

3. 在合伙契约中的约定优先适用的原则（依《民事合伙改革法》而修正的第1181条）不受影响的前提下，依《民事合伙改革法》而修正的第1182条至第1196条、第1203条至第1205条、第1208条至第1211条、第1213条和第1214条第1款，自2022年1月1日起，亦适用于2015年1月1日之前成立的民事合伙。

（6）依《关于医学辅助生殖之法律2015年修正法案》（2015年《联邦法律公报》第一部分第35号）修正后的第144条和第145条第1款，自2015年1月1日起生效，适用于2015年1月1日以后出生的和以医学辅助生殖方式生育的子女。

奥地利普通民法典	
条文细目	
序　言	
法例　民法的基本准则	
第1条	民法的定义
第2条	
第3条至第5条	法律的生效时间
第6条至第8条	解释
第9条	法律的有效期间
	法律规范的其他形式：
第10条	1. 习惯
第11条	2. 各省颁布的法规
第12条	3. 法官的判决
第13条	4. 特权
第14条	民法的主要部分
第一编　人　法	
第一章　与人的性质和各种社会关系有关的权利	
第15条	**人的权利**
	一、基于人的性质而发生的权利
第16条	与生俱来的权利
第17条	关于权利的法律推定
第18条	可取得的权利
第19条和第20条	权利的保护
第21条至第23条	**二、未成年人和其他非完全行为能力人的权利**
第24条和第25条	**三、基于失踪状态而产生的权利**（已废止）
第26条和第27条	**四、法人的权利**
	五、基于国籍而产生的权利

续表

第28条	
第29条至第32条	（已废止）
第33条	外国人的权利
第34条至第37条	（已废止）
第38条	
第39条	**六、基于宗教关系而产生的权利**
第40条至第42条	**七、因家庭关系产生的权利：家庭、血亲和姻亲**
第43条	**八、姓名的保护**
第二章　婚姻法	
第44条	婚姻的定义
第45条	婚约的定义
第46条	解除婚约的法律效果
第47条至第88条	（已废止）
第89条至第92条	婚姻在人身关系方面的法律效力
第93条至第93*c*条	姓名
第94条至第100条	婚姻的其他效力
第101条至第136条	（已废止）
第三章　亲子法	
第一节　一般规定	
第137条	一般原则
第138条和第139条	子女的福祉
第二节　子女的出身	
	1. 一般情形
第140条	
第141条	关于出身事项的行为能力
第142条	关于出身事项的权利承继
	2. 母之身份

续表

第 143 条	
	3. 父之身份
第 144 条	父之身份和另一方父母之身份
第 145 条	生父和另一方父母的承认
第 146 条和第 147 条	生父的承认
第 148 条和第 149 条	法院对父亲身份的确认
第 150 条	已确定出身关系情形下的父亲身份的确认
第 151 条至第 153 条	子女非为生母之夫所出时的出身确认
第 154 条	对父亲身份的承认作出无法律效力的宣告
第三节　子女的姓氏	
第 155 条至第 157 条	
第四节　子女的照管	
第 158 条	照管的内容
第 159 条	须为子女的福祉而实施行为
第 160 条至第 163 条	照护、教育与子女居住地的决定
第 164 条至第 166 条	财产管理
第 167 条至第 169 条	对子女的法定代理权
第 170 条至第 175 条	未成年子女的行为能力
第 176 条	未成年子女的侵权行为能力
第 177 条	父母对子女的照管权
第 178 第	父母一方存在障碍时的照管权
第 179 第	婚姻或夫妻共同生活关系解销时的照管权
第 180 条	照管权的变更
第 181 条和第 182 条	照管权的剥夺和限制
第 183 条	照管权的终止
第 184 条和第 185 条	寄养父母

续表

第五节　其他权利和义务	
第 186 条至第 188 条	个人来往
第 189 条	知情权、意见表达权与代理权
第 190 条	关于照管、个人来往和抚养费的协议
第六节　子女收养	
第 191 条	
第 192 条	收养的形式、收养效力的发生
第 193 条	收养关系当事人的年龄
第 194 条至第 196 条	收养的批准
第 197 条至第 199 条	收养的效力
第 200 条至第 203 条	撤销与废止
第四章　其他人对子女实行的照管	
第 204 条至第 206 条	
第 207 条至第 212 条	青少年福利机构的职责
	其他照管人的特别义务和特别权利
第 213 条	1. 在照护和教育事务方面
第 214 条	2. 在财产管理事务方面
第 215 条至第 224 条	关于未成年人金钱的管理
第 225 条和第 226 条	照管权的变更
第 227 条和第 228 条	责任
第 229 条	对照管受任人的补偿
第 230 条	支付报酬与偿还费用
第五章　子女的抚养	
第 231 条至第 234 条	
第 235 条	与子女出生相关的请求权
第 236 条至第 267 条	（已废止）

续表

第六章　管理、其他的法定代理和预防性代理权	
	指定管理人或保佐人的要件
第268条	1. 为残疾人指定管理人
第269条	2. 为尚未出生的胎儿指定保佐人
第270条	3. 为不在居住地的人和不知名的交易当事人指定保佐人
第271条和第272条	4. 利益冲突时指定保佐人
第273条和第274条	指定
第275条	权利与义务
第276条	补偿、报酬与费用偿还
第277条	责任
第278条	变更与终止
	关于管理人的特别规定
第279条	1. 管理人的选任
第280条	2. 残疾人的行为能力
第281条	3. 应考虑残疾人的意愿和需求
第282条至第284*a*条	4. 人身照管
第284*b*条至第284*e*条	近亲属的代理权
第284*f*条至第284*h*条	预防性代理权
第二编　物　法	
	物及其在法律上的分类
第285条和第285*a*条	法律意义上的物的定义
第286条	物依其归属于不同主体的分类
第287条	无主物、公共物和国家财产
第288条	乡镇财产、乡镇资产
第289条	国王的私人财产
第290条	关于不同种类财产的一般规定
第291条	物依其不同性质的分类

续表

第 292 条	有体物和无体物
第 293 条	动产和不动产
第 294 条	关于附属物的一般规定
第 295 条和第 296 条	关于土地和池塘的特别规定
第 297 条	关于建筑物的特别规定
第 297*a* 条	机器
第 298 条	权利通常视为动产
第 299 条	经预告登记的债权亦视为动产
第 300 条	地下建筑物所有权
第 301 条	消费物和非消费物
第 302 条	集合物（总括物）
第 303 条	可估价物与不可估价物
第 304 条	法院估价的方法
第 305 条	通常价格和特别价格
第 306 条	法院估价应采用的标准
第 307 条和第 308 条	对物权和对人的物上权利的定义
物法第一分编　对物权	
第一章　占　有	
第 309 条	**持有人、占有人**
	占有的取得
第 310 条	取得占有的能力
第 311 条	占有的客体
第 312 条	取得占有的方法
第 313 条	特别是对于积极权利、消极权利或禁止权利之取得占有
第 314 条	占有的直接取得和间接取得
第 315 条	取得占有的范围
第 316 条	合法占有、不法占有

续表

第 317 条	合法占有的权原
第 318 条	持有人尚无占有权原
第 319 条	持有人不得擅自取得占有权原
第 320 条	单纯权原的效力
第 321 条和第 322 条	取得实际的占有权的要件
第 323 条和第 324 条	不得要求占有人说明占有的法律原因
第 325 条	例外
第 326 条	善意的占有人和非善意的占有人
第 327 条	共同占有人成为非善意占有人或不法占有人的情形
第 328 条	关于善意占有的判定
	占有的继续
	善意占有时的权利：
第 329 条	1. 对于物之本体的权利
第 330 条	2. 对于收益的权利
第 331 条和第 332 条	3. 关于费用的权利
第 333 条和第 334 条	价金偿还请求权
第 335 条和第 336 条	恶意占有人的责任
第 337 条	乡镇占有善意与否的认定
第 338 条	因占有之诉而成为恶意占有
第 339 条	占有受妨害时占有人的法律救济
第 340 条至第 342 条	特别是建筑行为致占有受妨害时的法律救济
第 343 条	现有建筑物存在危险致占有受妨害时的法律救济
	维持占有状态的法律途径：
第 344 条	1. 有紧迫危险时的法律途径
第 345 条和第 346 条	2. 对抗瑕疵占有人的法律途径
第 347 条	3. 对占有是否为瑕疵有疑义时的法律途径
第 348 条	同时有数人请求移交物的占有时持有人可采取的防御方法

续表

	占有的消灭：
第 349 条	1. 有体物
第 350 条	2. 登记于公共登记簿中的权利
第 351 条和第 352 条	3. 其他权利
第二章　所有权	
	所有物的定义
第 353 条	客观意义上的所有物
第 354 条	主观意义上的所有物
第 355 条和第 356 条	取得所有权的主客观可能性
第 357 条	（已废止）
第 358 条	
第 359 条和第 360 条	（已废止）
第 361 条	共有
第 362 条	所有权人的权利
第 363 条	对所有权人的限制
第 364 条至第 365 条	
	所有权之诉：
第 366 条	1. 真正的所有物返还之诉；谁有权和向谁提起诉讼？
第 367 条和第 368 条	善意取得
第 369 条至第 371 条	原告应负怎样的举证责任？
第 372 条至第 375 条	2. 因在法律上推定原告有所有权而发生的所有权返还之诉
	对哪些占有人发生所有权的推定？
	法律后果：
第 376 条	1. 否认占有
第 377 条	2. 伪称占有
第 378 条	3. 对有争议的物放弃占有
第 379 条	占有人对于所有权人的赔偿范围

续表

第三章　因先占而取得所有权	
第 380 条	取得所有权的法律要件
	直接取得的权原和方式
第 381 条和第 382 条	先占
第 383 条和第 384 条	（一）动物的捕获
第 385 条至第 387 条	（二）发现无主物
	关于拾得的规定
第 388 条至第 396 条	1. 遗失物和遗忘物
第 397 条	2. 隐藏物
第 398 条至第 401 条	3. 宝藏
第 402 条	（三）战利品
第 403 条	因抢救他人动产而产生的权利
第四章　因添附而取得所有权	
第 404 条	添附的定义
	一、自然添附
第 405 条和第 406 条	1. 自然的出产物
	2. 动物的出产物
第 407 条和第 408 条	3. 岛屿
第 409 条和第 410 条	4. 被废弃的河床
第 411 条	5. 淤积地
第 412 条和第 413 条	6. 被冲失的土地
	二、因加工或附合而发生的人工添附
第 414 条至第 416 条	一般规定
第 417 条至第 419 条	特别规定：被用作建筑材料时
	三、混合的添附
第 420 条至第 422 条	

续表

第五章　因交付而取得所有权	
第 423 条	间接取得
第 424 条	间接取得的权原
第 425 条	间接取得的方式
	交付的方式：
	（一）动产的交付方式
第 426 条	1. 有形交付
第 427 条	2. 象形交付
第 428 条	3. 依表示而交付
第 429 条	寄送的后果
第 430 条	物被让与数人的后果
第 431 条	（二）不动产和建筑物的交付方式
	关于取得的特别规定：
第 432 条至第 435 条	1. 依契约而取得
第 436 条	2. 依判决和其他裁判文书而取得
第 437 条	3. 依遗赠而取得
第 438 条和第 439 条	在公共登记簿中进行附条件登记或预告登记
第 440 条	关于不动产登记冲突的规定
	取得的效果：
第 441 条	1. 关于占有
第 442 条	2. 关于从属于所有权的权利
第 443 条	3. 负担
第 444 条	所有权的消灭
第 445 条	上述规定亦适用于其他物权
第 446 条	不动产登记的形式与注意事项
第六章　担保物权	
第 447 条	担保物权和担保物的定义

续表

第448条	担保物的种类
第449条和第450条	担保物权的权原
	担保物权的取得方式：
第451条	1. 依有形交付而取得
	2. 依登记或向法院交存文书而取得
第452条	3. 依象形交付而取得
第453条	4. 依预告登记而取得
第454条和第455条	转担保的取得
第456条	以他人之物出质
第457条	担保物权的客观范围
	担保物权人的权利和义务：
第458条	1. 担保不足时
第459条至第460*a*条	2. 债权到期前
第461条至第466条	3. 债权到期后
第466*a*条至第466*e*条	4. 诉讼外的担保物变价
第467条至第470条	担保物权的消灭
第471条	留置权
第七章　役　权	
第472条	役权的定义
第473条	役权区分为地役权和人役权
第474条	地役权区分为田野地役权和房屋地役权
	地役权的通常类型：
第475条和第476条	1. 房屋地役权
第477条	2. 田野地役权
第478条	人役权的类型
第479条	不规整役权和表象役权
第480条	役权的取得、取得权原

续表

第481条	取得方式
	役权中的法律关系
第482条至第486条	关于役权的一般规定
第487条	地役权的行使，特别是使他人建筑物负重、将房屋梁木嵌入他人墙体或通过他人烟囱排放烟气之权利的行使
第488条	窗户权
第489条	屋檐排水权
第490条和第491条	雨水导流权
第492条至第494条	人行通道权、牲畜走道权和车行通道权
第495条	地役权的区域空间
第496条	汲水权
第497条	引水权和排水权
第498条	放牧权
	法律规定：
第499条	1. 可放牧牲畜的种类
第500条	2. 可放牧牲畜的数量
第501条	3. 放牧期间
第502条	4. 放牧权的权限范围
第503条	上述规定之适用于其他役权
	人役权，特别是：
第504条	（一）使用权
第505条和第506条	关于收益的规定
第507条	关于物之本体的规定
第508条	关于负担的规定
第509条	（二）用益权
第510条	用益权得扩及于消费物的程度
第511条	用益权人的权利和义务

续表

	特别规定：
第 512 条	1. 关于供役物上的负担
第 513 条	2. 关于供役物的保持和维护
第 514 条至第 516 条	3. 修建
第 517 条	4. 改良费用
第 518 条	关于改良费用的证据
第 519 条	用益权终了时的收益分配
第 520 条	使用权人或用益权人的担保义务
第 521 条和第 522 条	（三）居住权
第 523 条	关于役权的诉权
	役权的消灭
第 524 条	一般规定
	役权消灭的特别事由：
第 525 条	1. 供役地或需役地灭失
第 526 条	2. 混同
第 527 条和第 528 条	3. 期间届满
第 529 条	人役权消灭的特别事由
第 530 条	不适用于继续性给付的定期金
第八章　继承权	
第 531 条	遗产
第 532 条	继承权和继承
第 533 条和第 534 条	继承权的权原
第 535 条	继承与遗赠的区别
第 536 条和第 537 条	继承开始的时间
第 537*a* 条	登记的同性伴侣在继承法上的权利
第 538 条和第 539 条	继承能力
第 540 条至第 544 条	无继承能力的原因（其中第 543 条已废止）

续表

第545条和第546条	继承能力的判断时间
第547条至第550条	接受继承的效力
第551条	继承权的放弃
第九章　遗　嘱	
第552条	遗嘱的定义
	要件：
第553条	**一、内在形式**
	遗产的分配：
第554条	1. 仅指定一个继承人时
第555条	2. 指定数个继承人但未指定继承份时
第556条	3. 全体继承人均被指定继承份时
第557条和第558条	4. 被指定的继承人中，有些被指定继承份，有些未被指定继承份时
第559条	数个继承人应被视为一个人的情形
第560条至第564条	增加继承份的权利
第565条	遗嘱须为被继承人在意志自由状态下慎思后所作出且内容确定
	无遗嘱能力的原因：
第566条至第568条	（一）欠缺判断能力
第569条	（三）未达到成熟年龄
第570条至第572条	（四）重大错误
第573条	（五）宗教誓言
第574条	（已废止）
第575条和第576条	遗嘱有效的判断时间
第577条	**二、遗嘱的外在形式**
第578条至第583条	（一）法院外的书面遗嘱
第584条至第586条	（已废止）
第587条至第590条	（二）法院内的遗嘱

续表

第591条	遗嘱见证人不适格
第592条和第593条	（已废止）
第594条至第596条	
第597条	受优遇的遗嘱
第598条至第600条	（已废止）
第601条	遗嘱因形式瑕疵而无效
第602条	仅夫妻间的继承契约有效
第603条	死因赠与：参见条文
第十章　替补继承人和世袭财产	
第604条和第605条	普通的替补继承
第606条和第607条	基于普通的替补继承而产生的权利
第608条	世袭的替补继承
第609条	父母得为其子女指定替补继承人的范围
第610条	潜在的、世袭的替补继承
第611条和第612条	关于世袭的替补继承的限制
第613条	世袭的替补继承时继承人的权利
第614条	关于替补继承的解释规则
第615条至第617条	普通的和世袭的替补继承的消灭
第618条至第645条	（已废止）
第646条	世袭财产与财团的区别
第十一章　遗　赠	
第647条和第648条	遗赠人、遗赠方式与受遗赠人
第649条至第651条	遗赠义务人
第652条	替补遗赠
第653条和第654条	遗赠的客体
第655条	关于遗赠的一般解释规则
	关于遗赠的特别规定：

续表

第656条至第659条	1. 种类物的遗赠
第660条和第661条	2. 特定物的遗赠
第662条	3. 他人物的遗赠
第663条至第668条	4. 债权的遗赠
第669条至第671条	5. 婚产遗赠（第669条至第671条连同标题已废止）
第672条和第673条	6. 扶养、教育的遗赠，或者费用的遗赠
第674条	7. 家具的遗赠，家用器具的遗赠
第675条至第677条	8. 容器的遗赠
第678条	9. 珠宝、首饰、化妆物的遗赠
第679条	10. 金银、织物、车马的遗赠
第680条	11. 现金的遗赠
第681条	12. 定义：子女
第682条	13. 定义：血亲
第683条	14. 定义：佣人
第684条	遗赠开始的时间
第685条至第687条	给付日
第688条	受遗赠人的担保权
第689条	未由受遗赠人取得的遗赠物的归属
第690条和第691条	遗产被全部遗赠时继承人的权利
第692条和第693条	负担超过遗产时继承人的权利
第694条	对于公共机构的法定资助
第十二章　遗嘱的限制与废止	
第695条	被继承人限制或变更遗嘱的权利
	被继承人限制其遗嘱的方式：
第696条	（一）条件
	具体的规定：
第697条	1. 无法理解的条件

续表

第 698 条	2. 不能条件或不法条件
第 699 条	3. 可能条件和合法条件
第 700 条	4. 以不结婚为条件
第 701 条	5. 条件于被继承人生前成就
第 702 条	条件是否扩及于替补继承人或替补受遗赠人
第 703 条	可能的停止条件的效力
第 704 条至第 706 条	（二）期限
第 707 条和第 708 条	附条件或附期限情形下遗嘱受益人与其继受人之间的法律关系
第 709 条至第 712 条	（三）负担
	遗嘱的废止：
第 713 条	（一）因新遗嘱的订立而被废止
第 714 条和第 715 条	因新立的、未指定继承人的遗嘱而被废止
第 716 条	不考虑先前作出的不变更遗嘱的表示
第 717 条和第 718 条	（二）因撤回而被废止
第 719 条和第 720 条	1. 明示的撤回
第 721 条至第 723 条	2. 默示的撤回
第 724 条和第 725 条	3. 推定的撤回
第 726 条	（三）因继承人放弃继承而被废止
第十三章　法定继承	
第 727 条和第 728 条	适用法定继承的情形
第 729 条	关于特留份被缩减时的规定
第 730 条	法定继承人
第 731 条	**一、血亲的法定继承权**
第 732 条至第 734 条	第一亲系：子女
第 735 条至第 737 条	第二亲系：父母和父母的直系血亲卑亲属
第 738 条至第 740 条	第三亲系：祖父母和外祖父母及其直系血亲卑亲属

续表

第741条	第四亲系：曾祖父母和外曾祖父母
742条至第749条	（已废止）
第750条	遗产由奥地利联邦先占取得
第751条	远亲无继承权
第752条至第756条	（已废止）
第757条至第759条	**二、配偶的法定继承权**
第760条	无人继承的遗产
第761条	与一般的继承规则不同的规定
第十四章　特留份、特留分或应继分之计算	
第762条至第764条	哪些人作为必然继承人而享有特留份
第765条和第766条	特留份的数额
第767条	对特留份的限制
第768条至第773条	依法剥夺继承权的情形
第773条	特留份的减少
第774条	给与特留份的方式
	必然继承人的法律救济手段：
第775条	1. 特留份被不法剥夺或减少时
第776条至第782条	2. 被继承人对特定人的特留份不做任何表示时
第783条	就继承份或特留份负有给付义务的人
第784条至第786条	分配和计算特留份的方法
第787条至第789条	算入特留份
第790条至第794条	法定继承时算入继承份
第795条	必然继承人的必要生活费请求权
第796条	配偶的生活费请求权
第十五章　遗产的取得	
第797条至第798条	合法取得遗产的条件
第799条和第800条	合法权原的证明、接受继承的表示

续表

第801条	无条件接受继承之表示的效力
第802条	附条件接受继承之表示的效力
第803条至第808条	附条件或无条件接受或拒绝继承的权利
第809条	继承权的移转
	遗产交付前的保存措施：
第810条	1. 遗产的管理
第811条	2. 向债权人提供担保或清偿债务
第812条	3. 遗产与继承人财产的分离
第813条	4. 公示催告遗产债权人
第814条	公示催告的效力
第815条	未为公示催告的效力
第816条	5. 遗嘱已被履行的证明：由遗嘱执行人证明
第817条和第818条	遗嘱已被履行的证明：由继承人证明
第819条	交付遗产的时间
第820条和第821条	共同继承人的责任
第822条	继承人的债权人所能采取的保护办法
第823条	遗产之诉
第824条	遗产之诉的效力
第十六章　所有权之共有关系和其他物权之共有关系	
第825条至第827条	共有关系的发生
第828条	共有人的共有权
第829条至第832条	共有人对其应有部分的权利
	共有人对于共有物的权利：
第833条至第838条	1. 关于共有物本身的权利
第839条和第840条	2. 关于共有物收益和负担的权利
第841条至第849条	3. 关于分割共有物的权利
第850条至第853条	疆界的回复和更正

续表

第 854 条至第 858 条	推定的共有关系
物法第二分编　对人权	
第十七章　关于契约和法律行为之一般规定	
第 859 条	对人权的发生
第 860 条至第 860 条	悬赏广告
第 861 条至第 864 条	契约的成立
	契约的有效要件：
第 865 条	（一）当事人能力
第 866 条	（已废止）
第 867 条	
第 868 条	（已废止）
第 869 条至第 877 条	（二）真实的同意
第 878 条至第 880 条	（三）可能和合法
第 881 条和第 882 条	利益第三人的契约
第 883 条至第 886 条	契约的形式
第 887 条	（已废止）
第 888 条至第 890 条	关于义务或权利的共有关系
第 891 条至第 896 条	连带之债
	契约的附款：
第 897 条至第 899 条	（一）条件
第 900 条和第 901 条	（二）动机
第 902 条至第 907*b* 条	（三）履行的时间、地点和方式
第 908 条	（四）定金
第 909 条至第 911 条	（五）解约金
第 912 条和第 913 条	（六）从债务
第 914 条至第 916 条	契约的解释规则
第 917 条至第 921 条	关于有偿契约和法律行为的一般规定

续表

第 922 条	瑕疵担保
第 923 条	瑕疵担保的情形
第 924 条至第 930 条	瑕疵的推定
第 931 条	瑕疵担保的条件
第 932 条和第 932*a* 条	基于瑕疵担保而产生的权利
第 933 条	诉讼时效
第 933*a* 条	损害赔偿
第 933*b* 条	特别求偿权
第 934 条和第 935 条	利益短少逾半时的补偿
第 936 条	关于将来契约的约定
第 937 条	抗辩的放弃
第十八章　赠　与	
第 938 条	赠与的定义
第 939 条	何种程度的放弃成立赠与
第 940 条和第 941 条	酬谢赠与
第 942 条	互为赠与
第 943 条	赠与契约的形式
第 944 条	赠与的限度
第 945 条	赠与人对于赠与物应负的责任
第 946 条	赠与之不可撤销性
	不可撤销性之例外：
第 947 条	（一）因赠与人陷于穷困而撤销
第 948 条和第 949 条	（二）因受赠人忘恩行为而撤销
第 950 条	（三）因应支付的抚养费被减少而撤销
第 951 条和第 952 条	（四）因特留份被侵害而撤销
第 953 条	（五）因债权受损害而撤销
第 954 条	因嗣后出生的子女而撤销

续表

第 955 条	不得移转于继承人的赠与
第 956 条	死因赠与
第十九章　保管契约	
第 957 条和第 958 条	保管契约的定义
第 959 条	保管契约之变更为消费借贷契约或使用借贷契约
第 960 条	或者变更为代理
第 961 条至第 966 条	保管人的义务和权利
第 967 条	寄托人的义务和权利
第 968 条	暂时保管人
第 969 条	保管人的报酬
第 970 条至第 970*c* 条	客人的携入物
第二十章　使用借贷契约	
第 971 条	使用借贷契约的定义
	借用人的权利和义务：
第 972 条	（一）关于借用物的使用
第 973 条至第 977 条	（二）关于借用物的返还
第 978 条至第 980 条	（三）关于借用物的损害
第 981 条	（四）关于借用物的维持费用
第 982 条	相互诉讼之限制
第二十一章　消费借贷契约	
第 983 条	消费借贷契约的定义
第 984 条	消费借贷契约的种类
第 985 条	借贷物价值的增减
第 986 条	消费借贷契约的期限与终止
第 987 条	消费借贷契约的特别终止
第 988 条	借款契约
第 989 条	借款契约的期限与终止

续表

第 990 条	关于贷与人终止权的约定无效的情形
第 991 条	拒绝放贷
第 992 条至第 999 条	（已废止）
第 1000 条	利息与复利
第 1001 条	（已废止）
第二十二章　委任和其他形态的事务管理	
第 1002 条和第 1003 条	委任契约的定义
第 1004 条	委任之区分为无偿委任和有偿委任
第 1005 条	委任之区分为口头委任和书面委任
第 1006 条	委任之区分为概括委任或特别委任
第 1007 条和第 1008 条	委任之区分为不受限制的委任和受限制的委任
第 1009 条至第 1013 条	代理人的权利和义务
第 1014 条至第 1016 条	委任人的权利和义务
第 1017 条至第 1019 条	第三人的权利和义务
第 1020 条	委任契约因代理权之撤回而解销
第 1021 条	通知终止
第 1022 条和第 1023 条	当事人死亡
第 1024 条	当事人的财产被开始实行支付不能程序
第 1025 条和第 1026 条	受任人负有继续处理事务的义务
第 1027 条至第 1033 条	代理权之被默示授与受雇人
第 1034 条	由法院和法律授与代理权
第 1035 条	无因管理
第 1036 条	急迫情事下的无因管理
第 1037 条至第 1039 条	为他人利益而为管理
第 1040 条	违反他人意思而为管理
第 1041 条至第 1044 条	为他人利益而对物为使用

续表

第二十三章　互易契约	
第 1045 条和第 1046 条	互易契约的定义
第 1047 条	互易当事人的权利和义务
第 1048 条和第 1049 条	关于危险的特别规定
第 1050 条至第 1052 条	互易物交付前的收益
第二十四章　买卖契约	
第 1053 条	买卖契约的定义
第 1054 条	买卖契约的要件
	关于买卖价金的要件：
第 1055 条	1. 须以现金形式表现
第 1056 条至第 1058 条	2. 须为确定
	3. 须不违反法律
第 1059 条	（已废止）
第 1060 条	
第 1061 条	出卖人的义务
第 1062 条至第 1063*b* 条	买受人的义务
第 1064 条	买卖标的物的危险和收益
第 1065 条	期待物的买卖
第 1066 条	一般规定
第 1067 条	买卖契约的特殊类型或买卖契约的从契约
第 1068 条至第 1070 条	保留买回权的出卖
第 1071 条	保留卖回权的买受
第 1072 条至第 1079 条	先买权的保留
第 1080 条至第 1082 条	试用买卖
第 1083 条至第 1085 条	保留出卖于更优买受人的出卖
第 1086 条至第 1089 条	出卖委托

续表

第二十五章　租赁契约、永佃权契约和公簿保有地产权契约	
第 1090 条	**租赁契约的定义**
第 1091 条	**一、使用租赁契约和用益租赁契约**
第 1092 条和第 1093 条	租赁契约的要件
第 1094 条和第 1095 条	租赁契约的效力
	当事人相互间的权利：
第 1096 条至第 1098 条	（一）关于租赁物的交付、维护和使用
第 1099 条	（二）负担
第 1100 条至第 1102 条	（三）租金
第 1103 条	以孳息支付租金
第 1104 条至第 1108 条	减免租金的情形和条件
第 1109 条至第 1111 条	（四）租赁物的返还
	（五）租赁契约的终止
第 1112 条	1. 因租赁物灭失而终止
第 1113 条	2. 因租赁期限届满而终止
第 1114 条和第 1115 条	未明示更新租赁期限时
第 1116 条至第 1119 条	3. 因预告通知而终止
第 1120 条和第 1121 条	4. 因租赁物的让与而终止
第 1122 条至第 1150 条	（已废止）
第 1122 条	**二、永佃权契约**（第 1122 条连同标题已废止）
第 1123 条和第 1124 条	**三、公簿保有地产权契约**（第 1123 条和第 1124 条连同标题已废止）
第 1125 条至第 1150 条	**四、地租**（第 1125 条至第 1150 条连同标题已废止）
第二十六章　提供劳务的契约	
第 1151 条和第 1152 条	**雇佣契约和承揽契约**
第 1153 条	**一、雇佣契约**
第 1154 条至第 1155 条	报酬请求权
第 1156 条	报酬请求权的消灭

续表

第 1156*a* 条	（已废止）
第 1157 条	雇用人的照护义务
第 1158 条	雇佣契约的终止
第 1159 条至第 1159*c* 条	通知终止的预告期
第 1160 条	预告期中的休闲时间
第 1161 条	支付不能程序
第 1162 条至第 1162*d* 条	提前解销
第 1163 条	雇佣关系证明书
第 1164 条	强行性规定
第 1164*a* 条	自由的雇佣关系中的工作卡
第 1165 条和第 1166 条	**二、承揽契约**
第 1167 条	瑕疵担保责任
第 1168 条和第 1168*a* 条	工作之不能完成
第 1169 条	照管义务
第 1170 条和第 1170*a* 条	报酬的支付
第 1170 条	建筑承揽契约情形下的担保
第 1171 条	承揽契约因承揽人死亡而终止
第 1172 条和第 1173 条	**三、出版契约**
第 1174 条	**四、基于不法目的而为之给付**
	第二十七章　民事合伙
	第一节　一般规定
第 1175 条	民事合伙的定义与法律性质
第 1176 条	内部合伙和外部合伙
第 1177 条	合伙的名称
第 1178 条	合伙的财产
第 1179 条	使财产成为合伙财产
第 1180 条	关于合伙财产的规则

续表

第二节　合伙人相互间的法律关系	
第 1181 条	形成自由
第 1182 条	合伙股份与合伙人的出资
第 1183 条	支付利息的义务
第 1184 条	增加出资
第 1185 条	对费用和损失的补偿、返还义务
第 1186 条	共同参与合伙事务、利益维护和平等对待
第 1187 条	禁止兼营有害于合伙的事务
第 1188 条	合伙请求权的行使
第 1189 条	合伙事务的执行
第 1190 条	数合伙人执行合伙事务、指示的约束力
第 1191 条	事务执行权的范围
第 1192 条	合伙人的决议
第 1193 条	事务执行权的剥夺和辞任
第 1194 条	合伙人的检查权
第 1195 条	盈余和亏损
第 1196 条	盈余的分配与提取
第三节　与第三人的法律关系	
第 1197 条	代表
第 1198 条	代表权的剥夺
第 1199 条	合伙人的责任
第 1200 条	合伙人的抗辩
第四节　合伙人之继任	
第 1201 条	权利的移转
第 1202 条	入伙人和退伙人的责任
第 1203 条	与退伙人实行清算
第 1204 条	退伙人对于尚未了解事务的参与

续表

第1205条	与继承人继续合伙
第五节　合伙的转换	
第1206条	转换为普通合伙或有限合伙
第1207条	对第三人的效力
第六节　合伙的解散	
第1208条	解散事由
第1209条	合伙人通知终止合伙
第1210条	法院判决解散合伙
第1211条	以合伙人中之一人的终身为存续期间的合伙，期间的确定
第1212条	由合伙人个人的债权人通知终止合伙
第1213条	以开除代替解散
第1214条	继续合伙的决议
第1215条	合伙财产的移转
第1216条	解散外部合伙的公告
第七节　清算	
第1216*a*条	合伙契约的后续效力
第1216*b*条	清算人的指定
第1216*c*条	清算人的权利和义务
第1216*d*条	清算人的行为
第1216*e*条	合伙人间的财产分配与补偿
第二十八章　夫妻财产契约与婚嫁财产请求权	
第1217条	夫妻财产契约
第1218条至第1219条	（已废止）
第1220条至第1223条	婚嫁财产
第1224条至第1232条	（已废止）
第1233条至第1236条	财产共有关系
第1237条	法定的夫妻财产制

续表

第 1238 条至第 1245 条	（已废止）
第 1246 条和第 1247 条	夫妻间的赠与、订婚人间的赠与
第 1248 条	相互指定继承人的遗嘱
第 1249 条和第 1250 条	继承契约、继承契约的有效要件
第 1251 条	关于附条件的规定
第 1252 条和第 1253 条	继承契约的效力
第 1254 条	继承契约的终止
第 1255 条至第 1261 条	（已废止）
第 1262 条	
第 1263 条和第 1264 条	（已废止）
第 1265 条	婚姻之宣告无效
第 1266 条	离婚或婚姻的废止
第二十九章　射幸契约	
第 1267 条和第 1268 条	射幸契约的定义
第 1269 条	射幸契约的种类：
第 1270 条和第 1271 条	（一）打赌
第 1272 条	（二）赌博
第 1273 条和第 1274 条	（三）抽彩
第 1275 条和第 1276 条	（四）期待性买卖
第 1277 条	特别是矿业股份的买卖
第 1278 条至第 1283 条	遗产的买卖
第 1284 条至第 1286 条	（五）终身定期金契约
第 1287 条至第 1283 条	（六）设立社会性扶养机构的契约
第 1288 条至第 1291 条	（七）保险契约
第 1292 条	（八）船舶或船运货物担保借款契约与海上保险契约
第三十章　损害赔偿法	
第 1293 条	损害的定义

续表

第 1294 条	损害的发生
	损害赔偿责任
第 1295 条至第 1298 条	（一）过错所致之损害
	特别规定：
第 1299 条和第 1300 条	1. 专家的损害赔偿责任
第 1301 条至第 1304 条	2. 数人共同致人损害时的赔偿责任
第 1305 条	（二）行使权利所致之损害
第 1306 条至第 1310 条	（三）无过错行为或无意识行为所致之损害
第 1311 条和第 1312 条	（四）偶然事件所致之损害
第 1313 条至第 1318 条	（五）经由第三人行为所致之损害
第 1319 条	（六）建筑物所致之损害
第 1319*a* 条	道路所致之损害
第 1320 条至第 1322 条	（七）动物所致之损害
第 1323 条和第 1324 条	损害赔偿的方法
	关于特定情形的规定：
第 1325 条至第 1327 条	（一）对身体的伤害
第 1328 条	1. 对性自主权的侵害
第 1328*a* 条	2. 对私生活安宁权的侵害
第 1329 条	（二）对人身自由的侵害
第 1330 条	（三）对名誉权的侵害
第 1331 条至第 1332*a* 条	（四）对财产权的侵害
	因给付迟延所致之特别损害
第 1333 条至第 1335 条	法定利息和其他损害
第 1336 条	赔偿金契约的条件（违约金）
第 1337 条	继承人对损害的责任
第 1338 条	损害赔偿的法律救济办法
第 1339 条	（已废止）

续表

第 1340 条和第 1341 条	
第三编　关于人法和物法的共同规定	
第一章　权利和义务的强化	
第 1342 条	**关于权利的共同性规定**
第 1343 条	**强化权利的方法**
第 1344 条和第 1345 条	**一、第三人负担义务**
第 1346 条	1. 作为保证人
第 1347 条	2. 作为共同债务人
第 1348 条	求偿保证
第 1349 条	可作为保证人的人
第 1350 条至第 1352 条	可被保证的债务
第 1353 条和第 1354 条	保证的范围
第 1355 条至第 1362 条	效力
第 1363 条至第 1367 条	保证消灭的事由
第 1368 条	**二、担保物权契约**
第 1369 条和第 1370 条	担保物权契约的效力
第 1371 条和第 1372 条	不合法的约定
第 1373 条和第 1374 条	提供担保的一般原则
第二章　权利和义务的变更	
第 1375 条	权利和义务的变更方式
第 1376 条至第 1379 条	（一）更改
第 1380 条和第 1381 条	（二）和解
第 1382 条至第 1384 条	和解因其内容而无效
第 1385 条至第 1388 条	和解因其他瑕疵而无效
第 1389 条	和解的范围
第 1390 条和第 1391 条	对从义务的效力
第 1392 条	（三）让与

续表

第1393条	让与的客体
第1394条至第1396条	效力
第1396*a*条	让与之禁止
第1397条至第1399条	让与人的责任
第1400条至第1403条	（四）指示（给付之指示）
第1404条至第1410条	（五）债务承担
第三章　权利和义务的废止	
第1411条	权利和义务之废止的意义
第1412条	（一）因清偿而消灭
第1413条至第1416条	清偿方法
第1417条至第1420条	清偿期
第1421条至第1423条	清偿人
第1424条	受清偿人
第1425条	债务之提存于法院
第1426条至第1430条	清偿证书
第1431条至第1437条	非债清偿
第1438条至第1443条	（二）抵销
第1444条	（三）放弃
第1445条和第1446条	（四）混同
第1447条	（五）物之灭失
第1448条	（六）死亡
第1449条	（七）期限届满
第1450条	回复原状
第四章　诉讼时效和取得时效	
第1451条	诉讼时效
第1452条	取得时效
第1453条	何人得以诉讼时效和取得时效取得权利

续表

第 1454 条	诉讼时效和取得时效得对何人发生效力
第 1455 条至第 1459 条	取得时效的客体
	取得时效的要件：
第 1460 条	（一）占有
第 1461 条和第 1462 条	1. 须为合法占有
第 1463 条	2. 须为善意占有
第 1464 条	3. 须为无瑕疵的占有
第 1465 条	（二）时间的经过
	取得时效的期间
第 1466 条	普通期间
第 1467 条	（已废止）
第 1468 条	
第 1469 条	（已废止）
第 1470 条和第 1471 条	
第 1472 条和第 1473 条	特别期间
第 1474 条	（已废止）
第 1475 条至第 1477 条	
	诉讼时效期间
第 1478 条至第 1479 条	一般规定
第 1481 条至第 1485 条	例外规定
第 1486 条至第 1492 条	特别的诉讼时效期间
第 1493 条	时效期间的合并计算
第 1494 条至第 1496 条	时效的停止
第 1497 条	时效的中断
第 1498 条至第 1501 条	取得时效和诉讼时效的效力
第 1502 条	诉讼时效利益的抛弃或诉讼时效期间的延长
第五章　自 2013 年 2 月 1 日起生效的规定和过渡性规定	
第 1503 条	

翻译说明

关于《奥地利普通民法典》的翻译，做以下几点说明：

1. 依据奥地利官方网站公布的文本译出。网址为：https://www.ris.bka.gv.at/GeltendeFassung.wxe？Abfrage = Bundesnormen&Gesetzesnummer = 10001622。

2. 目前的翻译，为修正截止至2016年1月1日的文本。

3. 法典自公布施行以来有大量条文被修正或废止，但法典的结构形态，基本没有变化，有时甚至在条文已被删除的情况下，作为该条文内容的标题却仍被保留着。例如，法典第二编第二十五章标题为“租赁契约、永佃权契约和公簿保有地产权契约”（Bestand-Erbpacht- und Erbzins- Verträge，第1090条以下），但该章内容，除关于租赁契约的规定外，其余条文（第1122条至第1150条）已悉数废止。

4. 但另一方面，条文连同其标题被废止后，其法条序号和标题序号，不再出现在法典文本中。译者在翻译时，重新补入法条序号并注明“已废止”，对已废止的法条标题及其序号，也依据法典公布时的原始文本做了补充。例如，在前述第二十五章中，现行法只有“一、使用租赁契约和用益租赁契约”，翻译时“复原”了已废止的“二、永佃权契约”、“三、公簿保有地产权契约”和“四、地租”。又如，在第一编第一章中的小标题中补入“三、基于失踪状态而产生的权利”，以使标题序号不中断。当然，也有个别之处无法做这样处理的。例如，在第568条前，原来有标题，标题序号为（二）；修正后的第568条，依其规范内容，为标题（一）所涵盖，无单独标题。因之，关于第568条前后这一部分的规定（无遗嘱能力的原因），翻译时也就只能依照现行法文本的标题序号，而为（一）（三）（四）（五）。

5. 翻译所据的文本中，有为数不多的关于条文适用情况的简要说明，译者在翻译时将其移作脚注，并标明其为原注。脚注中除标明“原注”外，均为译注。

译者学力有限，译文存在错误在所难免，敬请读者批评教正（amicusveritatis@163.com）。

戴永盛

2016 年 6 月 1 日